Mosaik
bei GOLDMANN

Buch

Mit John Gray durch ein glückliches Jahr zu zweit: In diesem »Tagebuch« zeigt er, wie Männer und Frauen einander jeden Tag ein bißchen besser verstehen lernen und glücklicher zusammenleben können.

Für jeden Tag hält John Gray eine wertvolle Anregung, einen kostbaren Gedanken bereit und erinnert an die wesentlichen Dinge in einer Beziehung: Zuhören, Akzeptanz, romantische Abende, erotische Erlebnisse, aber auch Abstand und Freiheit. So trägt auch dieses Buch wieder und in ganz besonderer Weise zu einem besseren Verständnis der beiden Geschlechter füreinander bei.

Autor

Dr. John Gray widmet sich seit mehr als 20 Jahren in Seminaren und Vorträgen dem Thema Kommunikation zwischen Mann und Frau. Der international bekannte Paar- und Familientherapeut lebt mit seiner Frau Bonnie und seinen drei Kindern in Mill Valley, Kalifornien.

http://www.marsvenus.com

Von John Gray bei Goldmann außerdem:

Männer sind anders. Frauen auch (12487, 16107)
Mars, Venus & Eros (13936, 16126)
Mars, Venus & Partnerschaft (16134)
auseinander geliebt (14114)
Mars liebt Venus. Venus liebt Mars. (16167)
Mars & Venus (16194, 16400)
Mars sucht Venus. Venus sucht Mars. (15082, 16387)
Männer sind vom Mars (16403)
Frauen sind von der Venus (16405)
Leidenschaft lebendig halten (16411)
So bekommst du, was du willst, und willst, was du hast (30879)
Kinder sind vom Himmel (30876)
Mars & Venus im siebten Himmel (30936)
Mars & Venus – Wunder werden wahr (30950)

JOHN GRAY

Männer sind vom Mars, Frauen von der Venus

Jeden Tag mehr Liebe

365 Anregungen für Paare

Aus dem Amerikanischen
von Eva Kornbichler

Mosaik
bei GOLDMANN

Dieser Titel ist bereits als Goldmann Taschenbuch
Nr. 16245 erschienen.

Umwelthinweis:
Alle bedruckten Materialien dieses Taschenbuches
sind chlorfrei und umweltschonend.

Einmalige Sonderausgabe zum Welttag des Buches

Originaltitel: Men Are From Mars, Women from
Venus – Book of Days
Originalverlag: HarperCollins, Inc., N. Y.
Umschlaggestaltung: Design Team München
unter Verwendung folgender Fotos:
Umschlag und Umschlaginnenseiten:
Ifa-Bilderteam/Sinclair
Redaktion: Doris Bampi-Hautmann
Satz: Uhl + Massopust, Aalen
Druck: GGP Media, Pößneck
Verlagsnummer: 16466
Kö · Herstellung: Max Widmaier
Made in Germany
ISBN 3-442-16466-4
www.goldmann-verlag.de

1 3 5 7 9 10 8 6 4 2

Inhalt

Widmung

Ich widme dieses Buch in tiefster Zuneigung und
Liebe meiner Frau Bonnie. Durch ihre stete Liebe,
Unterstützung, Stärke und Klugheit
schenkte sie mir Tag für Tag die Kraft, mein
Bestes zu geben und das weiterzureichen,
was wir zusammen gelernt haben.

Einleitung

Das größte Problem in den Beziehungen von heute liegt wohl darin, daß wir allzu rasch davon ausgehen, unser Partner sei wie wir. Fälschlicherweise glauben wir, daß unsere Partner, wenn sie uns lieben, auch wie wir denken, fühlen und handeln. Wenn ihnen etwas Sorgen bereitet, gehen wir ganz selbstverständlich davon aus, daß unsere Art, mit Problemen umzugehen, auch für sie die beste sei. Meistens ist dies aber nicht der Fall. Wenn wir besser verstehen, worin sich Männer und Frauen unterscheiden, können wir unnötige Frustrationen und Enttäuschungen vermeiden.

Das Wissen, daß Männer vom Mars kommen und Frauen von der Venus, hilft uns, unseren Widerstand gegen diese Unterschiede zu überwinden und uns zu akzeptieren. Statt unseren Partner immerzu ändern oder verbessern zu wollen, nehmen wir uns lieber die Zeit, ihn oder sie zu verstehen. Wir müssen nur stets daran denken, daß wir auch in dieser Beziehung *verschieden gebaut* sind, dann finden wir nicht nur Frieden und Wohlbefinden, sondern gewinnen auch die Einstellung, die nötig ist, um Liebe geben und empfangen zu können.

Das »Tage-Buch« *Jeden Tag mehr Liebe* bietet Ihnen 365 Inspirationen, um Sie täglich an die grundlegenden Unterschiede zwischen Mann und Frau zu erinnern. Eine tagtägliche kurze Erinnerung genügt, um Sie auf den richtigen Weg zu Verständnis und bewußtem Umgang mit diesen Unterschieden zu bringen, anstatt daß Sie sich ihnen ausgeliefert fühlen.

Mit dieser Hilfestellung bietet jeder Tag die Gelegenheit, unsere Liebe wachsen zu lassen.

Das Prinzip von Mars und Venus ist sehr einleuchtend, trotzdem fällt es uns nicht immer leicht, daran zu denken und es in die Tat umzusetzen; das liegt daran, daß es für uns noch etwas Neues, Ungewohntes ist. Meistens vergessen wir diese neuen Einsichten gerade in jenen Situationen, in denen sie besonders nötig wären. Wenn Sie aber jeden Tag eine meiner kleinen Anregungen lesen, werden Sie diesen täglichen »Kick« bald als große Hilfe in Ihrem Bemühen empfinden, in Ihrem Leben der Zärtlichkeit und Liebe den ersten Rang einzuräumen.

Wenn man neue Ideen in die Tat umsetzen möchte, verläuft dieser Prozeß stets in einem Auf und Ab. Nur die Übung macht den Meister, und irgendwann wird das neue Wissen zur zweiten Natur.

Um in Beziehungen den Gedanken von Mars und Venus in die Tat umzusetzen, müssen wir ihn immer wieder aufs neue erlernen.

Mir selbst ging es so, als ich diese Ideen entdeckte und dann in die Praxis umsetzte. Nach einiger Zeit tauchten Probleme auf, und ich erkannte, daß ich bereits Erlerntes wieder vergessen hatte. Also frischte ich mein Gedächtnis auf, änderte mein Verhalten, und eine Weile lang ging es besser. Dann tauchten erneut Probleme auf, und ich mußte mich wieder selbst an Beziehungstechniken erinnern, die ich vergessen hatte. Inzwischen sind mir nach einigen Jahren dieses ständigen Auf und Ab die meisten Gedanken, die ich lehre, in Fleisch und Blut übergegangen.

Ganz allgemein besteht der Lernprozeß darin, daß man etwas Neues lernt, es wieder vergißt und schließlich erkennt, daß man es schon öfter erlernt und wieder vergessen hat; schließlich wird es einem zur zweiten Natur. Nun, dieses Tage-Buch erinnert Sie 365-mal daran, und wenn Sie jeden Tag darin lesen, ist das die allerbeste Voraussetzung dafür, diese neue Kunst der Beziehungspflege zu meistern.

Das Tage-Buch erinnert Sie an die wichtigsten Gedanken des Prinzips von Mars und Venus. Viele dieser Inspirationen stammen aus meinen anderen Büchern, wurden noch erweitert und aktualisiert.

Daher ist dieses Buch für Leser, die meine anderen Bücher bereits kennen, ganz unmittelbar eine Hilfe. Aber auch alle diejenigen, die meine anderen Bücher noch nicht gelesen haben, werden in diesen Inspirationen nicht nur eine tagtägliche Hilfe, sondern auch eine umfassende Einführung in die grundlegenden Gedanken finden, die bereits Millionen von Singles und Paaren geholfen haben.

Je mehr Sie sich diese Einsichten zu eigen machen, desto besser sind Sie in der Lage, mit den unvermeidlichen Konflikten und Herausforderungen einer Beziehung fertigzuwerden. Das bedeutet nicht, daß Sie irgendwann keine Probleme mehr haben, aber anstatt aufzugeben und Ihr Herz immer mehr zu verschließen, werden Sie dann in der Lage sein, so damit umzugehen, daß Ihre Liebe gestärkt daraus hervorgeht.

Indem wir die Herausforderungen unserer Liebe überwinden, kommen wir uns in Liebe immer näher.

Warten Sie nicht länger, sondern schenken Sie Ihrer aus tiefster Seele empfundenen Sehnsucht nach Liebe Gehör; entschließen Sie sich, die tägliche Anregung zu lesen, und Sie werden bald die Früchte ernten. Eine dauerhafte Liebesbeziehung erfordert allerdings auch etwas Arbeit; lassen Sie sich von meinen täglichen Inspirationen dabei helfen, die Beziehung Ihrer Träume zu verwirklichen.

Meinen Dank dafür, daß ich Ihrem Leben etwas geben darf, und Dank auch dafür, daß Sie sich die Zeit nehmen, mehr Liebe in diese Welt zu bringen. Möge Ihre Liebe stets wachsen und das Licht in Ihrem Herzen sich auch anderen mitteilen.

John Gray
August, 1998

JANUAR

Altes abschütteln, Neues wollen, alles besser machen

Januar – die Zeit des Neubeginns und der guten Vorsätze, bietet die Chance, vertrauensvoll und ehrlich einen neuen Anfang zu machen. Das alte Jahr liegt hinter uns, und wir können befreit und mit neuer Energie die Ärmel aufkrempeln. Hinterfragen wir unser Leben in all seinen Aspekten, und lassen wir uns erneut auf unseren Herzenswunsch ein: Lieben und Geliebtwerden.

Der Jahresbeginn erfüllt uns mit einem Gefühl der Vorfreude und der Entschlossenheit: »Dieses Jahr wird für mich das beste von allen. Diesmal finde ich sicher die wahre und ewige Liebe.« Oder: »In diesem Jahr wird es uns gemeinsam gelingen, unsere Beziehung zu festigen.«

In dieser Stimmung fühlen wir das Verlangen, über uns selbst hinauszuwachsen. Wir wollen Probleme lösen und uns Zeit nehmen, unsere eigenen Gefühle auszuloten. Den Menschen, die wir lieben, wollen wir reinen Herzens im Gespräch begegnen. Wir suchen nach der Erkenntnis dessen, was uns zueinander hinzieht; es drängt uns, unsere Bindungen zu vertiefen und zu stärken.

Doch wissen wir auch, daß uns jeder Tag des Jahres neue Herausforderungen bringen kann. Deshalb sollten wir stets bedenken, daß eine Beziehung einem Garten gleicht, der jeden Tag gehegt und gepflegt werden muß. Um unseren Garten blühend zu erhalten, müssen wir die Bedürfnisse jedes Pflänzchens darin immer im Auge behalten.

Eine Beziehung ist wie ein Garten:
Sie muß jeden Tag gehegt und gepflegt werden.

Auch in unseren Beziehungen müssen wir bedenken, daß die Bedürfnisse des Partners sich oft von unseren eigenen unterscheiden. Wenn wir uns stets daran erinnern, daß Männer vom Mars kommen und Frauen von der Venus, dann hilft uns das, die Unterschiede zu erkennen, auf die es ankommt. Das Verständnis für unsere Verschiedenartigkeit ermöglicht es uns, Harmonie statt Konflikte zu schaffen und unseren tiefen Wunsch nach Liebe und Geliebtsein zu erfüllen.

Jeder Mensch ist fähig, die liebevolle Beziehung aufzubauen, die er sich wünscht, die er braucht und auch verdient. Wenn Sie an die Liebe glauben, finden Sie die Kraft, Ihre Träume zu verwirklichen. Öffnen Sie Ihr Herz, und Sie sind auf dem richtigen Weg zu Ihrem höchsten Ziel: Lieben und Geliebtwerden.

1. JANUAR

Die Jahreszeiten der Liebe

Eine Beziehung gleicht einem Garten, in dem gejätet und gesät wird und der regelmäßig gegossen werden muß, um zu gedeihen. Wann und wie oft, das bestimmen der Naturkreislauf und die Launen des Wetters. Ebenso müssen wir, um den Zauber der Liebe zu bewahren, ihre Jahreszeiten kennen und ihre besonderen Bedürfnisse erfüllen.

Wir müssen uns auf diese Jahreszeiten der Liebe einlassen, um unsere Beziehung zu einem Erfolg zu machen. Manchmal fällt es uns leicht zu lieben, zu anderen Zeiten erfordert es Geduld und Mühe. Manchmal geht uns das Herz über vor Liebe, dann wieder fühlen wir uns leer und ausgelaugt. Wir dürfen von unserem Partner nicht ständig erwarten, daß er uns gleichbleibend liebt und stets der perfekte Liebhaber ist, aber auch uns selbst gegenüber sollten wir Verständnis aufbringen und nicht immer von uns erwarten, daß wir uns an alles erinnern, was wir über liebevolle Zuwendung gelernt haben. Zu diesem Lernprozeß gehören nicht nur Zuhören und Ausprobieren, sondern auch Vergessen und Neu-Erinnern.

Wenn Sie sich das nächste Mal vom anderen Geschlecht enttäuscht fühlen, denken Sie daran, daß Männer vom Mars, Frauen aber von der Venus kommen. Auch wenn Sie sich an nichts sonst erinnern, wird Ihnen das Wissen, daß wir von *Natur aus* unterschiedlich sind, helfen, liebevoller zu sein. Werfen Sie Ihre Vorwürfe, Werturteile und ewigen Forderungen nach und nach über Bord – dann sind Sie in der Lage, die liebevolle Beziehung, die Sie brauchen und verdient haben, zu verwirklichen.

2. JANUAR

Das Potential einer Beziehung erkennen

Die Wege des weiblichen und männlichen Denkens richtig zu erkennen ist keine Garantie für eine problemlose Beziehung. Aber es hilft uns, auf liebevolle Weise Lösungen zu finden.

Wenn unsere Bedürfnisse nicht erfüllt werden, neigen wir dazu, unseren Partner allzu kritisch zu betrachten und zu verurteilen. Anstatt uns aber in Groll und Ablehnung zu verlieren, sollten wir darauf hinarbeiten, daß unsere Bedürfnisse erfüllt werden.

Jeder Vorwurf an unseren Partner signalisiert uns, daß wir uns aus der Abhängigkeit vom Partner lösen sollten. Ein »Seelenurlaub«, verbracht mit liebevollen Freunden, Verwandten und uns selbst, hilft uns, die Mäkeleien und Verurteilungen abzubauen, die die Liebe unseres Partners zerstören. Nur wenn wir selbständig sind, sind wir auch in der Lage, eine dauerhafte Liebesbeziehung zu erschaffen. Wenn wir uns in eine zu große Abhängigkeit begeben, empfinden wir selbst einen Seelengefährten als den falschen Partner.

3. JANUAR

Selbsterfüllung in Beziehungen

Die Frauen von heute sehen Männer nicht länger nur als den materiellen Versorger und Beschützer. Sie möchten auch emotional versorgt sein. Ebenso erwarten heute die Männer von einer Frau mehr, als nur Hausfrau und Mutter ihrer Kinder zu sein. Sie möchten, daß sie ihre emotionalen Bedürfnisse erfüllen, sie aber nicht bemuttern oder wie Kinder behandeln.

Ich meine damit nicht, unsere Eltern hätten kein Bedürfnis nach emotionaler Zuwendung empfunden; aber es stand für sie nicht an erster Stelle. Der Mutter genügte es, wenn Vater arbeitete und Geld nach Hause brachte. Vater war zufrieden, wenn Mutter den Haushalt und die Kinder versorgte und nicht an ihm herummäkelte.

Aber was unseren Eltern genügte, ist für uns nicht mehr genug. Zu solchen persönlichen Opfern sind wir nicht länger bereit. Wir erstreben – und verdienen auch – anhaltendes Glück, Intimität und Leidenschaft mit unserem Lebensgefährten. Viele nehmen, bevor sie darauf verzichten, lieber das Scheitern ihrer Ehe in Kauf. Die Selbstverwirklichung des einzelnen steht über dem Erhalt der Familie.

Doch es ist weder schlimm noch zu egoistisch, nach mehr zu verlangen als unsere Eltern damals. Die Zeiten haben sich geändert und mit ihnen unsere Wertvorstellungen.

Zumeist liegt die Lösung aber weder in einer Scheidung noch in der Selbstaufgabe, sondern besteht darin, zu lernen, eine Beziehung oder eine Ehe aufzubauen, in der wir Erfüllung finden.

Die Menschen heute sind nicht liebloser geworden;
sie versuchen im Gegenteil, mehr Liebe zu geben
und zu empfangen.

Solange wir keine Beziehungstechniken erlernen, die eine dauerhafte Liebe ermöglichen, werden Beziehungen scheitern und die Zahl der Scheidungen weiter ansteigen.

4. JANUAR

Die Liebe frisch erhalten

Mit der Zeit erscheint uns unser Partner als Selbstverständlichkeit. Männer führen ihre Frauen nicht mehr aus und machen ihnen keine Komplimente mehr, Frauen wissen die Kleinigkeiten, mit denen der Mann ihnen das Leben erleichtert, nicht mehr zu schätzen. Nach den Flitterwochen drängt sich der Gedanke auf, der Partner fühle sich automatisch geliebt. Wir bemühen uns nicht mehr darum, dem anderen auf verschiedenste Weise unsere Anerkennung zu zeigen.

Eine kluge Frau kann dem entgegenwirken. Sie zeigt Freude über seine Versuche, ihr zu gefallen. Sie stürzt sich nicht auf seine Fehler, sondern würdigt seine Bemühungen, ihr zu helfen. Ein kluger Mann schenkt ihr immer wieder kleine Liebesbeweise, die ihr zeigen, daß sie für ihn etwas Besonderes ist. Er denkt an ihre Bedürfnisse und Wünsche und plant gelegentlich Verabredungen und kleine romantische Eskapaden, die ihr zeigen, daß sie geliebt wird.

5. JANUAR

Eine Beziehung aufbauen

Vier Verhaltensweisen sind wichtig, um eine Beziehung aufzubauen, die beiden Partnern Zuwendung und Erfüllung bietet:

1. *Sinnvolle Verständigung* – Kommunizieren Sie mit dem Ziel, den anderen zu verstehen und sich selbst verständlich zu machen.
2. *Wahres Verständnis* – Entwickeln Sie Verständnis, Anerkennung und Respekt für die Unterschiede zwischen uns.
3. *Aufgeben von Verurteilungen* – Bauen Sie negative Werturteile über sich und andere ab.
4. *Verantwortung übernehmen* – Tragen Sie gleichermaßen Verantwortung für die Früchte der Beziehung, und üben Sie sich im Vergeben.

Diese vier Schlüsselsätze öffnen Ihnen die Türen zu Ihren Fähigkeiten, Liebesbeziehungen aufzubauen und Ihre Hoffnungen und Träume zu erfüllen. Sie helfen Ihnen zu erkennen, warum es bislang in Ihren Beziehungen zu Problemen kam, und bieten Ihnen eine Grundlage für zukünftige stabile und befriedigende Beziehungen.

6. JANUAR

Erzählen und Zuhören

Ein Mann bietet oft Lösungen an, dabei möchte die Frau nur, daß er ihr zuhört. Einer Frau, die bereits viele Umgangstechniken beherrscht, gelingt es in dieser Situation leichter, ihm verständlich zu machen, welche Art der Zuwendung sie von ihm möchte. Wenn sie ihm auf die richtige Weise vermittelt, daß er ihr nur zuhören soll, dann kann sie erzählen, ohne daß er sie mit seinen Lösungsvorschlägen unterbricht.

Je eher eine Frau einem Mann klarmacht, daß sie keine Lösung von ihm will, desto eher kann er von »Ich-mach-das-schon« zu »Ich-höre-dir-zu« umschalten.

Wenn also beispielsweise ein Mann, dem sie ihr Herz ausschüttet, mit Ratschlägen kommt, bremst die Frau ihn ab und läßt ihn wissen, daß sie das nicht braucht. Dazu kann sie schlicht und einfach sagen: »Danke für deinen Rat, aber ich muß das jetzt einfach nur rauslassen. Du mußt nichts dazu sagen.« Wenn sie sich ausgesprochen hat, sollte sie nicht vergessen, sich für sein Zuhören zu bedanken, zum Beispiel so: »Jetzt fühle ich mich viel besser, danke fürs Zuhören.« Oder wenn es um problematische Dinge ginge, die noch nicht gelöst sind, könnte sie sagen: »Ich weiß, daß das schwierig ist, aber ich bin sehr froh, daß du dir die Zeit nimmst, um meinen Standpunkt zu verstehen. Das ist mir eine Hilfe.«

7. JANUAR

Frauen genießen es, begehrt zu werden

Je mehr eine Frau sich tagtäglich um andere kümmert und sorgt, desto weniger wird sie sich ihrer selbst und ihrer eigenen sinnlichen Wünsche bewußt. Sie mag die Gefühle anderer Menschen kennen, nicht aber ihre eigenen.

So wie ein Mann Gefühle verdrängt, vergißt eine Frau ihre sinnlichen Wünsche und Sehnsüchte. Die Anforderungen des täglichen Lebens und Überlebens drängen ihre tief vergrabenen, sinnlichen Wünsche in den Hintergrund. Je mehr Druck und Anforderungen auf sie einstürmen, desto schwerer wird es für sie, sich zu entspannen und einfache Freuden des Lebens zu genießen.

Für den Mann ist der Höhepunkt die Erfüllung seiner Wünsche; für die Frau liegt die Erfüllung vielmehr im Vorspiel und im Sich-Entspannen danach.

Liebevolle und aufmerksame Zuwendung von seiten des Mannes schenkt der Frau die Freiheit, sich selbst wieder zu erleben. Erst wenn eine Frau für eine Zeitlang dem Zwang, sich um andere kümmern zu müssen, entfliehen kann, kann sie ihre eigene Sexualität wieder neu entdecken, und sie öffnet sich gegenüber dem Mann, der ihr zärtlich all ihre Wünsche erfüllt.

Unter der zärtlichen, liebevollen und sinnlichen Zuwendung, nach der sich die weibliche Facette in ihr sehnt, beginnt eine Frau, wieder sexuelle Bedürfnisse zu empfinden. Manchmal scheint es, als wüßte sie gar nicht, daß sie diese Anregung auch will, bevor sie sie erfährt. Ein Mann, der es vermag, einer Frau das zu geben, was sie braucht, hilft ihr, ihre Bedürfnisse zu entdecken. Dann erst wird sie nach mehr verlangen.

8. JANUAR

»Ist da nicht einem Teil von dir nach Sex zumute?«

Wenn eine Partnerin nicht weiß, ob sie Sex haben will oder nicht, sollte der Mann nicht aufgeben, sondern fragen: »Ist da nicht einem Teil von dir nach Sex mit mir zumute?«

Fast immer wird sie ja sagen. Er wird sich sogar wundern, wie schnell sie ihm antwortet: »Ja, einem Teil von mir ist immer nach Sex mit dir zumute.« Das ist natürlich Musik in seinen Ohren.

Aber dann wird sie anfangen, all die Gründe aufzuführen, warum sie nicht will. Es könnte heißen: »Ich weiß nicht, ob wir genug Zeit haben. Ich muß noch Wäsche waschen und Besorgungen erledigen.« Oder sie sagt vielleicht: »Ich weiß nicht, ob ich will. Ich habe gerade so viel um die Ohren. Ich sollte lieber erst das hier zu Ende bringen.«

Bei einer Frau bedeutet »Ich weiß nicht«
kein kategorisches »Nein«.

Während sie weiterspricht, sollte er nicht vergessen, daß sie nicht nein gesagt hat. Sie will sich nur aussprechen, sich klarwerden, was sie wirklich will. Häufig wird sie nach einigen Begründungen, warum sie gerade nicht in Stimmung ist, umschwenken und sagen: »Machen wir's.«

Wenn er das Anderssein einer Frau nicht versteht, fühlt ein Mann sich leicht zurückgewiesen, wenn sie darüber redet, warum sie nicht weiß, ob sie will oder nicht. Wenn er aber hört, daß ein Teil von ihr will, fällt es ihm leichter zu verstehen, warum ein anderer Teil von ihr nicht will. Selbst wenn sie am Ende zu dem Schluß kommt, daß sie nicht will, ist es möglich, daß sie sagt: »Was hältst du von einem Quickie? Nächstes Mal können wir uns dann ja mehr Zeit nehmen.«

9. JANUAR

Wenn wir aufhören zu lieben

Wenn wir böse auf unseren Partner sind, fällt es uns schwer, Verständnis für seine Fehler und Unvollkommenheiten zu haben und ihm zu vergeben. Aber wir können uns nur näherkommen, wenn wir lernen, ihn auch »in schlimmen Zeiten« zu lieben. Es fällt jedem leicht, den perfekten Partner zu lieben.

Zeige mit dem Finger auf deinen Partner,
und drei Finger zeigen auf dich zurück.

Wenn wir die Schuld bei unserem Partner suchen, sollten wir auch in uns gehen, unsere Gefühle erforschen und nachdenken, welchen Anteil wir selbst an den Problemen haben. Wir können von unserem

Partner kein Entgegenkommen erwarten, wenn nicht unsere eigene Grundeinstellung eine liebevolle und verzeihende ist.

Zuneigung zu einem Menschen, dessen Unvollkommenheit wir tagtäglich erfahren, beweist die wahre Liebe. Wir wollen ganz um unserer selbst willen geliebt werden – aber sind wir imstande, auch unseren Partner um *seiner selbst* willen zu lieben? Wirklich lieben lernen ist ein schrittweiser Prozeß, der viel Geduld erfordert und nur mit liebevollem und vorwurfsfreiem Umgehen miteinander möglich ist.

10. JANUAR

Die Verantwortung des Mannes

Um eine gute Beziehung zu einer Frau zu pflegen, muß ein Mann seine Erwartungen zurechtrücken: Wenn er am Abend nach Hause kommt, sollte ihm klar sein, daß auch diese Beziehung ihm noch Arbeit abverlangt. In einer Liebesbeziehung werden immer einmal Probleme auftauchen, die bewältigt werden müssen. Leider glauben Männer viel zu oft, daß sie sich nicht mehr anstrengen müssen, wenn sie erst verheiratet sind.

Die rechte Balance von Spiel und Arbeit
macht eine gute Beziehung aus.

Ein kluger Mann arbeitet bewußt an der Beziehung, so daß seine Partnerin sich entspannen und genießen kann – beide werden so glücklicher. In einer erfolgreichen Beziehung besteht ein ausgewogenes Verhältnis zwischen Arbeit, Spiel, Alleinsein und Gemeinsamkeit.

Es liegt in der Verantwortung eines Mannes, sich nicht in irgendeiner Sache zu »vergraben« – und dazu tendiert er oft –, sondern sich stets auch um seine Partnerin zu kümmern, sie zu respektieren und ihre Gefühle und Bedürfnisse zu verstehen, ohne sein männliches Selbstverständnis aufzugeben. Je mehr er lernt, ihre Gefühle nachzuempfinden, desto motivierter unterstützt er sie durch seine Zuwendung und desto bewußter werden ihm seine eigenen Bedürfnisse in der Beziehung. Je mehr sie spürt, daß er sich um sie kümmert, desto eher kann sie sich entspannen.

11. JANUAR

Die Gezeiten der Leidenschaft

Natürlich kennt auch die Woge der Leidenschaft Ebbe und Flut. So wie es normal ist, daß man manchmal keine Liebe für seinen Partner empfindet, ist es auch normal, daß man sich manchmal sexuell nicht von ihm angezogen fühlt.

Wenn Sie keine sexuelle Anziehung fühlen,
ist das wie ein wolkengrauer Tag ohne Sonne.

Ein grauer Tag heißt nicht, daß die Sonne nicht existiert, sondern nur, daß sie hinter Wolken versteckt ist. An solchen Tagen klopft die Versuchung an unsere Tür. Wenn in einer Beziehung die Anziehungskraft blockiert ist, fühlen wir uns oft von jemand anderem angezogen.

In solchen Momenten sollte man sich keine Sorgen machen und lieber die Initiative ergreifen, anstatt sich frustriert zu fühlen. Sexuelle Befriedigung ist die Grundlage für ein gesundes Sexualleben, und leider erstickt unsere sexuelle Anziehungskraft gelegentlich durch eine zu große Abhängigkeit von unserem Partner. Um wieder Öl auf die Flammen zu gießen, müssen wir unsere Bedürfnisse manchmal auch ohne unseren Partner stillen.

12. JANUAR

Was tun, wenn ein Mann verärgert ist

Während Frauen ihre Gefühle verarbeiten, indem sie einfach darüber reden, müssen Männer sich mit irgend etwas beschäftigen, um in Ruhe über ihre Gefühle nachdenken zu können. Erst danach hilft es ihnen, darüber zu sprechen.

Im allgemeinen sieht ein Mann sich nur dann veranlaßt, über etwas zu sprechen, wenn er überzeugt ist, daß dies nötig sei, um ein Problem zu lösen. Fühlt er sich beleidigt oder verletzt, dann will er deutlich machen, was falsch war oder was anders werden muß.

Ein Mann mißversteht es vollkommen, wenn eine Frau, die über etwas wütend ist, darüber reden möchte, denn nach seinem Verständnis gibt sie ihm damit zu verstehen, daß er etwas falsch gemacht hat und sich ändern soll. Das liegt daran, daß ein Mann, wenn er über ein Ärgernis redet, dies mit Schuldzuweisungen und Vorwürfen verknüpft. Männer müssen lernen, daß eine Frau, die über etwas schimpft, egal wie vorwurfsvoll sie sich auch anhört, eigentlich nur Mitgefühl erwartet.

Mit diesem neuen Wissen kann eine Frau so klug sein, den Mann in Ruhe zu lassen, wenn er wütend ist oder gerade nicht reden möchte. Sie sollte nicht nur keine Fragen stellen, sondern sogar versuchen, geschickt ein Gespräch zu verhindern – selbst wenn er inmitten seiner Gefühlsaufwallung darüber sprechen möchte.

Eine Diskussion mit einem wütenden Mann entwickelt sich leicht zu einem handfesten Streit.

Es hilft einer Frau, ihrem Ärger Luft zu machen, wenn ein Mann in der Lage ist zuzuhören, solange er nicht selbst dabei wütend wird. Einem Mann hilft es dagegen nicht, alles »herauszulassen«. Lassen Sie ihm lieber Zeit, sich abzukühlen. Gehen Sie ins Kino oder sehen Sie fern. Er wird in der Lage sein, verständiger über alles zu reden, nachdem er sich zurückgezogen hat.

13. JANUAR

Liebe auf den ersten Blick

Es kommt vor, daß eine Frau in einem Mann etwas sieht oder zu sehen glaubt, das in ihr eine Woge des Vertrauens bewirkt, und sie das Gefühl hat: »Das ist der Mann meiner Träume; er ist genau der Richtige für mich.« Es ist, als stünde sie unter einem Bann. Sie verhält sich so, als bekäme sie bereits alles von ihm, was sie sich je wünschte. Was er auch tut, sie begegnet ihm mit Liebe. Dieser Zustand der Erregung bringt sicherlich das Beste in ihr zum Vorschein und macht sie sehr attraktiv, er kann jedoch auch bewirken, daß der Mann sich weniger von ihr angezogen fühlt.

Sie ist so glücklich, wenn er nur anwesend ist, daß ihr die Gedanken kommen: »Er ist so wunderbar, was kann ich tun, um seiner wert zu sein? Wie kann ich dafür sorgen, daß er mich mag? Wie werde ich für ihn am attraktivsten?« Wenn sie dann aktiv wird, lassen ihre gesteigerten Bemühungen um ihn sein Interesse meist erlahmen.

Eine kluge Frau achtet darauf, daß sie sich nicht mehr um einen Mann bemüht als er sich um sie.

Eine kluge Frau geht anders an die Sache heran. Selbst wenn sie sich Hals über Kopf verliebt, ist sie sich dessen bewußt, daß dies keine Exklusivbeziehung mit einem Idealpartner ist. Selbst wenn er sich als der Mann ihrer Träume erweisen könnte – noch ist er es nicht. Die Beziehung befindet sich erst in der Anfangsphase. Für ihn ist sie vielleicht nicht die einzige, und sie kennt ihn auch noch nicht näher; eine Verlobung steht noch in den Sternen. Das aktuelle Stadium einer Beziehung auszuloten, ist für eine Frau lebenswichtig, denn dementsprechend sollte sie sich verhalten. Selbst im fortgeschrittenen Stadium einer Exklusivbeziehung sollte eine Frau darauf achten, nicht mehr zu geben, als sie selbst erhält, sonst erhält sie unvermeidlich immer weniger.

14. JANUAR

Liebe und Haß

Einen Menschen zu lieben heißt nicht, immer mit ihm einer Meinung zu sein. Es heißt auch nicht, daß uns alles gefällt, was der andere tut oder läßt. Niemand ist perfekt. Wenn man jemanden mag, gibt es da immer auch Dinge, die man an ihm nicht mag. Und wenn Sie jemanden wirklich lieben, passiert es unvermeidlich, daß der geliebte Mensch auch einmal etwas tut, was Sie nicht nur nicht mögen, sondern geradezu hassen. »Hassen« ist für die meisten Menschen etwas Schlechtes, und den eigenen Partner zu hassen, gilt als Tabu. Mit Ausnahme von Scheidungsprozessen natürlich!

Haß ist nichts anderes als ein Symptom blockierter Liebe. Wenn man ein Verhalten des geliebten Partners nicht mag oder akzeptieren kann, ist es bei manchen eine natürliche Reaktion, dieses Verhalten zu hassen. Dann will man den Partner so verändern, daß man ihn wieder lieben kann.

Was lange gärt, wird endlich Wut – und Haß. Wenn Sie sich nicht die Freiheit nehmen, dann und wann zu hassen, verdrängen Sie Ihren Ärger und auch Ihre Liebesfähigkeit.

Das Empfinden von Haß signalisiert Ihnen Ihre Gefühlsblockade. Allerdings bringt es uns nicht weiter, in Haßgefühlen zu schwelgen, doch das Bewußtsein davon kann uns den Weg zeigen, Blockierungen in der Liebe abzubauen. Unter dem Haß verborgen liegen stets Ärger, Trauer, Angst und Reue. Blicken Sie also hinter die Oberfläche, und erkunden Sie diese vier heilenden Gefühle, dann werden Sie wieder fähig, die Liebe zu empfinden.

Unverarbeitete Abneigungen und Ärger
entwickeln sich zu Haß.

Sie müssen auch Ihre negativen Gefühle zum Ausdruck bringen, sonst stauen sie sich zu einem riesigen Berg an. Diese Gefühle mit aller Macht zu verdrängen und zu glauben, daß man sie vergessen hat, bewirkt lediglich, daß man in Beziehungen emotional überreagiert, ohne zu wissen warum, oder andere mit unverständlichem Haß von sich stößt.

15. JANUAR

Es klingt schlimmer, als es ist

Die Gefühle, die eine Frau zeigt, werden von einem Mann oft bagatellisiert. Er meint, ihr auf diese Weise helfen zu können. Männer sagen zueinander oft Dinge wie: »Mach dir keine Sorgen« oder »So schlimm ist das gar nicht.« Das versteht man auf dem Mars, auf der Venus aber nicht.

Die meisten Männer spüren leider nicht instinktiv,
daß sie durch einfaches Zuhören,
wenn eine Frau Ärger äußert, positiver,
vertrauenswürdiger, mehr akzeptiert werden.

Eine kluge Frau erkennt, daß ein Mann ihre Gefühle wichtiger nimmt, wenn sie dies nicht von ihm verlangt. Anstatt sie herunterzuspielen, kann er sich dann entspannen und zuhören. Sie muß es ihm nur nahelegen, indem sie zum Beispiel sagt: »Es ist eigentlich keine große Sache. Ich möchte nur, daß du weißt, wie ich mich fühle.«

Wenn sie ein Gespräch beginnen möchte, kann sie seine Aufmerksamkeit gewinnen, indem sie sagt: »Ich kämpfe gerade mit einigen Gefühlen und würde gerne darüber reden. Aber reg' dich bitte nicht auf, es klingt sicher schlimmer, als es ist. Ich muß einfach mal Dampf ablassen und fände es lieb von dir, wenn du mir nur zuhörst und mich verstehst. Du brauchst gar nichts sagen oder tun.« Eine solche Erklärung hilft ihm, einfühlsam zuzuhören, anstatt herausfinden zu wollen, was da zu tun sei.

16. JANUAR

Eine Liebesbeziehung beenden

Wenn wir uns von einem Menschen trennen wollen, neigen wir dazu, Rechtfertigungen dafür zu sammeln. Wir stellen im Geist eine Liste sämtlicher »Verbrechen« unseres Partners auf und halten sie ihm dann eines Tages unter die Nase: »Hier ist der Beweis, du bist schlecht. Du hast mich ausgenutzt, und damit habe ich einen Grund, dich zu verlassen.«

Es ist aber wichtig, daß Sie den Wust negativer Gefühle gegenüber Ihrem Partner aufarbeiten, bevor Sie eine Beziehung beenden, und daß Sie wieder die Liebe und Dankbarkeit spüren. Durch einen ständigen Kommunikationsmangel wurde Ihre Liebe zu Ihrem Partner mehr oder weniger unterdrückt. Aber genauso wenig, wie Sie ohne Liebe feststellen können, ob Sie gut füreinander sind, können Sie feststellen, ob Sie schlecht füreinander sind, ohne die Liebe wieder zu fühlen und die Gründe zu sehen, warum Sie überhaupt zusammengefunden haben.

Einen Partner zu verlassen, heißt nicht unbedingt, daß man ihn nicht mehr liebt. Wenn Sie ehrlich zu sich selbst sind und alle Aversionen gegenüber Ihrem Partner gelöst haben, werden Sie wieder Liebe für ihn empfinden. Nur eine liebevolle Trennung macht uns fähig, wieder Liebe zu finden.

Ein offenes Herz erkennt nicht nur, wer der Richtige, sondern auch, wer der Falsche für uns ist.

Manche Beziehungen sind gut für uns, um bestimmte Dinge zu lernen und in mancherlei Hinsicht zu wachsen. Sie versetzen uns in die Lage, den richtigen Menschen zu finden, mit dem wir unser Leben teilen wollen.

In einer solchen Beziehung bewältigen wir mit der Hilfe unseres Partners einen Schritt in unserer Entwicklung, und dann können wir wieder selbst unseren Weg gehen, ohne irgend etwas gegen unseren

Partner ins Feld führen zu müssen. Jemanden zu lieben heißt nicht, daß man den Rest seines Lebens mit ihm verbringen muß.

17. JANUAR

Warum Paare immer weniger Sex haben

In den Medien wird die Frage, wie oft Paare heutzutage Sex haben, meist maßlos übertrieben. Sicherlich laufen draußen viele sexhungrige Männer und Frauen herum, aber nach ein paar Jahren Ehe werden andere Dinge wichtiger, und Sex wird zur Nebensache.

Die Ursache für dieses Desinteresse am Sex liegt darin, daß Männer sich zurückgewiesen fühlen und Frauen sich zuwenig romantisch umworben und unverstanden fühlen. Wenn eine Frau nicht selbst in der Laune für körperliche Liebe ist, merkt sie nicht instinktiv, wie sinnlich dem Mann zumute ist. Ein Mann seinerseits merkt nicht instinktiv, wie sehr eine Frau spielerisches, verliebtes Werben und gute Kommunikation braucht, um sich zu öffnen und in Stimmung zu kommen.

Damit ein Mann sich nicht zurückgewiesen fühlt, muß das Paar lernen, positiv, frei und ohne Hemmungen über Sex zu sprechen. Nur wenn der Mann immer wieder die Botschaft erhält, daß seiner Partnerin Sex mit ihm Spaß macht, bleibt er sexuell aktiv und gesund.

Wenn eine Frau spürt, daß ein Mann in sexuellen Dingen erfahren ist und er ihr in der Beziehung viel Zuwendung schenkt, kann ihr sexuelles Verlangen stark bleiben. Auch für den Mann ist eine gute Beziehung durchaus wichtig, aber entscheidend ist für ihn doch, wie erfolgreich sexuell er bei ihr ist.

Wenn der Sex immer seltener wird, merken die meisten Paare nicht, daß sie ein Problem haben.

Wenn ein Paar nicht mehr mehrmals in der Woche Sex hat, sollten beide nicht gleich denken, daß sie das Interesse aneinander verloren hätten, sondern müssen erkennen, daß sie blockiert sind. Regelmäßiger Sex, zwei- oder dreimal pro Woche, ist wichtig für eine gesunde Beziehung. Bei weniger Sex wären eine Therapie oder erotische Filme und Bücher sicherlich hilfreich.

»Tu es, oder vergiß es« ist ein gutes Motto für ein dauerhaftes Sexualleben.

Wollen Sie noch mit vierzig einen gesunden Körper, dann müssen Sie Sport treiben. Desgleichen müssen Sie, um das Feuer der Leidenschaft zu erhalten, regelmäßig Sex nachlegen. Frauen ist nicht klar, wie sehr Männer Sex brauchen. Wenn sie ihn nicht bekommen, verlieren sie allmählich das Interesse und ihre sexuelle Energie. Zum Glück läßt sich diese mit einer Therapie auch wieder erwecken.

18. JANUAR

Eigenverantwortung und Selbstheilung

Je mehr wir uns in einer Beziehung öffnen und unsere emotionalen Bedürfnisse Erfüllung finden, desto mehr kommen schließlich auch unterdrückte Gefühle aus der Vergangenheit wieder an die Oberfläche. Sie melden sich dann aber nicht etwa zurück mit: »Hallo, ich bin der Ärger mit deinem Vater«, sondern richten sich gegen unseren Partner.

Die Ironie dabei ist, daß das in der Vergangenheit Verdrängte gerade dann unsere Liebesfähigkeit beeinflußt, wenn wir am meisten geliebt werden. Wir schwanken zwischen Extremen – einmal empfinden wir Leidenschaft, dann wieder denken wir an Scheidung. Und immer begründen wir extreme Stimmungsumschwünge mit dem Verhalten des Partners, obwohl er nichts dafür kann.

Wenn wir unserem Partner die Schuld geben, ist das die falsche Richtung und verschlimmert die Situation.

Wenn alte Gefühle an die Oberfläche kommen, fühlen wir uns dabei ungewöhnlich negativ. Wir sind voller Groll, Kritik, Zweifel, Ablehnung, Verwirrung, widersprüchlicher Gedanken, wir verurteilen andere und sind abweisend. Eine Zeitlang fallen wir in Empfindungen und Verhaltensmuster unserer Kindheit zurück, als wir noch nicht selbstbewußt agieren und reagieren konnten. In dieser Situation ist es äußerst wichtig, sich die eigene Verpflichtung zu einem liebevolleren Verhalten zu erarbeiten.

Auf gar keinen Fall dürfen wir von unserem Partner erwarten, liebende Eltern zu ersetzen. Das tötet bekanntlich jede Leidenschaft. In solchen Lebensphasen müssen wir uns selber »beeltern« oder aber bei einem Familientherapeuten als Elternersatz Hilfe suchen. Nicht unsere Partner, sondern wir selbst müssen uns auf den Weg der Heilung bringen.

Wenn wir anfangen, unserem Partner die Schuld für unser Unglücklichsein zu geben, ist das ein eindeutiges Signal, daß unser eigener »Mist von gestern« wieder hochkommt. Und obwohl wir dann gern besondere Unterstützung von unserem Partner hätten, sollten wir sie nicht verlangen, denn es ist an der Zeit, sich selbst zu heilen. Haben unsere Eltern uns weder Geborgenheit noch Verständnis entgegengebracht, müssen wir beides in uns selbst finden.

Wenn wir von unserem Partner erwarten, sich darum zu bemühen, daß es uns besser geht, drängen wir ihm eine Elternrolle auf und machen uns abhängig. Wir müssen den Ursprung in uns selbst finden, erst dann können wir uns davon befreien, unseren Partner als Zielscheibe zu mißbrauchen.

19. JANUAR

Sich ändern ist Schwerstarbeit

Sich selbst zum Guten hin zu verändern ist manchmal Schwerstarbeit, doch mit jedem kleinen Fortschritt fällt es uns leichter und macht mehr Freude. Sobald Sie diese Umgangsregeln einmal gelernt haben, profitieren Sie in allen möglichen Situationen davon.

Die wichtigste Regel lautet, zeitweilige Rückschläge hinzunehmen und eine Lektion zu wiederholen, bis sie zur zweiten Natur wird. Diese Einsicht gibt uns Hoffnung und befähigt uns zu Geduld und liebevoller Vergebung.

Das Erlernen neuer Beziehungstechniken scheint manchmal unsere Kräfte zu überfordern, aber das Ganze ist auch sehr aufregend, denn sobald Sie diese neuen Beziehungstechniken in die Tat umsetzen, zeigen sich schon faßbare Ergebnisse, die ermutigend und hilfreich sind.

Bereits mit Ihrem ersten Schritt auf diesem Weg können sich erstaunliche Verbesserungen in Ihrer Beziehung einstellen, und mit mehr Übung wird sie noch besser.

Wenn Sie diese grundlegenden Beziehungstechniken beherrschen, können Sie sich dauerhafte Leidenschaft, enge Freundschaft und Glück erschließen. Leidenschaft muß nicht im Sand verrinnen, und das Glück der ersten Verliebtheit muß nicht vergehen. Intime Nähe kann sich zu einer Quelle tiefster Erfüllung entwickeln.

20. JANUAR

Die Liebe wieder lernen

Sich zu verlieben ist leicht; viel schwerer ist es, die Liebe zu bewahren. Wir alle wünschen uns ewige Liebe – »glücklich bis an ihr Lebensende«. Niemand, der heiraten will, sagt: »Schatz, ich hab' nachgedacht. Laß uns heiraten und zwei, drei schöne Jahre miteinander verbringen. Dann haben wir genug voneinander und lassen uns scheiden – was hältst du davon?« Oder: »Liebling, laß uns ein paar Jahre lang ein tolles Sexleben zusammen führen und dann anfangen zu streiten, uns gegenseitig Vorwürfe machen, ein paar Seitensprünge, und dann trennen uns wieder.« Niemand entliebt sich absichtlich wieder. Aber es passiert, und dann tut es weh.

Wollen Sie aus Ihrer Ehe mehr machen als Ihre Eltern? Dann müssen Sie an Ihrer Liebe arbeiten, damit die Liebe für Sie da ist. Akzeptieren Sie als erstes, daß Sie dazu wieder anfangen müssen zu lernen. Vergessen Sie Ihren falschen Stolz, und loten Sie Ihr Innerstes aus – Ihre Bedürfnisse nach größerer Nähe, Anerkennung und Liebe. Stellen Sie sich einfach vor, Sie seien ein absoluter Anfänger in der Liebe.

Das Bewußtsein, Anfänger zu sein, ebnet Ihnen den Weg, etwas Neues zu lernen.

Eine Beziehung wertvoller zu machen ist eine Kunst und eine Wissenschaft, wie das Erbauen einer Brücke, das Kochen eines leckeren Essens oder das Spielen eines Instruments. Gewisse Techniken müssen erworben und täglich geübt werden. Zu Beginn erscheint alles wie ein großes Mysterium, aber mit der Zeit und mit Übung werden Sie die Herausforderungen meistern; es wird Ihnen zur zweiten Natur.

Was immer auch vorher war – Sie können lernen, Ihre Beziehung wertvoller zu gestalten.

21. JANUAR

Die Weisheit der Zurückhaltung

Die Weisheit, mit intimeren Dingen zurückhaltend zu sein, liegt darin, daß es dem Verlangen eines Mannes die Möglichkeit gibt, sich auch auf höhere Gefühlsebenen auszudehnen. Wenn ein Mann sich Zeit läßt, die ersten drei Phasen einer Bekanntschaft zu durchleben – Interesse, Unsicherheit und Gewißheit –, wird aus seinem körperlichen Begehren auch ein seelisches Bedürfnis, der Frau zu gefallen.

Daraus wiederum entsteht das eigentliche persönliche Interesse an ihr, aus dem später vielleicht Liebe erwächst. Ist sein Begehren dann auch Ausdruck von Liebe, ist die Zeit für intimere Annäherung gekommen.

Diese Zurückhaltung kann unterschiedlich aussehen. Sie können sich sofort für eine sexuelle Beziehung entscheiden, mit Ihrem Gefühlsleben aber hinter dem Berg halten. Oder Sie widerstehen Ihrem Bedürfnis nach Sex, bis Sie den anderen in seinem Wesen besser kennen. Wenn Sie nicht gleich alles von sich preisgeben, fordern Sie das Interesse des anderen und seine Neugierde heraus.

Jede Beziehung ist einzigartig. Wenn Sie sich fragen: »Wie lange soll ich denn warten?«, hören Sie auf Ihr Herz. Frauen sollten sich dessen bewußt sein, daß ein Mann Sex nicht mit einer festen Liebesbeziehung gleichsetzt.

Frauen erkunden bei einer Verabredung oft erst die Beziehung und entscheiden dann, ob sie Sex haben wollen. Männer dagegen sind zuerst auf Sex aus und überlegen dann, ob sie eine Beziehung wollen. Mit Sex zunächst zu warten ist keine Garantie für das Begehren eines Mannes. Sofortiger Sex hält aber einen Mann auch nicht davon ab, sein Interesse zu vertiefen. Nur wenn eine Frau versucht, ihn mit Sex in eine Beziehung zu locken, treibt ihn das meistens davon. Um eine positive Einstellung gegenüber Männern zu bewahren, muß eine Frau wissen, daß sie einerseits frei entscheiden kann, wann sie Sex haben will, er andererseits frei entscheiden kann, ob er nach dem Sex eine Beziehung will. Ist ein Mann frustriert, weil sie keinen Sex will, trifft sie keine Schuld, und wenn der Mann nach dem Sex keine Beziehung möchte, trifft ihn keine Schuld.

Ein dauerhaftes intimes Verhältnis entsteht, indem die Frau ehrlich ihr Innerstes mehr und mehr öffnet und der Mann ihr durch immer persönlichere Zuwendung immer näher kommt und ihr auch seinerseits sein Innerstes preisgibt. Indem sie sich einander immer stärker zuwenden, hat auch die Liebe in ihren Herzen eine Chance zu wachsen.

22. JANUAR

Negative Gefühle abbauen

Negative Gefühle abzubauen ist nicht so schwer, man muß es nur wirklich wollen und wissen, wie. Die meisten Menschen haben das nie gelernt. Das Geheimnis liegt darin, mit jemandem über seinen Ärger zu sprechen. Indem man sich gründlich über diese Gefühle ausspricht, kann man sie abbauen, und die positiven Gefühle kommen zurück.

Leider funktioniert das nicht immer. Manchmal kommen wir von unseren Gefühlen nicht los, auch wenn wir über sie sprechen. In diesem Fall haben wir meist etwas übersehen. Wir sind uns vielleicht unserer Wut und unserer Traurigkeit bewußt, nicht aber unserer Ängste. Mit Sicherheit können wir an unsere negativen Gefühle rühren, wenn wir in uns nach allen vier heilenden Gefühlen forschen: Wut, Trauer, Angst und Reue. Jedes dieser Gefühle ist von gleicher Wichtigkeit. Ignorieren wir nur eins davon, kommen wir von den anderen nicht los.

Über Gefühle zu sprechen, hilft nicht immer;
manchmal steckt man dann noch mehr fest.

Wenn Sie sich Zeit nehmen, diese vier Gefühle zu erforschen, wirkt das befreiend, und Ihr positiver Wunsch nach Liebe und Geliebtwerden erwacht wieder. Diese positive Einstellung weckt die entscheidenden Fähigkeiten in Ihnen, um Probleme im Leben bewältigen zu können: Geduld, Ausdauer, Hoffnung, Verständnis, Mitgefühl, Großzügigkeit, Seelenruhe, Anerkennung und Respekt, Vertrauen, Verzeihen und Liebe.

Manchmal scheuen wir uns, ganz ehrlich zu sein, weil das zu negativ klingen oder eine negative Reaktion hervorrufen würde. Wenn Sie zum Beispiel wütend werden, dann könnte Ihr Partner ebenfalls wütend reagieren. Und wenn man einmal so weit ist, daß man sich gegenseitig immer wütender macht, wird es noch schwieriger, Ihre negativen Gefühle abzubauen und zu Liebe und Verzeihung zurückzufinden. Wenn sich andererseits der Gesprächspartner wütend zurückzieht, bleibt die Sache auf der Ebene der Wut stecken, anstatt sich von Wut zu Trauer, Angst, Reue und Liebe weiterzuentwickeln.

Mit dieser Einsicht wird die Lösung plötzlich einfach und schlagend: Jedesmal, wenn Sie merken, daß sich Wut in Ihnen aufstaut, setzen Sie sich hin und schreiben Sie Ihrem Partner einen »Gefühlsbrief«. Beschreiben Sie Ihren Ärger, Ihre Verstimmung, und auch Traurigkeit, Angst und Bedauern. Wie durch ein Wunder bricht dann plötzlich erneut die Liebe in Ihnen durch, und Sie können Ihrem Partner ehrlich vergeben und ihn wieder lieben. Nun sind Sie besser in der Lage, mit Ihrem Partner über Ihre Wünsche, Gefühle und Bedürfnisse zu sprechen.

Dieser Gefühlsbrief ist eine gute Methode, zu seinen positiven Gefühlen zurückzufinden, ohne derart abhängig vom Partner zu sein. Manche Menschen wehren sich gegen diesen Prozeß der Selbstfindung, weil sie ihre Gefühle nicht niederschreiben wollen, und verlangen statt dessen vom Partner, ihnen zuzuhören. Diese Erwartungshaltung ist unrealistisch und belastet die Beziehung und den Partner.

Wir können vom Partner nicht verlangen, uns zuzuhören, wenn wir uns nicht einmal selbst die Zeit nehmen, in uns hineinzulauschen. Nach dem Niederschreiben wissen wir genauer, welches unsere eigentlichen Wünsche und Gefühle sind, und wir können sie dem Partner besser und gleichzeitig liebevoller, verzeihender und offener nahebringen, so daß es dem anderen auch leichter fällt, uns zu verstehen und auf uns einzugehen, wie wir es uns wünschen.

Wir können vom Partner nicht verlangen, uns zuzuhören,
wenn wir uns nicht einmal die Zeit nehmen,
in uns selbst hineinzulauschen.

Offen sein und verzeihen bedeuten nicht, daß Sie mit dem Verhalten Ihres Partners einverstanden sind. Zu verzeihen heißt, Ihren emotionalen Widerstand abzubauen, so daß die Liebe Sie wieder frei durchströmt wie zuvor. Verzeihen signalisiert dem Partner, daß er nicht für Ihre Gefühle verantwortlich ist, sondern daß Sie für sich selbst die

Verantwortung tragen. Das Niederschreiben der Gefühle ist also ein Schritt zur Eigenverantwortlichkeit und ebnet den Weg für eine offene und ehrliche Kommunikation.

23. JANUAR

Was Männer wirklich wollen

Der größte Wunsch eines Mannes in einer Beziehung ist der zu fühlen, daß er sie glücklich macht. Das macht ihn selbst glücklich und nimmt ihm eine Last von den Schultern. Ihr Glück bedeutet für ihn, daß sie ihn liebt. Wie ein Spiegel wirft ihm ihre warmherzige Art ein leuchtendes Bild seiner selbst zurück.

Der wachsende Streß in unserem Leben läßt uns dieses Ziel immer schwerer erreichen. Wenn ein Mann nach Hause kommt, findet er oftmals eine vor Arbeit erschöpfte Frau vor. Er wird in seinem Selbstvertrauen, sie glücklich machen zu können, frustriert und gibt in dem Gefühl, daß er dazu nicht mehr fähig ist, schließlich einfach auf.

Die warmherzige Art einer Frau gegenüber einem Mann
wirft ihm wie ein Spiegel
ein leuchtendes Bild seiner selbst zurück.

Im Innersten seiner Seele hofft ein Mann, daß seine Partnerin seine Bemühungen anerkennt und schätzt und darin auch ein gewisses Maß an Erfüllung findet. Wenn er nicht das Gefühl hat, sie sei glücklich, ihn zu sehen, geschieht etwas Schwerwiegendes in ihm. Sein zärtliches und zugleich leidenschaftliches Verlangen, ihr zu gefallen, sie zu beschützen und zu umsorgen, wird gedämpft und erstirbt schließlich ganz.

Männer reden im allgemeinen nicht gerne darüber, was in ihnen vorgeht, sondern konzentrieren sich eher darauf herauszufinden, wie sie Frauen glücklich machen können. Wenn aber das Verhalten und die Reaktionen einer Frau von ihrem Unglücklichsein bestimmt werden, schaltet ein Mann einfach ab. Wenn seine harte Arbeit nichts zu zählen scheint, verliert für ihn das Leben und die Beziehung jeglichen Zauber und Sinn.

Diese Einsicht motiviert eine Frau natürlich viel mehr, einen Mann fühlen zu lassen, daß er sie glücklich macht. Regelmäßige Anerkennung und Bestätigung geben ihm das Gefühl, daß ihm das gelingt, auch wenn sie manchmal überarbeitet und erschöpft ist. Auf diese einfache Weise kann eine selbstbewußte Frau ihrem Partner geben, was er am meisten braucht.

24. JANUAR

Frauen lieben Sex

Frauen lieben Sex, aber damit ihr Verlangen erwacht, bedarf es anderer Voraussetzungen als bei Männern. Männer begreifen dies manchmal nicht, da ihnen immer wieder suggeriert wird, Frauen würden Sex nicht mögen. Um Leidenschaft und gegenseitige Anziehung in einer Beziehung über die Jahre hinweg zu bewahren, braucht ein Mann die klare Botschaft, daß die Frau den Sex mit ihm liebt.

Im allgemeinen sind Männer mit siebzehn oder achtzehn Jahren am stärksten an Sex interessiert, Frauen hingegen erst mit sechsunddreißig oder achtunddreißig. Diese Diskrepanz wird auch in der Erregungskurve beim Geschlechtsverkehr deutlich: Der Mann kommt bei jeder Gelegenheit zum Sex sehr schnell und ohne großes Vorspiel in Erregung, die Frau hingegen benötigt mehr Zeit. Daraus entsteht sehr leicht das Mißverständnis, sie hielte von Sex weniger als er.

Ein Mann glaubt fälschlicherweise, daß eine Frau
Sex nicht will oder braucht, nur weil für sie
mehr dazu nötig ist als für ihn.

Auch die Einstellung seiner Mutter zu Sex kann da eine Rolle spielen. Wenn er als Jugendlicher Angst davor hatte, daß sie sein wachsendes Interesse an Mädchen und Sex bemerkte, konnte ihm das die

Botschaft vermitteln, Sex zu wollen sei schlecht. Diese unbewußten Gefühle können in seinem späteren Leben, wenn er mit einer Frau zusammen ist, die ihm etwas bedeutet, als schlechtes Gewissen wieder auftauchen, und er denkt: »Ich darf ihr meine sexuellen Wünsche nicht sagen, sonst weist sie mich zurück.«

Solche Erfahrungen in der Vergangenheit müssen nicht bewirken, daß ein Mann sein Interesse verliert, aber sie machen ihn sicherlich sensibler, so daß er sich schneller abgewiesen fühlt, wenn eine Frau an Sex nicht interessiert scheint. Wenn sie nicht in der Stimmung ist, sagt ihm sein Unterbewußtsein gleich: »Ich wußte es. Sie will keinen Sex.«

Um dieser Tendenz entgegenzuwirken, kann eine Frau dem Mann immer wieder durch kleine Botschaften deutlich machen, daß sie Sex mag. Wenn sie dann und wann zu einem Quickie bereit ist, ist das die eindringlichste Botschaft, mit der sie ihm helfen kann. Eine weitere sehr starke positive Botschaft liegt darin, empfänglich zu reagieren, wann immer er ihr Avancen macht.

25. JANUAR

Verletzende Streitereien vermeiden

Wenn eine Frau emotional erregt ist, aber versucht, ihre Gefühle zu unterdrücken, um vernünftig und logisch zu bleiben, dann geht sie einem Streit nicht aus dem Weg. Oft wird ihr Standpunkt dann aber unnachgiebig und rechthaberisch, was der Mann dann nicht nur als beleidigend, sondern auch als bedrohlich empfindet. Er hört heraus, daß seine Gedanken nur falsch sein können und daß seine eigenen Ansichten nicht ernst genommen werden. Während sie überzeugt ist, sinnvoll zu argumentieren, wird er zornig und läßt seinen negativen Gefühlen freien Lauf.

Wenn nun ein Mann seinen negativen Gefühlen einfach freien Lauf läßt, ohne den Standpunkt seiner Partnerin objektiv zu betrachten, wird sie sich in die Defensive gedrängt fühlen. Streitgespräche führen so zu einem ausweglosen Patt und sollten auf alle Fälle vermieden werden.

Brechen Sie den Streit ab, sobald Sie sich in die Defensive gedrängt, verletzt oder streitsüchtig fühlen, und gönnen Sie sich eine Besinnungspause.

Unsere Probleme zu lösen fällt uns schon schwer genug, wenn wir liebevoll und offen sind. Sobald in einem Streit negative Emotionen hochkommen, ist es an der Zeit, eine Pause einzulegen, um sich zu beruhigen. Streiten ist unvermeidbar, aber man sollte dabei Respekt und Verständnis bewahren. Wenn wir anfangen, uns gegenseitig weh zu tun, sollten wir uns eine Auszeit gönnen und später in Ruhe nach einer Lösung suchen.

Männer wie Frauen können durch Argumente verletzt werden – aber sie sind sich beide nicht bewußt, wie sehr sie den anderen mit ihrem Streiten verletzen. Das ist nicht auf die leichte Schulter zu nehmen, denn auch wenn es dabei keine körperlichen Verletzungen gibt, brauchen die seelischen Wunden Zeit, um zu heilen. Je näher wir jemandem stehen, desto leichter verletzen wir und werden verletzt.

26. JANUAR

Retortengefühle gibt es nicht

Die »körperliche Chemie« kann man nicht künstlich erzeugen. Sie können nicht einfach »machen«, daß sich jemand von Ihnen angezogen fühlt. Sie können nur für die passenden Bedingungen sorgen, damit der andere merkt, welche knisternde Chemie mit Ihnen möglich wäre. Sie können eben nicht an jedem beliebigen Ort einen Brunnen bohren und erwarten, daß Sie Wasser finden.

Geht nun beispielsweise eine Frau durch ein Restaurant und ein Mann hat Gelegenheit, sie zu betrachten, dann funkt es bei ihm oder eben nicht. Die gleiche Frau löst bei verschiedenen Männern unterschiedliche Reaktionen und Interessen aus.

Die besten Bedingungen, um knisternde Körperchemie zu erzeugen, schaffen wir mit guter Kommunikation und Zeit.

Mit anderen Worten: Wir können emotionale, geistige und seelische Chemie nicht im Labor erzeugen. Sie existiert einfach. Aber wir können die richtigen Bedingungen schaffen, damit andere Menschen ihre Gefühle für uns erkennen können: wie sehr sie uns lieben, uns interessant finden oder wie sehr sie uns glücklich machen wollen. Alles was wir tun können, ist, ihnen die Gelegenheit dazu zu geben.

Wenn Sie Zeit hatten, um das Beste in einem anderen zu erkennen, kann Ihr Herz sich öffnen; und mit einem Herzen voller Liebe sind Sie bestens gerüstet, die schlechten Seiten dieses Menschen zu erfahren und trotzdem an einer liebevollen Beziehung festzuhalten. Sie sind dann fähig, ihn auch dann im Herzen zu behalten, wenn Sie eine Enttäuschung erleben. Und das ist wahre Liebe.

27. JANUAR

Was sagen Sie, wenn ein Mann wütend ist?

Wenn ein Mann wütend ist und die Aussprache sucht, neigt eine Frau zu der Annahme, er würde sich durch das Gespräch beruhigen. Dies trifft aber nur zu, solange sie ihm zustimmt. Meistens aber wird die Sache immer schlimmer, je länger Sie ihn reden lassen. Eine Frau, die weiß, daß Männer vom Mars kommen, erinnert sich, daß eine Aussprache nicht unbedingt die beste Lösung ist.

Wenn ein Mann wütend ist,
ist das nicht der richtige Zeitpunkt,
ihn mit einem Gespräch aus der Reserve zu locken.

Normalerweise will eine Frau an den Gefühlen ihres Mannes teilhaben, da sie von ihm dasselbe erwartet. Wenn sie verärgert ist, sollte er ihr zuhören. Sie weiß instinktiv, daß sie sich besser fühlt, wenn sie ihre Gefühle mitteilen kann. Sie braucht jemanden, der ihr zuhört, aber er muß ihr nicht zustimmen.

Männer sind da anders. Wenn sie aufgebracht sind, haben sie ein viel größeres Bedürfnis danach, Recht zu bekommen. Können sie sich eine Zeitlang zurückziehen, dann überdenken sie die Lage und beruhigen sich. Also sollte eine Frau, wenn sie in einem oder mehreren Punkten nicht mit ihm übereinstimmt, das Gespräch verschieben, auch wenn das grob klingt; sie könnte zum Beispiel sagen: »Ich verstehe, daß du wütend bist. Laß mich darüber nachdenken – wir reden dann später.«

Es kommt sehr darauf an, wie sie ihm diesen Aufschub nahebringt. Sie sollte nicht vorwurfsvoll klingen, weil ihn das nur noch wütender macht. Sie sollte ihm nur zeigen, daß sie seine Gefühle respektiert, und dann die Diskussion verschieben. Ohne weitere Worte sollte sie sich entfernen, als ob das völlig normal und alles soweit in Ordnung sei. Diese neue Taktik gibt ihm die Möglichkeit, sein Gesicht zu wahren und sich zu beruhigen.

28. JANUAR

Ausgewogenes Teilen

Männer hegen im allgemeinen die Überzeugung, daß der Beginn einer Beziehung das Ende jeglicher Probleme bedeutet. Frauen erwarten von einem Mann die Erfüllung ihrer Bedürfnisse, ohne ihn immer wieder daran erinnern zu müssen. Sind diese falschen Annahmen erst richtiggestellt, wird die Kommunikation immer besser. Er kann sich Probleme besser anhören, und was ihre Bedürfnisse befriedigt, kann auch ihm zuteil werden. Eine bessere Kommunikation hilft beiden, die Lasten – und die Freuden – ihrer Beziehung gleichberechtigt und ausgewogen zu teilen.

Ein Mann sollte nicht vergessen, daß eine Beziehung auch Arbeit bedeutet. Es wäre unrealistisch zu glauben, daß alles immer nur eitel Glück und Sonnenschein ist. Um ein großes Ziel zu erreichen, sind stets Ausdauer, Geduld und harte Arbeit vonnöten. Nicht nur in der Arbeit gibt es Blut, Schweiß und Tränen, sondern auch zu Hause. Um liebevolle, leidenschaftliche und befriedigende Beziehungen zu schaffen, müssen Arbeit und Spiel in ausgewogenem Verhältnis stehen. Beziehungen können Schwerstarbeit sein, aber wenn wir dazu bereit sind, können wir uns anschließend entspannen und die Früchte genießen – wir verstehen uns und sind uns nahe.

Nicht nur in der Arbeit gibt es Blut, Schweiß und Tränen, sondern auch zu Hause.

Eine Frau sollte ihrerseits daran denken, daß Männer vom Mars kommen – sie verstehen nicht instinktiv ihre Bedürfnisse, Wünsche oder was ihr wichtig ist. Ein Mann muß sich genauso überwinden, aktiv an einer Beziehung zu arbeiten, wie eine Frau ihre Scheu überwinden muß, ihn um etwas zu bitten, was sie sich wünscht. Wenn sie ihn um etwas bitten oder an etwas erinnern muß, meint sie oft, der Partner würde sie nicht wirklich lieben. Mit ihrem neuen Wissen aber kann sie in Zukunft freiweg ihre Wünsche vorbringen, ohne von ihm zu erwarten, daß er von sich aus daran denkt.

29. JANUAR

Den Zauber der Liebe lebendig erhalten

Während Männer mehr auf scharfen Sex aus sind, sehnen Frauen sich nach romantischer Liebe. Sogar die knallharte, erfolgsorientierte Karrierefrau legt großen Wert auf Romantik. Romantische Liebe ist für Frauen allerorten wie ein Zauber.

Jedes Jahr geben Frauen Unsummen für Liebesromane aus. Um die Sehnsucht einer Frau nach Romantik zu erfüllen, muß ein Mann zuerst verstehen lernen, was romantische Liebe ist.

Liebesbriefe, Blumensträuße und kleine Geschenke; Nächte voller Mondschein, spontane oder sorgfältig geplante Rendezvous; fein zum Essen ausgehen – das ist für die Frau Romantik.

Männer haben nicht eigentlich etwas gegen Romantik – sie verstehen bloß nicht, warum es einer Frau so viel bedeutet. Zu Beginn einer Beziehung ist er gerne romantisch, um ihr zu zeigen, daß sie etwas Besonderes für ihn ist. Dann aber begreift er nicht, warum er damit weitermachen soll. Wenn er seinen Vater öfter in romantischer Stimmung mit seiner Mutter erlebt hätte, müßte er es nicht erst wieder lernen. Wenn wir uns nach ewiger Liebe sehnen, müssen wir uns Zeit für Romantik nehmen.

30. JANUAR

Gleichberechtigte Partnerschaft fördert die Leidenschaft

In der Gleichberechtigung der Partner liegt das Geheimnis einer Beziehung – sie kann aber auch ein Hemmnis sein. Um die Leidenschaft in einer Beziehung lebendig zu erhalten, ist es hilfreich zu wissen, wie unterschiedlich Mann und Frau die Partnerschaft erfahren. Nur wenn beider Bedürfnisse erfüllt werden, kann die Liebe in einer gleichberechtigten Beziehung ein Leben lang halten.

Eine Frau empfindet instinktiv Partnerschaft, wenn sie und ihr Partner gemeinsam auf ein gemeinsames Ziel hinarbeiten; dabei gibt es keinen Chef und keine Unterordnung. Entscheidungen werden gemeinsam gefällt, und beide erbringen gleichermaßen Leistung.

Für einen Mann bedeutet Partnerschaft etwas anderes: Er ist sein eigener Abteilungsleiter und hat das Sagen, und sie bestimmt in ihrem Zuständigkeitsbereich, in den er sich nicht einmischt. Sie soll ihm nicht sagen, was er tun soll, und er will sich nicht in ihre Angelegenheit einmischen. Für ihn besteht also die Partnerschaft darin, daß sie nebeneinander und jeder eigenverantwortlich bestimmte

Dinge erledigen und auf diese Weise ein Team bilden, das insgesamt auf ein gemeinsames Ziel hinarbeitet.

Obwohl Männer und Frauen Partnerschaft verschieden erfahren, existiert ein goldener Mittelweg.

Wenn sie sich dieses Unterschieds bewußt sind, können Mann und Frau die Partnerschaft aufbauen, die sie sich wünschen. Das Geheimnis liegt darin, beide Arten der Partnerschaft zu leben. Manchmal erledigen sie jeder für sich etwas, dann wieder arbeiten sie zusammen. Wenn sie zusammen arbeiten, muß die Frau darauf achten, die Leistungen des Mannes anzuerkennen; arbeitet jeder für sich, muß der Mann darauf achten, die Wünsche und Bedürfnisse der Frau zu respektieren.

Und schließlich darf eine Partnerschaft, die gedeihen soll, nicht nur Selbstzweck sein. Leidenschaft füreinander kann nur wachsen, wenn beide Partner auch außerhalb ihrer eigenen, persönlichen Bedürfnisse ein gemeinsames Interesse und Ziel haben, auf das sie gemeinsam hinarbeiten können.

31. JANUAR

Die Rolle des Mannes in einer Beziehung

In einer Beziehung hat der Mann die Rolle, für die Frau zu sorgen und dafür ihre Liebe zu empfangen. Solange er »bei seiner Rolle« bleibt, kann eine Beziehung gedeihen. Wenn er aber nur noch im Auge hat, was sie ihm bringt, »fällt er aus der Rolle«, und die Frau verschließt sich.

Romantische Rituale helfen ihm, bei seiner Rolle zu bleiben. In den traditionellen romantischen Ritualen ist der Mann der Gebende und die Frau die in Dankbarkeit Empfangende. Diese Rituale sind wichtig, da sie ihm Sicherheit geben, wie er seiner Rolle leicht gerecht werden kann. Er muß ja nur hin und wieder mit ihr ausgehen, manchmal anrufen, ein wenig Geld ausgeben, ihr die Türen aufhalten, und schon ist er ein toller Kerl. Sie sieht zu ihm auf, und er fühlt sich stark.

Romantische Rituale sind wichtig,
denn sie geben ihm Sicherheit.

Wenn eine Frau seine Zuwendung anmutig entgegennimmt, ohne sich gleich zu einer Gegenleistung verpflichtet zu fühlen, steigt sie dadurch in seiner Achtung. Für sie bedeuten diese romantischen Rituale, sich als etwas Besonderes zu fühlen, und erinnern sie daran, auch zu nehmen, ohne zu viel zu geben. So erhält der Mann wieder die Gelegenheit, den süßen Nektar von Selbstlosigkeit und bedingungsloser Großzügigkeit zu kosten.

FEBRUAR

Verständnis, Akzeptanz, Übung

Der Februar ist der Monat, in dem uns der Winter am tiefsten gefangen hält und unsere Hoffnung auf den Frühling am schwächsten ist; die Kräfte der Natur fordern uns machtvoll heraus.

Auf ähnliche Weise stellen machtvolle Emotionen in uns eine Herausforderung dar. Es ist harte Arbeit für uns, Verständnis füreinander zu haben, um in Liebe unsere Unterschiede zu akzeptieren. Wieder und wieder müssen wir uns in der Kunst der Geduld und der Anteilnahme üben.

In dieser Zeit geschieht es häufig, daß Männer sich aus inniger Nähe zurückziehen und ihr Bedürfnis nach Unabhängigkeit und Freiheit spüren. Akzeptiert eine Frau dieses Bedürfnis des Mannes, sich zurückzuziehen, dann bereitet sie die richtigen Voraussetzungen dafür, daß er in sich das Verlangen wiederentdeckt, ihr nahe zu sein.

Auch Frauen sehen sich mit ihren Emotionen konfrontiert. Hat eine Frau negative Gefühle verdrängt oder unter Selbstverleugnung versucht, liebevoller zu sein, erfährt sie nun die Kehrseite dieser Gefühle und unerfüllten Bedürfnisse. In einem solchen emotionalen Tief ist es für sie besonders wichtig, über Probleme reden zu können und Verständnis zu finden.

Um den Partner verstehen und akzeptieren zu können, müssen wir über die komplizierten Bedürfnisse des geliebten Menschen Bescheid wissen. Dies ist eine schwierige Zeit, aber oft bringen die Herausforderungen der Liebe auch das Beste in uns zum Vorschein. In diesem Monat sollten wir all unsere Kraft aufbringen, diesen Herausforderungen der Natur mit Liebe und Romantik zu begegnen. Auf diese Weise können Sie schwierige, düstere Phasen vermeiden und statt dessen eine Zeit der Liebe erschaffen, die Ihnen in steter Erinnerung bleibt.

1. FEBRUAR

Was eine Beziehung so schwierig macht

Nie waren Beziehungen zwischen Mann und Frau so schwierig wie heute. In früheren Zeiten kam ein Mann von der Arbeit nach Hause und konnte sich entspannen, neue Kräfte sammeln und sich erholen, ohne daß von ihm noch weitere Anstrengungen erwartet wurden. Doch auch auf die Frauen von heute warten nach einem anstrengenden Arbeitstag zusätzliche Aufgaben, sobald sie nach Hause kommen. Für Männer wie Frauen ist das Zuhause nicht mehr ein Ort der Entspannung und des Wohlbehagens, sondern eine zusätzliche Last und Bürde.

Das wichtigste Ziel eines liebenden Mannes liegt darin, seine Frau glücklich zu machen. Seit alters her ertrugen die Männer alle Feindseligkeiten in der Arbeitswelt, denn ihre Kämpfe und Anstrengungen wurden am Abend durch die Anerkennung ihrer Frau belohnt. Wenn er seiner Gefährtin Erfüllung schenken konnte, war dies dem Mann all seine Mühsal wert. Auch konnten Männer diese Belastungen ertragen, weil sie daheim entspannen konnten und umsorgt wurden.

Frauen trifft der Streß des Arbeitslebens um so mehr, denn für sie bedeutet er neben ihren häuslichen Aufgaben eine zusätzliche Last. In ihrem Job leisten Frauen ebenso viel wie Männer, aber wenn sie nach Hause kommen, verfallen sie dort instinktiv zurück in die Rolle der Gebenden. Auch wenn so mancher Mann im Haushalt mithilft, er bringt dafür selten die gleiche Energie auf wie eine Frau.

Wenn Frauen von der Arbeit nach Hause kommen,
hätten auch sie gern jemanden, der sie an der Tür begrüßt.

In den meisten Frauen weckt das Zuhause einen Nestinstinkt. Sie können weder Ruhe noch Entspannung finden, wenn die Wohnung nicht aufgeräumt ist. Ein Mann dagegen schätzt zwar ein blitzblankes und gemütliches Heim, aber wenn er müde ist, ruht er sich lieber aus, als zu putzen. In gewisser Weise reagieren Frauen und Männer hier grundverschieden: Wenn Männer müde und erschöpft sind, ist ihnen alles egal, Frauen hingegen ist es erst recht nicht egal.

Die schädlichen Wirkungen dieser relativ neuen Beziehungsmuster werden von beiden Seiten allzu häufig unterschätzt. Ich will damit nicht sagen, wir sollten die Frauen wieder an den Herd schicken. Wir müssen uns nur darüber klarwerden, was wir aufgegeben haben. In unserem Wunsch, eine neue und bessere Welt für Männer und Frauen zu schaffen, liegt es an uns, die Weisheit der Vergangenheit in passenden Momenten zu nutzen. Sie enthält einiges, das für das Wohlbehagen von Frau und Mann von Bedeutung ist.

Wir sollten nicht mit den alten Wahrheiten brechen, die Männern und Frauen gleichermaßen Erfüllung gebracht haben. Sie weisen uns auch heute noch den Weg zu einer befriedigenden Beziehung und der Erfüllung neuer Ziele und Träume. Entscheidend ist nicht, wieviel eine Frau tut oder wieviel ein Mann im Haushalt hilft – die Qualität der Beziehung und die emotionale Stütze, die sie der Frau gibt, ist entscheidend dafür, ob sie sich ausgebrannt oder erfüllt fühlt. Indem er das Bedürfnis einer Frau, sich mitzuteilen und ihre Gefühle mit ihm zu teilen, anerkennt, kann der Mann ihr eine große Hilfe dabei sein, sich zu entspannen und zur Ruhe zu kommen.

Die Frau ihrerseits sollte nicht vergessen, ihren Mann auf liebenswürdige Art um seine Mithilfe zu bitten und seine Anstrengungen zu würdigen, anstatt es für selbstverständlich zu halten, daß er von sich aus im Haushalt hilft. Durch eine gute Gesprächsbasis und Romantik kann sich ein Gleichgewicht einstellen; und sobald ein Mann einmal merkt, daß auch das Helfen beim Geschirrspülen ein tolles Vorspiel sein kann, ist er mit zunehmend mehr Energie mit von der Partie.

2. FEBRUAR

Umgang mit Zweifel

Es ist normal, wenn man sich seines Partners nicht immer sicher ist, egal ob zu Beginn der Beziehung oder in der Ehe. Wir fragen uns, ob wir uns für den richtigen Partner entschieden haben oder ob wir überhaupt hätten heiraten sollen. Auch wenn wir mit dem Richtigen zusammen sind, sind wir uns dessen nicht immer sicher. Unsicherheit ist etwas Natürliches, und in der Auseinandersetzung damit gewinnen wir meist um so größere Klarheit.

In der Phase des Umwerbens ist uns dieser eine Mensch wichtiger als alle anderen. Dann folgt Phase zwei: die Unsicherheit. Wenn wir merken, daß wir den anderen näher kennenlernen und eine feste Beziehung mit ihm eingehen wollen, verändern sich unsere Gefühle – wir sind uns nicht mehr so sicher. Für manche kommt dieser Wechsel sehr abrupt und wie ein Erdbeben, bei anderen manifestiert er sich nur als leichtes Zittern. Manchmal zeigt gerade die Plötzlichkeit und Heftigkeit dieser Gefühlsveränderung, daß dieser Mensch möglicherweise der Richtige sein könnte.

Wir könnten unseren Seelengefährten gefunden haben und sind trotzdem voller Zweifel.

Zweifel liegt nicht in unserem Partner begründet, sondern in unserer Fähigkeit, uns selbst zu vertrauen. Wir könnten eine Verabredung mit unserem Seelengefährten haben, ohne es zu merken. Ob nun unser Gegenüber für uns bestimmt ist oder nicht, mit Unsicherheit haben wir alle immer wieder zu kämpfen. Leider wissen viele Singles nicht, daß dies eine notwendige Phase ist, und sind überzeugt, daß es nicht der Richtige für sie ist, wenn sie sich nicht sicher sind. Sie erwarten, daß sich der Himmel öffnet und der Himmel voller Geigen hängt und alle Glocken läuten, sobald es der Richtige ist.

Auch Paare können in Panik geraten, wenn Unsicherheit und Zweifel auftauchen. Um den Weg in eine dauerhafte Beziehung zu ebnen, müssen wir dem Zweifel und der Unsicherheit Platz lassen. Auch Liebe entwickelt sich zyklisch. In Zeiten von Unsicherheit sollten wir uns selbst mehr Liebe und Hilfe geben, anstatt sie von unserem Partner zu erwarten. Es ist nicht gut, vom Partner zu verlangen, allzeit für uns da zu sein.

Wir müssen dann anderswo gute und hilfreiche Beziehungen suchen: bei Freunden, Verwandten und in Gott. Wenn wir Erfüllung finden, ohne von unserem Partner abhängig zu sein, wird die Woge der Unsicherheit automatisch von einer neuen Welle des Vertrauens und der Zuneigung zu unserem Partner abgelöst.

3. FEBRUAR

Wahre Liebe kann man nicht kaufen

Mit Geld kann man viele schöne Dinge kaufen, aber es macht Beziehungen oft schwieriger. Immer wieder beobachte ich, daß Paare, die sich lange liebten, anfingen einander zu hassen, nachdem sie ein Leben in Wohlstand erreicht hatten. Mit mehr Verständnis für die unterschiedlichen emotionalen Bedürfnisse kann jedoch auch mehr Geld und Erfolg eine große Wohltat für eine Beziehung sein.

Finanzieller Erfolg kann Probleme bereiten, wenn ein Paar nicht die notwendigen Beziehungstechniken beherrscht. Wenn finanzielle Sicherheit besteht, nimmt der Mann automatisch an, die Frau sei auch glücklicher. Als beide noch arm waren, konnte er verstehen, warum sie zeitweilig unglücklich war. Sobald aber mehr Geld vorhanden ist und man sich mehr leisten kann, versteht er nicht mehr, warum sie sich immer noch von Zeit zu Zeit unzufrieden und unglücklich fühlt.

Irrtümlicherweise glaubt der Mann, daß, wenn es ihnen materiell gut geht, er seine Pflichten erledigt hat und sich nun entspannen kann. Die Frau dagegen empfindet ihre emotionalen Bedürfnisse stärker, wenn sie sich sicher und gut versorgt weiß.

Als sie arm waren, war ihr klar, daß die Arbeit ihn in Anspruch nahm. Sie brauchten das Geld, um leben zu können. Wenn der Lebensstandard gesichert ist, werden andere Dinge wichtig, wie etwa das gemeinsame Gespräch, Intimität und Romantik. Plötzlich erwartet die Frau mehr von der Beziehung.

Während ein Mann meint, seine Pflichten seien erledigt,
entwickelt eine Frau neue Ansprüche.

Wird aus einer reinen Versorgungsbeziehung eine stärker emotional orientierte Beziehung, muß ein Paar sich darüber im klaren sein, daß neue Probleme ins Haus stehen. Die alten Wege der Kommunikation führen nicht mehr zu beiderseitiger Befriedigung.

Da eine Frau sich eher ihrer emotionalen Bedürfnisse bewußt

wird, ist sie auch die erste, die einen Mangel an Erfüllung empfindet. Der Mann dagegen empfindet erst einen Mangel, wenn er ihre Unzufriedenheit sieht. Je größer der gesellschaftliche Erfolg wird, um so weniger kann er ihre Unzufriedenheit ertragen. Beide sind unglücklich und geben sich gegenseitig die Schuld daran. Eines der größten Probleme besteht darin, daß jeder es dem anderen übelnimmt, daß sie diese Probleme überhaupt haben.

Diese neuen Probleme lassen sich nicht vermeiden – aber man kann sie lösen. Wenn in einer Beziehung beide wissen, was unweigerlich auf sie zukommen wird, werden sie sich nicht mehr gegenseitig die Schuld geben. Sie werden auch nicht die Beziehung hinterfragen, sondern ihre frühere Art des Umgangs und der Kommunikation miteinander. Sie werden sich nicht einem anderen Partner zuwenden, sondern ihre Energien darauf konzentrieren, die eigenen Fähigkeiten zum Geben und Empfangen von emotionaler Zuwendung zu verbessern.

4. FEBRUAR

Die richtige Zeitabstimmung

Wenn ein Mann sich, um allein zu sein, »in seine Höhle zurückzieht«, kann er sich am besten von den Anstrengungen des Tages erholen, seine Probleme abschütteln, indem er beispielsweise in die untergehende Sonne blickt, und langsam wieder an all das denken, was ihm persönlich lieb und teuer ist. Wenn er sich besser fühlt, kommt er von selbst aus seiner Höhle und ist wieder »beziehungsfähig«.

Durch Alleinsein in seiner »Höhle« schüttelt der Mann seinen Alltagsstreß ab und wird wieder »beziehungsfähig«.

Um ihre Unterhaltungen für beide Seiten befriedigend zu machen, muß eine Frau ihre unmittelbaren Bedürfnisse nach Gefühlsaustausch aufschieben und warten, bis ihr Partner wieder aus seiner »Höhle« kommt. Ein Gespräch zu beginnen, wenn der Mann noch nicht fähig ist, zuzuhören und Anteil zu nehmen, kann in einer Katastrophe enden. Wenn eine Frau das respektiert und den richtigen Zeitpunkt abwartet, ist ihr die Zuwendung sicher, die sie braucht.

Wird einem Mann diese Zeit, die er für sich selbst braucht, nicht zugestanden, fällt es ihm äußerst schwer, die liebevollen Gefühle zu seiner Partnerin zu bewahren. Entsprechend verliert eine Frau allmählich ihre tiefempfundene Liebe, wenn sie nie die Möglichkeit bekommt, ihre Gefühle auszudrücken, so wie es ihrem weiblichen Wesen entspricht. Also muß die Frau lernen, dem Mann seine »Höhlenzeit« zuzugestehen, so wie der Mann lernen muß, ihrem Bedürfnis nach Aussprache entgegenzukommen.

5. FEBRUAR

Verständnis für die »Höhle«

Frauen müssen einiges über Männer lernen, bevor ihre Beziehung wirkliche Erfüllung bringen kann. Sie müssen verstehen, daß ein Mann, wenn er überanstrengt oder verärgert ist, schweigsam wird und sich in seine »Höhle« zurückzieht, um die Dinge wieder in den Griff zu bekommen. Niemand darf in diese »Höhle«, nicht einmal sein bester Freund; so war es auf dem Mars. Frauen sollten also keine Angst haben, sie hätten vielleicht einen riesigen Fehler begangen. Sie müssen nur begreifen, daß ein Mann, der sich ungestört in seine »Höhle« zurückziehen darf, nach einer Weile wieder auftaucht, und alles ist wieder in Ordnung.

Dies zu lernen fällt Frauen schwer, denn auf der Venus lautete eine goldene Regel, niemals eine Freundin mit Sorgen alleine zu lassen. Sie empfindet es nicht als liebevoll, ihren geliebten Marsianer alleine zu lassen, wenn er aufgebracht ist. Aus lauter Liebe will sie mit in seine »Höhle« kommen, um ihm zu helfen, und macht den Marsianer damit nur noch ärgerlicher. Dabei will sie ihm instinktiv auf eine Weise helfen, wie sie es selbst gern hätte. Sie meint es nur gut, doch das Gegenteil kommt dabei heraus.

Frauen irren, wenn sie denken, ein Mann würde sich besser fühlen, weil sie viele Fragen stellen und gute Zuhörer sind.

Ein Mann braucht sehr häufig genau das Gegenteil dessen, was eine Frau für gut für ihn hält. Sowohl Männer wie Frauen sollten aufhören, sich in der Weise um den anderen zu kümmern, wie sie es selbst am liebsten hätten, und sollten anfangen, die ganz andere Art und Weise, in der ihr Partner denkt, fühlt und reagiert, zu begreifen.

6. FEBRUAR

Warum Männer sich zurückziehen

Hat eine Frau gelernt, ihre Bedürfnisse aufzuschieben und dem Mann Zeit für den Wechsel vom Arbeitsleben zum Privatleben zu lassen, kann er sich auf seine Liebe zu ihr besinnen und sich dementsprechend verhalten. Je mehr er sich an diese liebevolle und rücksichtsvolle Art gewöhnt, desto größer wird seine Vorfreude darauf. Allein der Gedanke, nach Hause zu kommen, wirkt dann schon entspannend. Und je mehr er sich darauf verlassen kann, desto weniger muß er sich von seiner Partnerin zurückziehen.

Wenn eine Frau diese neue Beziehungstechnik nicht kennt, wird sie sich gar nicht darüber bewußt, daß sie ihren Partner hindert, den Wechsel vom Arbeitsleben ins Privatleben zu vollziehen. Verlangt sie zuviel von ihm oder beginnt zu nörgeln, wird er vielleicht nie genug Entspannung finden, um wieder für die Beziehung da zu sein. Dieser Teufelskreis kann zu einer Blockade führen, die den Mann den Kontakt zu seinen Liebesgefühlen verlieren läßt, bis er dann vielleicht sogar meint, seine Partnerin nicht mehr zu lieben.

Je mehr er mit der Forderung, doch über alles zu sprechen und sich in die Beziehung einzubringen, unter Druck gesetzt wird, desto mehr hat er das Bedürfnis nach Ruhe.

Wenn ein Mann zu einer Frau nach Hause kommt, die ihn nicht mit

Forderungen überfällt, gibt ihm das die Zeit, die er zum Entspannen braucht. Er kann dann automatisch umschalten und seiner Partnerin die Liebe geben, die sie verdient. Tausende von Frauen, die diese Beziehungstechnik anwenden, berichten, daß diese besondere Einsicht in ihren Beziehungen Wunder bewirkte.

7. FEBRUAR

Männer sind wie Gummibänder

Männer sind wie Gummibänder. Wenn es sie fortzieht, kommen sie nur eine gewisse Strecke weit, dann zieht es sie mit Macht wieder zurück. Das Gummiband ist die perfekte Metapher für das Verhalten des Mannes in einer Beziehung, denn er strebt die Nähe an, zieht sich dann zurück und sucht anschließend wieder die Nähe.

Viele Frauen wundern sich, daß sich ein Mann, auch wenn er eine Frau liebt, immer wieder zurückziehen muß, bevor er ihr wieder näher kommen kann. Es ist ein instinktives Bedürfnis, das dem Mann keine Entscheidungsfreiheit oder Wahl läßt. Es passiert einfach und ist weder seine noch ihre Schuld, sondern ein natürlicher Zyklus.

Frauen interpretieren dieses »Sich-Zurückziehen« falsch, denn eine Frau zieht sich im allgemeinen aus anderen Gründen zurück: entweder weil sie ihm nicht zutraut, ihre Gefühle zu verstehen, weil er sie verletzt hat und sie Angst hat, wieder verletzt zu werden, oder weil er einen Fehler gemacht hat und sie enttäuscht ist. Natürlich kann sich auch ein Mann aus denselben Gründen zurückziehen, aber er zieht sich manchmal auch dann zurück, wenn sie nichts falsch gemacht hat. Er mag ihr Liebe und Vertrauen entgegenbringen, und doch beginnt er plötzlich, sich zurückzuziehen. Wie ein gedehntes Gummiband bleibt er auf Abstand und kommt dann von selbst wieder zurück.

Der Abstand stärkt die Seele.

Ein Mann zieht sich zurück, um sein Bedürfnis nach Unabhängigkeit und Autonomie zu stillen. Nachdem er sich weit entfernt hat, kommt er in höchster Eile wieder zurück, denn jetzt kann er endlich wieder sein Bedürfnis nach Liebe und menschlicher Nähe empfinden. Automatisch ist damit seine Motivation gestiegen, all seine Liebe zu geben und die Liebe zu empfangen, die er braucht. Wenn er so zurückkommt, nimmt der Mann die Beziehung genau dort wieder auf, wo er sie verließ. Er muß sich nicht erst wieder in den Partner einfühlen.

Wenn eine Frau dieses Bedürfnis des Mannes, sich hin und wieder zurückzuziehen, akzeptiert und zuläßt, bereitet sie die richtigen Voraussetzungen dafür, daß er in sich selbst den Wunsch, bei ihr zu sein, entdeckt und ihn seine Liebe zu ihr wieder zurückbringt.

Wird einem Mann hingegen die Möglichkeit verwehrt, sich zurückzuziehen, hat er auch nie die Chance, sich bewußt zu werden, wie groß sein Bedürfnis nach Nähe ist. Frauen müssen unbedingt verstehen, daß sie nicht ständiges Zusammensein fordern oder ihrem Liebespartner hinterherlaufen dürfen, wenn er sich zurückzieht, sonst wird er nur noch bestrebt sein, auf Distanz zu gehen. Und nie wird er die Chance haben, seine eigene leidenschaftliche Sehnsucht nach Liebe zu erkennen.

8. FEBRUAR

Frauen sind wie Wellen

Eine Frau ist wie eine Welle, und wie diese steigt und sinkt ihr Selbstbewußtsein: Einmal ist sie himmelhoch jauchzend, dann wieder stürzt sie in ein tiefes Wellental. Aber auch das dauert nicht an. Wenn sie ihr Tal erreicht hat, drehen sich ihre Gefühle wieder um, und ihr Selbstbewußtsein schwimmt auf der Welle wieder aufwärts.

Wenn die Frau so auf ihrer Welle nach oben schwimmt, hat sie unendlich viel Liebe zu geben, wenn sie aber in ein Wellental fällt, fühlt sie sich innerlich leer und braucht jemanden, der ihr Liebe schenkt. Diese Phase eines Gefühlstiefs ist sozusagen eine Zeit für emotionalen Hausputz. Kennt ein Mann diesen Ablauf, dann macht er sich selbst nicht mehr dafür verantwortlich. Wenn er sicher weiß, daß er nicht die Ursache für ihr Tief ist, kann er ihr besser zur Seite stehen.

Wenn ein Mann weiß, daß die Gefühle einer Frau wie Wellen auf und ab wogen, kann er Verständnis dafür aufbringen und nimmt es nicht persönlich.

Wenn sie in der Aufwärtsphase ihrer Welle negative Gefühle verdrängt, um ihrem Partner mehr Liebe zu geben, wird sie von diesen negativen Gefühlen und unerfüllten Bedürfnissen überwältigt, sobald sie die nächste Abwärtsphase beginnt. In dieser Zeit der Depressionen ist es besonders wichtig für sie, über ihre Probleme zu reden und Verständnis zu finden.

Meine Frau Bonnie beschreibt das Gefühl, wenn sie »auf dem Weg nach unten« ist, als fiele sie in einen tiefen Brunnen. Auf ihrem Weg in diesen Brunnen versinkt eine Frau bewußt in ihr Unterbewußtsein, in Dunkelheit und gefühlsmäßige Verwirrung. Sie kann plötzlich von einem wahren Aufruhr unerklärlicher Emotionen und vager Empfindungen ergriffen werden und sich hoffnungslos und alleine fühlen. Hat sie dann aber den Tiefpunkt erreicht, wird es ihr bald besser gehen, wenn sie die Liebe und Zuwendung ihres Partners fühlt. Genauso plötzlich, wie sie vielleicht zusammengebrochen ist, schwimmt sie wieder nach oben und strahlt in ihrer Beziehung wieder Liebe aus.

9. FEBRUAR

Anzeichen, daß er seine Höhle verläßt

Ein Mann kann der Frau zeigen, daß er »wieder da« ist, indem er ihr klare Signale in einer Sprache gibt, die sie versteht. Das wohl deutlichste und einfachste Signal ist es, wenn er die Frau in rein liebevoller, nicht sexueller Weise berührt. Wenn ein Mann zärtlich wird, dann hat er seine Höhle mit Sicherheit verlassen.

Er kann das auch zeigen, indem er ein Gespräch beginnt. Auch wenn er nicht viel zu sagen hat, kann er sie fragen, wie sie ihren Tag verbracht hat. Allgemeine Fragen wie etwa »Wie war's heute?« sind nicht schlecht, aber besser ist es, auf bestimmte Dinge einzugehen, wie zum Beispiel: »Wie lief deine Verabredung mit …?« Sein Fragen nach Dingen, die sie betreffen, beweist ihr sein Interesse an ihr.

Einer der Wege zum Herzen einer Frau besteht darin, Interesse an ihr zu zeigen.

Ein Gespräch zu beginnen ist besonders hilfreich, da die Frauen von heute oft so sehr ihre männliche Seite hervorkehren, daß sie erst bemerken, wie sehr sie sich nach einem Gespräch gesehnt haben, wenn sie zu einem solchen aufgefordert werden. Hat eine Frau in der Vergangenheit schlechte Erfahrungen mit Gesprächspartnern gemacht, ist sie sich möglicherweise gar nicht bewußt, ein solches Bedürfnis zu haben.

10. FEBRUAR

Wie Männer auf die Welle reagieren

Eine Frau strahlt vor Liebe und Erfüllung, wenn sie einen Mann liebt. Die meisten Männer sind so naiv und erwarten, daß das stets so bleibt. Die Vorstellung, daß ihr liebevolles Wesen unveränderlich bleibt, ist aber, als erwarte man, daß sich das Wetter niemals ändert und die Sonne immer scheint. Leben ist Rhythmus – Tag und Nacht, heiß und kalt, Sommer und Winter, Wolken und blauer Himmel. Auch in einer Beziehung haben Männer und Frauen ihre eigenen Rhythmen und zyklischen Entwicklungen. Männer ziehen sich zurück und nähern sich dann wieder, Frauen erleben ein ständiges Auf und Ab in ihrer Fähigkeit, sich selbst und anderen liebevoll zu begegnen.

Während Männer zwischen Rückzug und Annäherung schwanken, prägt Frauen ein ständiges Auf und Ab ihrer Liebesfähigkeit.

Der Mann glaubt irrtümlicherweise, der plötzliche Stimmungsumschwung einer Frau sei allein auf sein Verhalten zurückzuführen. Ist sie glücklich, rechnet er sich das als Verdienst an, und ist sie unglücklich, fühlt er sich ebenfalls dafür verantwortlich. Manchmal ist er deshalb äußerst frustriert, weil er nicht weiß, wie er ihr helfen kann. Eben noch scheint sie glücklich, und er denkt, er mache alles richtig. Dann plötzlich ist sie unglücklich, und er versteht die Welt nicht mehr.

Hat er aber Verständnis für die wellenartige Entwicklung ihres Gefühlslebens, dann kann er ihr in einem Wellental hilfreich zur Seite stehen. Das letzte, was eine Frau in solchen Zeiten braucht, ist der Hinweis, daß sie eigentlich gar nicht niedergeschlagen sein muß. Sie braucht vielmehr eine mitfühlende Seele, jemand, der ihr zuhört und sie bei dem, was sie durchmacht, nicht allein läßt.

Auch wenn ein Mann nicht ganz verstehen kann, warum es einer Frau plötzlich schlecht geht, kann er ihr doch seine Liebe, Aufmerksamkeit und Zuwendung schenken. So wie Frauen lernen müssen, das Rückzugsbedürfnis eines Mannes zu akzeptieren, müssen Männer lernen, der Frau in ihrem Auf und Ab hilfreich zur Seite zu stehen.

11. FEBRUAR

Warum Frauen viel mehr reden

Frauen, die sich in ihrer Beziehung nicht frei aussprechen können, verlieren die Verbindung zu ihrem natürlichen Glücksgefühl, das sich einstellt, wenn das Weibliche in ihnen genährt wird. Schlimmer noch: Wenn sie die Verbindung zu ihrer weiblichen Seite verlieren, sind sie sich nicht einmal mehr ihrer Bedürfnisse bewußt. Sie haben nur noch das vage Gefühl, daß irgendwas fehlt, und gewöhnlich geben sie dem Mann in ihrem Leben die Schuld dafür.

Je weiter eine Frau sich von dem weiblichen Teil ihrer Seele entfernt, um so weniger empfänglich ist sie für die Hilfe eines Mannes. Ihr Partner wiederum ist frustriert, weil er ihr keine Erfüllung schenken kann und sich in dieser Situation machtlos fühlt. Manche Frauen haben ihr Bedürfnis nach Gesprächen schon so weit verdrängt, daß sie überzeugt sind, sie hätten keine Zeit dafür oder daß Reden alles nur noch schlimmer mache.

Dabei haben Frauen von heute, die auch noch die Zusatzbelastung der Berufstätigkeit tragen müssen, ein viel größeres Bedürfnis nach Rückhalt in ihrer Partnerschaft. Wenn die Frau abends nach Hause kommt, braucht sie die Sicherheit, daß sie sich öffnen und ihre Gefühle herauslassen darf, auch wenn diese manchmal wirr und unzusammenhängend sein sollten. Sie braucht das Gefühl, daß da jemand ist, der versteht, was sie durchmacht, und der sich etwas aus ihr macht. Auch wenn sie manchmal nicht zum Reden aufgelegt scheint, lockt ein kluger Mann sie mit liebevollen Fragen behutsam aus der Reserve.

12. FEBRUAR

Warum heiraten?

Die Ehe ist heute nicht mehr nur eine Verpflichtung zur materiellen Absicherung einer Familie. Je unabhängiger wir sind, um so mehr tritt die Liebe in den Vordergrund. Die Menschen gehen heute aus Liebe Beziehungen miteinander ein, und es gibt keine machtvollere Art, unsere Liebe zu nähren, als das Ehegelöbnis.

Das Eheversprechen ist die Anerkennung, daß unser Partner in jeder Hinsicht etwas Besonderes für uns ist und daß wir uns verpflichten, die Liebe in unserer Beziehung zu hegen und zu pflegen. Mit der Heirat versprechen wir, daß wir unseren Partner unser Leben lang in Ehren halten. Dieses heilige Gelöbnis fördert das Beste in einem Mann zutage und ermöglicht es der Frau, sich in wachsendem Vertrauen zu öffnen. Ihr Gelöbnis erinnert sie auch an die alten Gefühle, wenn sie glaubt, sie vergessen zu haben.

Eine Frau muß fühlen, daß sie für ihn etwas Besonderes ist; dann kann sie sich öffnen und in Liebe mit ihm zusammenwachsen.

Ohne dieses Gelöbnis fehlt etwas sehr Wichtiges: Eine Frau kann dem Mann die besondere Liebe, Anerkennung und Treue, die er sich wünscht, nur dann geben, wenn sie darauf vertrauen kann, daß auch ihre Bedürfnisse erfüllt werden. Sie muß fühlen, daß er sie so sehr anbetet, sich um sie sorgt, sie versteht und respektiert, daß er immer für sie da sein wird. Geben Frauen sich mit weniger zufrieden, dann bekommen sie auch weniger. Die Liebe in ihren Herzen wird dann nie die Chance haben, sich voll zu entfalten.

13. FEBRUAR

Die Sprache der Romantik

Wenn ein Mann durch kleine Gesten ausdrücken kann: »Du bedeutest mir viel, ich verstehe, was du fühlst, ich tue gern etwas für dich, und du bist nicht allein«, erfüllt er damit das Bedürfnis einer Frau nach Romantik. Wenn ein Mann ohne Aufforderung kleine Dinge für seine Frau erledigt, fühlt sie sich sehr geliebt. Wenn er diese Dinge aber vergißt, erinnert eine kluge Frau ihn wieder daran, indem sie ihn liebevoll darum bittet, ohne jedoch etwas zu fordern.

Für Frauen ist romantische Liebe, wenn ein Mann ohne ihr Bitten kleine Dinge für sie erledigt.

Ein Mann hingegen fühlt sich geliebt, wenn sie ihm wieder und wieder bestätigt, daß es ihm gelingt, ihr Erfüllung zu schenken. Wenn sie guter Dinge ist, fühlt er sich geliebt. Selbst wenn sie sich über das Wetter freut, versteht er das zum Teil als Kompliment an sich. Es ist das höchste Glück für einen Mann, wenn er eine glückliche und erfüllte Frau hat.

Eine Frau wird durch Blumen, Pralinen und gemeinsames Ausgehen in romantische Stimmung versetzt, ein Mann eher dadurch, daß die Frau viel von ihm hält. Wenn er ihr kleine Gefallen erweist und sie das sehr zu schätzen weiß, fühlt er sich höchst romantisch.

Für Männer ist Romantik, wenn eine Frau die Dinge, die er für sie tut, zu schätzen weiß.

Frauen sind sich im allgemeinen nicht bewußt, wie groß das Bedürfnis eines Mannes ist, von ihr zu hören, daß er ihr Erfüllung schenkt. Wenn er etwas für sie tun kann, genießt er ihre Liebe. Die größte Kunst in der Liebesbeziehung zu einem Mann besteht darin, ihn dabei abzupassen, wenn er etwas gut gemacht hat, und ihm dann ihre Anerkennung und Wertschätzung auszudrücken. Der größte Fehler hingegen ist es, ihn in allem für selbstverständlich zu halten.

Ein Mann fühlt sich geliebt, wenn er die Botschaft erhält, daß er etwas getan hat, seiner Partnerin in irgendeiner Weise geholfen und genützt hat. Die andere Art, Liebe zu einem Mann zu bezeugen, besteht darin, seine Fehler mit Bemerkungen wie »Macht nichts« oder »Das ist schon in Ordnung« möglichst herunterzuspielen. Wenn die Enttäuschung nicht so groß ist, ist er offener gegenüber zukünftigen Bitten und Bedürfnissen.

Wenn ein Mann seiner Frau etwas Gutes tut und sie Erfüllung empfindet, gewinnen beide.

14. FEBRUAR

Die Bedeutung gegenseitiger Verpflichtung

Nach den ersten Stadien des Sich-Kennenlernens können wir allmählich entscheiden, ob wir unseren Partner heiraten wollen. Irgendwann wissen wir, daß wir unseren Seelengefährten gefunden haben. Wir sind nicht nur verliebt, sondern wir lieben diesen Menschen so sehr, daß wir den Rest unseres Lebens mit ihm verbringen wollen.

Diese Erkenntnis ist zunächst nur eine Eingebung. Auch wenn wir uns sicher sind, den richtigen Partner gefunden zu haben, können uns später wieder Zweifel befallen. Um dafür zu sorgen, das es ein Dauerzustand wird, müssen wir dazu stehen und uns darauf verpflichten. Man muß das Eisen schmieden, solange es heiß ist – wenn es abkühlt, dann ist es unter Umständen zu spät.

Indem wir uns zur Ehe verpflichten, stärken wir diese Erkenntnis und arbeiten daran, das zunächst zarte Pflänzchen der Liebe großzuziehen, bis es stark und fest verwurzelt ist. Mit sorgfältiger Pflege wächst die Beziehung dann wie ein Sproß im Frühling.

Wenn die gegenseitige Verpflichtung aus den Herzen kommt, kann die Liebe stark werden.

Den meisten Männern ist nicht bewußt, wieviel einer Frau der Heiratsantrag bedeutet. Auf der Venus ist dies immerhin die zweitwichtigste Erinnerung im Leben einer Frau – gleich nach dem Hochzeitstag. Manche Männer wehren sich dagegen, weil sie nicht erkennen, wie wichtig das tatsächlich ist. Er ist nicht nur das größte Geschenk, das ein Mann einer Frau jemals geben kann – ein wundervoller Heiratsantrag legt den Grundstein für eine wundervolle Ehe!

Wenn später einmal schwierige Zeiten kommen, kann es für das Paar hilfreich sein, an diesen besonderen Augenblick zurückzudenken und sich an ihre damaligen Gefühle zu erinnern, als sie einander mit unschuldigen Herzen ihre Liebe versprachen.

Es ist ein wunderbares Geschenk, wenn ein Mann eine solche bleibende Erinnerung erschaffen kann. Diese Gelegenheit kommt nur einmal, deshalb sollte er sich etwas Besonderes ausdenken; seine Frau wird ihr Leben lang erzählen, wie es war, als er um sie anhielt.

15. FEBRUAR

Frauen und Romantik, Männer und Sex

Ein Mann erkennt oft nicht das starke Bedürfnis einer Frau nach Romantik und glaubt statt dessen, sie entziehe sich dem Sex mit ihm, wenn er Lust darauf hat und sie nicht gleich dazu bereit ist; er fühlt sich dann leicht zurückgewiesen. Dabei muß er nur wissen, daß eine Frau im allgemeinen erst liebevoll umworben werden will, bevor ihr eigenes sexuelles Verlangen erwacht.

Während eine Frau intensive Gespräche mit ihrem Partner braucht, um die gegenseitige Liebe zu spüren, braucht ein Mann Sex. Natürlich kann ein Mann auch auf andere Art und Weise Liebe empfinden, aber ein phantastisches sexuelles Erlebnis öffnet sein Herz und seine Seele am machtvollsten. Bei der Frau ebnen intime Gespräche den Zugang zu ihren Gefühlen – beim Mann ist es Sex oder die Vorfreude darauf.

16. FEBRUAR

Die Kunst des Zuhörens

Wenn ein Mann gelernt hat, zuzuhören und die Gefühle einer Frau richtig zu interpretieren, wird die Kommunikation leichter. Wie jede Kunst bedarf auch das Zuhören der Übung. Solange der Mann noch im Lernstadium ist, wird er sich bestimmten Situationen manchmal noch nicht gewachsen fühlen. Eine Frau sollte dann daran denken, daß dies kein Zeichen ist, daß er sie nicht liebt, sondern nur, daß er die venusische Sprache noch nicht beherrscht.

Manchmal merkt ein Mann erst, daß er nicht gesprächsbereit ist, wenn eine Frau schon angefangen hat zu erzählen. Frustriert ihn das Zuhören, dann sollte er sich nicht dazu zwingen – er würde sonst nur immer ärgerlicher, und davon haben beide nichts. Statt dessen sollte er freundlich sagen: »Es interessiert mich wirklich, was du mir zu sagen hast, aber im Moment fällt mir das Zuhören schwer. Ich brauche Zeit, um darüber nachzudenken, was du gerade gesagt hast – danach können wir darüber sprechen.«

Denken Sie bei Mißverständnissen daran, daß wir verschiedene Sprachen sprechen. Nehmen Sie sich die Zeit, sich zu übersetzen, was Ihr Partner eigentlich sagt und meint. Sie müssen üben, aber Übung macht den Meister, und das ist es wert.

17. FEBRUAR

Ehe oder Freundschaft

Das eine, wodurch eine Ehe mehr wird als liebevolle Freundschaft, das ist Sex. Sex bedeutet sowohl für unsere männliche wie auch für unsere weibliche Seite mehr als jede andere Beschäftigung, der ein Paar zusammen nachgehen kann. Guter Sex wirkt beruhigend auf die

Frau und bewahrt ihr das Gefühl, ganz Frau zu sein; dem Mann verleiht es neue Kraft und ein gestärktes Empfinden seiner Männlichkeit.

Sex hat die Macht, uns einander näher zu bringen oder aber uns auseinanderzutreiben.

Damit Sex ein wunderbares Erlebnis wird, genügt es nicht, wenn Mann und Frau ihren Urinstinkten folgen. Die Zeiten haben sich geändert, und die Menschen legen viel mehr Wert auf die Qualität von Sex. Die Fähigkeit zu dauerhaft leidenschaftlichem Sex ist kein Allgemeinwissen, und man erwirbt sie auch nicht automatisch.

Es genügt nicht, unseren Partner zu lieben. So wie sich die Techniken der Beziehung und der Kommunikation geändert haben, haben sich auch die Sextechniken geändert. Um dem Partner im Bett Erfüllung zu schenken, ist Offenheit für Neues nötig. Vor allem dürfen wir Sex nie als selbstverständlich sehen. Sexuelle Erfüllung setzt voraus, daß beide Partner stets kreativ und aufmerksam sind.

18. FEBRUAR

Wenn einem Mann das Zuhören schwerfällt

Wenn ein Mann das Bedürfnis hat, sich zurückzuziehen, die Frau aber das Gespräch sucht, macht sein Versuch, dennoch zuzuhören, die Sache nur schlimmer. Er fängt dann entweder an, sie zu kritisieren, explodiert vielleicht sogar vor Wut, oder aber er wird müde und unaufmerksam, und dann wird sie um so wütender. Wenn er gerade nicht in der Lage ist, aufmerksam, interessiert und verständnisvoll zuzuhören, gibt es drei hilfreiche Strategien:

1. *Die eigenen Grenzen akzeptieren* – Sie müssen zunächst Ihr Bedürfnis, sich zurückzuziehen, akzeptieren. In diesem Augenblick können Sie nicht der Gebende sein. Wie liebevoll Sie auch sein möchten, versuchen Sie nicht zuzuhören, wenn Ihnen dazu die Aufmerksamkeit fehlt.

2. *Den Schmerz der Frau verstehen* – Als nächstes müssen Sie ernstnehmen, daß sie mehr braucht, als Sie ihr gerade geben können. Ihr Schmerz ist real. Werfen Sie ihr dieses Bedürfnis oder ihren Schmerz nicht vor, denn ihr tut es weh, alleine gelassen zu werden, wenn sie Ihre Liebe braucht. Dabei ist weder Ihr Bedürfnis nach Ruhe noch die Sehnsucht Ihrer Frau nach Nähe ein Fehler. Wenn Sie befürchten, daß sie Ihnen nicht verzeiht oder nicht mehr vertraut, bedenken Sie, daß sie vertrauensvoller und einsichtiger reagieren kann, wenn Sie Liebe und Verständnis für ihren Schmerz zeigen.
3. *Streit vermeiden, Bestätigung geben* – Es wirkt schon beruhigend, wenn Sie Verständnis für ihre Sorgen aufbringen. Sie können ihr zwar im Augenblick nicht die Stütze bieten, die sie gerade braucht, aber Sie können es vermeiden, alles durch Streiten noch zu verschlimmern. Versichern Sie ihr, daß Sie bald wieder da sind und ihr dann bei ihren Problemen helfen wollen.

19. FEBRUAR

Zwei Sorten Mann – ein Verhaltensmuster

Es gibt zwei Sorten von Männern. Der eine wehrt sich und wird stur wie ein Esel, wenn eine Frau versucht, ihn zu ändern; der andere ist einverstanden, sich zu ändern, hat aber bald alles vergessen und fällt in sein altes Verhalten zurück. Das nennt man aktiven und passiven Widerstand.

Wenn ein Mann sich nicht so geliebt fühlt, wie er ist, wiederholt er bewußt oder unbewußt das kritisierte Verhalten. Er fühlt einen inneren Drang danach, dieses Verhalten so lange zu wiederholen, bis er sich so geliebt fühlt, wie er ist.

Ein Mann zeigt sich von seiner besten Seite,
wenn er sich so akzeptiert fühlt, wie er ist.

Ein Mann kann sich nur weiterentwickeln, wenn er Anerkennung und Liebe verspürt. Andernfalls wehrt er sich und wird stur. Er braucht das Gefühl, so akzeptiert zu werden, wie er ist, dann ist er bereit, von sich aus manches zu ändern. Wenn eine Frau nicht darauf beharrt, den Mann unbedingt ändern zu müssen, kann er von sich aus darüber nachdenken.

20. FEBRUAR

Monogamie voller Leidenschaft

Viele Menschen finden den Gedanken an Sex mit einem einzigen Partner fürs ganze Leben zu langweilig, sie wollen mehr Aufregung. Wenn Sie jedoch lernen, Sex voller Spontaneität und nicht rein mechanisch zu vollziehen, muß er keineswegs langweilig werden. Das sexuelle Empfinden kann sich stets weiter entwickeln, und die Leidenschaft kann noch stärker werden.

Wenn Sie Sex immer wieder anders gestalten,
brauchen Sie keinen anderen Partner.

Das Geheimnis einer guten Ehe liegt in guter Kommunikation und schönem Sex. Für die meisten Frauen ist Monogamie eine Voraussetzung, um sich sexuell erregbar zu fühlen. Viele Männer können nicht verstehen, warum eheliche Treue so wichtig ist. Sie begreifen nicht, daß eine Frau sich nur dann geliebt und als etwas Besonderes fühlt. Wenn sie sich nicht auf diese Weise geliebt fühlt, kann sie sich ihm auch nicht weiter öffnen. Eine Frau muß vertrauen können, um weiterhin erregbar zu sein.

Aber auch Männer haben besondere Bedürfnisse, die erfüllt werden müssen, um die Leidenschaft in der Ehe lebendig zu halten. Anfangs ist es leicht, den Mann zu erregen, aber das bleibt nicht automatisch so. Es genügt dem Mann nicht, wenn er die Frau liebt – er muß auch spüren, daß sie sich von ihm angezogen fühlt, ihm gegenüber offen und ebenso wie er an der Gestaltung ihres Liebeslebens beteiligt ist. Er muß das Gefühl haben, daß sie voller Lust und bereitwillig dabei ist – und nicht erst jedesmal überredet werden muß. Ihre Warmherzigkeit, Offenheit und Begeisterung in sexuellen Dingen schüren in ihm ein dauerhaftes Feuer des Begehrens.

21. FEBRUAR

Reaktion auf Streß

Liebe drückt sich auf dem Mars anders aus als auf der Venus. Der Mann wie die Frau erwarten, daß der Partner genauso fühlt, denkt und sich verhält wie er selbst, und daraus entstehen wechselseitige Mißverständnisse, die besonders in Streßsituationen auftreten, wenn Männer sich wiederum anders verhalten als Frauen. Männer tendieren dazu, sich auf das Dringendste zu konzentrieren, während Frauen sich lieber ein Gesamtbild von den Problemen und Anforderungen bilden, mit denen sie konfrontiert werden.

Unter Streß stürzen Männer sich oft zu sehr auf Einzelheiten,
Frauen hingegen gehen oft zu viel auf einmal an.

Der Mann vergißt dabei leicht andere wichtige Dinge oder schiebt sie als nebensächlich zur Seite. Die Frau dagegen fühlt sich dann leicht von der Fülle der Aufgaben überwältigt und verliert den Überblick, so daß sie nicht mehr weiß, was sie zuerst anpacken soll.

Idealerweise sollte eine Beziehung uns dabei helfen, Streß zu bewältigen. Ohne das Verständnis für die Unterschiede in unseren Reaktionen auf Streß mißverstehen wir uns jedoch schnell und machen die Sache noch schlimmer. Einer Frau fällt es schwer, die vollkommene Konzentration auf irgend etwas zu verstehen, denn es ist ihr fremd, sich im Arbeitsleben so in ein Problem hineinzuknien, daß man für die Bedürfnisse eines geliebten Menschen blind wird. Andererseits fällt es einem Mann schwer, zu verstehen, warum sie von ihren Alltagsproblemen derart überwältigt wird. Im Wissen um diese allgemeinen Unterschiede läßt sich leicht begreifen, warum wir einander falsch verstehen und darauf mit Kritik oder Vorurteilen reagieren. Es ist schwer, mit Liebe, Verständnis und Respekt zu reagieren, wenn man meint, der Partner müßte eigentlich so denken und fühlen wie wir. Wie sehr wir auch entschlossen sind, unsere Beziehung zu verbessern – wir kommen erst voran, wenn wir unsere unbewußten Unterstellungen erkennen und abbauen.

Es ist falsch, davon auszugehen, daß unser Partner genauso denken und fühlen sollte wie wir.

Der Großteil der Konflikte zwischen Mann und Frau wurzeln in dem einen grundlegenden Mißverständnis: Wir glauben, wir seien gleich, obwohl Männer und Frauen in vielerlei Hinsicht so grundverschieden sind, als kämen sie wirklich von verschiedenen Planeten. Ohne ein Verständnis für unsere Unterschiede bleiben all unsere Anstrengungen, das Geheimnis ewiger Liebe zu lüften, fruchtlos.

22. FEBRUAR

Kleine Veränderungen

Unsere Beziehungen werden leichter durch kleine Veränderungen verbessert als durch radikale Maßnahmen. Auch die Saat im Garten wächst langsam, aber stetig heran. Bei großen Veränderungen müssen wir im allgemeinen unser wahres Ich unterdrücken, und das wirkt dem Zweck, etwas zu verändern, wieder entgegen. Beziehungen sollten uns eigentlich dabei helfen, mehr wir selbst zu werden, und nicht weniger.

Wenn ein Mann sich zum Beispiel in seine Höhle zurückzieht, bedeutet es für ihn eine kleine Veränderung, ihr zu versichern, bald wieder zurück zu sein. Dazu muß er sein Wesen nicht ändern, sondern nur verstehen, daß Frauen einfach ein wenig Beruhigung brauchen, damit sie sich weniger Sorgen machen. Ein Mann, der diese Unterschiede zwischen Männern und Frauen nicht kennt, kann nicht verstehen, warum sein Schweigen ihr so viel Sorgen macht.

Wenn ein Mann sich zurückzieht,
kann eine kleine Beruhigung, er sei bald zurück,
einen großen Unterschied machen.

Wenn ein Mann sich in seine Höhle zurückzieht oder schweigsam wird, sagt er damit: »Ich brauche etwas Zeit, um nachzudenken. Laß mich eine Weile in Ruhe, ja? Ich komme dann wieder.« Er erkennt nicht, daß eine Frau das vielleicht so versteht: »Ich liebe dich nicht. Ich halte es nicht mehr aus, dir zuzuhören. Ich gehe jetzt und komme nie mehr wieder!« Um das zu verhindern und ihr die richtige Botschaft zu geben, muß er nur lernen, die vier magischen Worte zu sagen: »Ich komme bald wieder.« Es ist erstaunlich, daß die einfachen Worte »Ich komme bald wieder« oder »Reden wir später darüber« einen solchen Unterschied machen können.

Eine Frau, die sich von ihrem Vater alleine gelassen fühlte oder deren Mutter von ihm zurückgewiesen wurde, reagiert noch schneller mit dem Gefühl, verlassen zu werden. Man sollte ihr deshalb nie ihr Bedürfnis nach Sicherheit zum Vorwurf machen. Genauso sollte man einem Mann nie sein Bedürfnis, sich zurückzuziehen, zum Vorwurf machen.

23. FEBRUAR

Gefühle sind keine Fakten

Versucht ein Mann, Gefühle in Worte zu fassen, hört sich das eher wie eine Tatsache an – wie etwas, von dem er glaubt, daß es wahr sei, obwohl er es kaum beweisen kann. Bei einer Frau ist das ganz anders. Für sie reflektieren Gefühle weniger die Außenwelt, als wie sie die Außenwelt erlebt. Für eine Frau sind Gefühle und Tatsachen zwei Paar Schuhe.

Die Gefühle einer Frau reflektieren weniger die Außenwelt als ihr Erleben der Außenwelt.

Wenn eine Frau einem Mann ihre Gefühle mitteilt, muß dieser stets dabei berücksichtigen, daß sie damit keine Tatsachen konstatiert. Er muß sich nicht verteidigen oder argumentieren. Wenn sie ihm negative Gefühle ohne Diskussion oder Unterbrechung erzählen darf, werden ihre Gefühle allmählich wieder positiver. Ein kluger Mann bemüht sich, verständnisvoll und mitfühlend zu reagieren und nicht zu versuchen, ein Problem zu lösen.

24. FEBRUAR

Erinnern wir uns an unsere Unterschiede

Das richtige Verständnis zwischen Mann und Frau beginnt mit der Erkenntnis, daß wir alle einzigartige Individuen sind und daraus leicht Mißverständnisse entstehen können. Um eine gute, verständnisvolle Beziehung aufzubauen, müssen wir uns immer wieder darauf besinnen, daß wir verschieden sind und daß das vollkommen in Ordnung ist. Diese Einsicht hilft uns, Brücken zu schlagen, die uns miteinander verbinden. In Zeiten der Frustration, der Enttäuschung und des Kummers ist es hilfreich, daran zu denken, daß

- die Dinge nicht immer so sind, wie sie erscheinen; Männer und Frauen reagieren unter Streß sehr verschieden,
- es Ihnen vielleicht leichtfällt, um etwas zu bitten, dies anderen Menschen aber um so schwerer fällt,
- es Ihnen vielleicht leichtfällt, sich etwas anzuhören, dies anderen Menschen aber um so schwerer fällt,
- was Sie für hilfreich halten, nicht unbedingt auch für andere gut sein muß,
- jeder Mensch Liebe auf seine eigene Weise ausdrückt.

25. FEBRUAR

Wann ein Mann keine Hilfe braucht

Ein Mann fühlt sich leicht bemuttert, wenn eine Frau versucht, ihn zu trösten oder ihm bei einem Problem zu helfen. Ungebetene Hilfe vermittelt ihm das Gefühl, sie traue ihm nicht zu, seine Probleme selbst zu lösen. Möglicherweise fühlt er sich durch ihre Mithilfe auch kontrolliert und wie ein Kind behandelt oder er hat das Gefühl, sie wolle ihn ändern.

Das heißt aber nicht, daß ein Mann kein Bedürfnis nach Trost und Liebe hätte. Frauen müssen verstehen, daß sie einem Mann helfen, wenn sie sich mit ungebetenem Rat zurückhalten. Er braucht ihre liebevolle Unterstützung, aber anders als sie meint.

Ratschläge können für einen Mann hilfreich sein,
aber nur, wenn er darum gebeten hat.

Ein Mann sucht erst dann Rat und Hilfe, wenn er alles getan hat, was er allein tun kann. Wenn er zu viel Hilfe erhält oder sie zu früh bekommt, verliert er dadurch das Bewußtsein seiner eigenen Kraft und Stärke. Er wird dann entweder faul oder unsicher. Männer unter sich bieten sich instinktiv weder Ratschläge noch Hilfe an, wenn sie nicht darum gebeten werden. Ein Mann weiß, daß er bei einem Problem erst eine gewisse Strecke des Weges allein gehen muß. Wenn er dann doch Hilfe braucht, kann er darum bitten, ohne seine eigene Stärke, Kraft und Würde zu verlieren.

26. FEBRUAR

Durch zwei verschiedene Brillen sehen

Männer und Frauen betrachten die Welt wie durch verschiedene Brillen. Ein Mann sieht die Welt im allgemeinen wie durch einen starken Zoom, während Frauen die Welt mit einem großen Weitwinkel sehen. Beide Arten der Wahrnehmung sind gleichermaßen genau.

Die männliche Wahrnehmung tendiert dazu, die Beobachtungen in einer bestimmten Reihenfolge miteinander zu verbinden und so nach und nach ein Gesamtbild herzustellen.

Die Frau nimmt intuitiv ein Gesamtbild wahr, entdeckt dann nach und nach die Einzelheiten und erforscht schließlich, wie diese Teile zusammenhängen. Bei dieser Wahrnehmung ist der Zusammenhang wichtiger als die einzelnen Inhalte.

Wir sehen die Welt verschieden, aber die eine Sichtweise ist nicht schlechter als die andere.

Die unterschiedlichen Wahrnehmungsweisen beeinflussen unsere Werturteile, Prioritäten, Instinkte und Interessen. Frauen, deren Wahrnehmung offen für Zusammenhänge und Beziehungen ist, haben natürlicherweise ein größeres Interesse an Liebe, Beziehungen, Kommunikation, Gemeinsamkeit, Zusammenarbeit, Intuition und Harmonie. Der Mann, dessen auf Einzelteile konzentrierte Sichtweise erkennt, wie die Teile zu einem Ganzen werden, ist stärker daran interessiert, Resultate zu erzielen, Ziele zu erreichen, und damit Macht, Wettbewerb, Arbeit, Logik und Effizienz. Wenn wir diese Unterschiede respektieren und positiv dazu stehen, kann uns die Art und Perspektive unseres Partners zum Vorteil gereichen.

27. FEBRUAR

Es ist kein Fehler, übermäßig zu geben

Viele Bücher vermitteln den Eindruck, daß es ein Fehler sei, übermäßig zu geben. Obwohl das tatsächlich ein Problem sein kann, müssen wir auch bedenken, daß es eine Gnade ist, ein gebendes und großzügiges Wesen zu besitzen. Wenn wir Liebe empfinden, müssen wir etwas von uns geben. Frauen, die zuviel geben, folgen damit nur ihrem gesunden weiblichen Instinkt, großzügig etwas von sich zu geben.

Die natürliche Bereitschaft der Frau zu bedingungslosem Geben wird erst dann problematisch, wenn sie selbst in ihren beruflichen und privaten Beziehungen zuwenig Rückhalt findet. Übermäßiges Geben wird erst dann ein Problem, wenn es einer Frau nicht gelingt, ihrerseits den liebevollen Rückhalt zu bekommen, den sie braucht, um weiter geben zu können.

Wenn jemand übermäßig gibt,
sollte er anfangen, selbst mehr zu nehmen.

Um übermäßiges Geben zu kompensieren, muß eine Frau sich darin üben, um Hilfe zu bitten – eine Kunst, die die meisten Frauen in ihrer Jugend nicht gelernt haben. Leider lernen die meisten Mädchen eher, wie sie anderen zu Gefallen sein können, als umgekehrt. Um mit sich ins Gleichgewicht zu kommen, müssen diese Frauen auch lernen, sich selbst mehr zu geben. Das größte Geschenk, daß Sie sich selbst bereiten können, ist: Zeit. Zeit, in der Sie das tun, was Sie gerne möchten.

28. FEBRUAR

Sie braucht Bestätigung, er braucht Anerkennung

Eine Frau fühlt sich wirklich geliebt, wenn der Mann ihre Gefühle und Bedürfnisse nicht zurückweist oder mißachtet, sondern ihr mit Verständnis begegnet. Durch eine solche Haltung fühlt sich die Frau in ihren Gefühlen bestätigt. Man darf dabei nicht vergessen, daß man ihren Standpunkt anerkennen kann, auch wenn man ihn nicht teilt. Wenn ein Mann lernt, einer Frau die Bestätigung zu geben, die sie braucht, kann er sicher sein, daß er dafür die Anerkennung bekommt, die er seinerseits braucht.

So wie einer Frau die Bestätigung durch den Mann wohltut,
ist einem Mann die Anerkennung einer Frau angenehm.

Im Grunde seines Herzens will ein Mann für seine Frau der Held oder strahlende Ritter sein. Das Zeichen für ihn, daß er ihre Prüfungen bestanden hat, ist ihre Anerkennung. Durch ihre Anerkennung drückt die Frau aus, daß sie viel Gutes in ihm entdeckt und rundherum zufrieden mit ihm ist. Auch hier gilt wieder, daß Anerkennung nicht bedeutet, mit ihm stets einer Meinung zu sein, sondern hinter dem, was er tut, gute Gründe zu suchen. Wenn er die Anerkennung bekommt, die er braucht, fällt es ihm leichter, ihr die Bestätigung zu geben, die sie ihrerseits braucht.

MÄRZ

Phantasie entwickeln, erleben, schützen

Der März ist eine Zeit der Wiedergeburt, in der aus Altem Neues wird. Der Ödnis des Winters entsteigt ein höherer Sinn des Lebens, und unsere neu erblühende Phantasie zeigt uns neue Wege, genau so wie die Natur ringsumher dort erblüht, wo kurz zuvor noch nichts war.

Diese zarten, jungen Triebe und Blüten gleichen unseren Beziehungen: Die Frau verspürt das Bedürfnis, zu lieben und geliebt zu werden, der Mann verspürt das Bedürfnis, zu umsorgen und zu schützen. Auf der Suche nach Liebe und Gemeinsamkeit wendet sie sich ihm zu, auf der Suche nach Sinn wendet er sich ihr zu.

Der Frühling kommt mit Macht und rüttelt unsere Sinne wieder wach. Zu ihrer Überraschung fühlen sich viele Männer jetzt von einer Woge der Liebe übermannt, die sich mit den Freuden körperlicher Intimität vereint. Auch für manche Frau kommt es überraschend, wenn mit der aufblühenden Schönheit und Romantik des Frühlings plötzlich wieder eine Flut von Gefühlen der Erregung und der Vorfreude in ihr hochsteigt.

Diese Erfahrungen sind typisch für jede dauerhafte Liebesbeziehung. So wie die Natur einen Winter voller Eiseskälte erlebt, um im Frühling wiedergeboren zu werden, werden auch unsere tiefsten Gefühle der Liebe, der Hoffnung und der Lebensfreude erneuert und wiedergeboren. Gerade wenn wir anfangen zu glauben, das Schönste im Leben sei vorbei, überraschen uns Vorahnungen von Gefühlen noch größerer Erfülltheit.

1. MÄRZ

Die vier Ebenen der Intimität

Es gibt vier Ebenen, auf denen man wahre Intimität erfährt: die körperliche, die emotionale, die geistige und die seelische Ebene. Solange wir nicht alle vier Aspekte unseres Wesens pflegen, sind wir zu einer wirklich innigen, intimen Beziehung nicht fähig. Preschen wir auf einer dieser Ebenen zu schnell vor und vernachlässigen die anderen drei, führt das zu fatalen Ergebnissen.

Wenn ein Paar körperlich miteinander intim wird, ohne sich auf den anderen drei Beziehungsebenen nahe gekommen zu sein, endet dies gewöhnlich damit, daß der Mann sich zurückzieht und die Frau sich unbefriedigt fühlt.

Sex ist dann am schönsten, wenn wir zueinander eine emotionale, geistige und seelische Beziehung haben.

Umfaßt die Beziehung nicht auch die höheren Ebenen, dann zieht sich der Mann nach dem sexuellen Akt abrupt zurück und kommt nicht mehr zu der Beziehung zurück. Die Frau fühlt sich dann so unbefriedigt, daß sie anfängt, ihm hinterherzulaufen, und ihn auf diese Weise vergrault. Wenn Mann und Frau sich zuerst auf allen vier Ebenen nahe kommen, sind sie bereit, wahre Intimität zu erleben.

Auf der körperlichen Ebene sind wir einander durch Sex verbunden, auf der emotionalen durch Zuneigung, auf der geistigen durch gegenseitiges Interesse und auf der seelischen durch bedingungslose Liebe. Ob wir uns erst kennengelernt haben oder schon jahrelang verheiratet sind, stets kann Intimität auf jeder einzelnen Ebene nur wachsen, wenn wir diese vier Aspekte unseres Wesens gleichermaßen beleben; wir müssen auf allen vier Ebenen zueinander finden – körperlich, emotional, geistig und seelisch.

2. MÄRZ

Die goldenen zwanzig Minuten

Es kann Wunder wirken, wenn ein Mann sich nur an drei oder vier Tagen in der Woche beim Nachhausekommen zwanzig Minuten Zeit extra nimmt, um der weiblichen Seite seiner Frau Zuwendung zu schenken. Es macht sie glücklicher, und binnen kurzem wird auch er mehr und mehr Anerkennung und Bestätigung erhalten, die er wiederum braucht. Wie überarbeitet oder erschöpft sie auch sein mag, ein wenig Aufmerksamkeit, Liebe und Zuwendung von seiner Seite machen für sie den großen Unterschied.

Diese zwanzig Minuten der Aufmerksamkeit und der Zuwendung, die er nach dem Nachhausekommen ausschließlich seiner Frau widmet, werden goldene Augenblicke. Zwanzig Minuten lang ist sie das Thema Nummer eins für ihn. Zwanzig Minuten lang muß er ihr seine Aufmerksamkeit ebenso konzentriert schenken wie seinem Chef oder seinem wichtigsten Kunden. Nutzt er diese Zeit, um sein Interesse zu zeigen und sie zu unterstützen, hat dies eine erstaunliche Wirkung auf ihr Lebensgefühl.

Zwanzig Minuten lang sollte er ihr seine Aufmerksamkeit ebenso konzentriert schenken wie seinem Chef oder seinem wichtigsten Kunden.

Wenn sie überarbeitet oder schlecht gelaunt ist, sollte er sie auf keinen Fall alleine lassen. Im Gespräch sollte er liebevoll herausfinden, wie sie sich fühlt und wie der Tag verlaufen ist. Reagiert er mit Sympathie und Zuwendung anstelle mit klugen Ratschlägen, dann hilft ihr das sehr. Indem er sich um den weiblichen Teil ihrer Seele kümmert, gelingt es dem Mann, einer erschöpften, vom Alltag ausgelaugten Frau den dringend benötigten Rückhalt zu geben. Er erweckt in ihr das Gefühl, etwas Besonderes zu sein, und damit jene liebevollen Gefühle, die sie für ihn so anziehend machen. Er kann erreichen, daß sie sich wieder rundherum wohl in ihrer Haut fühlt.

3. MÄRZ

Der Entfaltungsprozeß des Sich-Mitteilens

Eine Frau kann das Bedürfnis verspüren, sich mitzuteilen, ohne genau zu wissen, was sie sagen möchte. Sie hat manchmal so viel zu sagen, daß sie nicht weiß, wo sie anfangen soll. Oder aber sie braucht Zeit, um die Entwicklung ihrer Gefühle und Gedanken mitzuteilen, und findet dabei heraus, auf was sie hinauswollte. Auch der Mann braucht diesen Vorbereitungsprozeß, aber anders. Er wälzt die Probleme in seinem Inneren, kommt zu einem Schluß und spricht dann erst darüber.

Eine Frau dagegen möchte sich nur mitteilen und Kontakt zum Partner herstellen. Sie genießt das Zusammensein. Für sie ist Kommunikation nicht nur Informationsaustausch, sondern ein Sich-selbst-Mitteilen, die Grundlage für Intimität; es macht sie erfüllt und ausgeglichen.

Für die Frau ist Kommunikation nicht nur
Informationsaustausch, sondern ein Sich-selbst-Mitteilen.

Wenn eine Frau, die über etwas verärgert ist, ihre Gefühle vermitteln will, ist es, als würde sie den Inhalt ihrer Handtasche herauskramen. Sie braucht Zeit, alles aus der Tasche herauszuholen, ohne daß man ihr vorwirft, so viel mit sich herumzuschleppen oder gar nicht genau zu wissen, was sie alles mit sich herumträgt. Wenn ein Mann geduldig abwartet, bis die Tasche leer ist, fühlt sich die Frau sehr erleichtert, und der Mann hat eine sehr wichtige Rolle dabei erfüllt.

Wenn eine Frau ihr Innerstes mitteilen will und dabei einen respektvollen, aufmerksamen und liebevollen Zuhörer hat, kann sie ihre Seele von allem befreien, so wie sie ihre Tasche von überflüssigem Ballast befreit. Sobald alles aus ihr heraus ist, fühlt sie sich wieder ausgeglichen und von Liebe erfüllt. Dabei weiß sie die Hilfe ihres Partners sehr zu schätzen.

4. MÄRZ

Romantik hilft

Wenn ein Mann ein Rendezvous gut plant, Karten besorgt, den Chauffeur spielt und sich um jede Kleinigkeit kümmert, ist das Romantik. Die Frau kann sich entspannen und das Gefühl genießen, von ihm umsorgt zu werden. Es ist wie ein Kurzurlaub, in dem sie zu ihrem weiblichen Selbst zurückfinden kann.

Für eine Frau ist Romantik wie ein Kurzurlaub, in dem sie zu ihrem weiblichen Selbst zurückfinden kann.

Besonders hilfreich sind romantische Augenblicke für Frauen, die sich scheuen, ihre Gefühle mitzuteilen. In solchen Augenblicken genießt eine Frau die Anerkennung, Bewunderung, das Verständnis und die Zuwendung des Mannes, ohne daß sie über ihre Gefühle sprechen muß. Romantische Erlebnisse dieser Art geben ihr den gleichen Rückhalt wie ein Gespräch. In beiden Fällen hat sie das Gefühl, mit ihren Bedürfnissen Gehör zu finden.

5. MÄRZ

Was ein Mann für eine Frau tun kann

Ein Mann muß verstehen, daß sich eine Frau im Grunde ihres Herzens danach sehnt, sich einem Menschen anvertrauen zu können, der sie liebt und sich um sie sorgt, so daß sie sich auch einmal entspannen und lockerlassen kann – ein Urbedürfnis der weiblichen Seele. Wenn ihr dieses Bedürfnis erfüllt wird, kann die liebevolle Seite ihres Wesens zum Vorschein kommen.

Häufig kompensiert eine Frau ihr Bedürfnis nach Rückhalt, das sie für unberechtigt hält, unbewußt durch ein vorgetäuschtes Bedürfnis. Statt sich um die Erfüllung ihrer eigenen Bedürfnisse zu kümmern, glaubt sie, sie könne ihr Glück nur finden, indem sie für andere da sei. Sie übernimmt also in gewisser Weise die Rolle des verantwortungsbewußten, liebevollen Ehemannes, den sie sich insgeheim wünscht.

Eine Frau verleugnet manchmal ihren eigenen Wunsch
nach Rückhalt und kompensiert ihn,
indem sie selbst mehr gibt.

Diese Erkenntnis ist für Mann und Frau gleichermaßen wichtig. Wenn sie sich zu viel aufbürdet, sollte er ihr dies nicht vorwerfen, sondern erkennen, daß sie seine Hilfe braucht, um zu ihrem weiblichen Selbst zurückzufinden. Die alten romantischen Rituale, in denen der Mann die Frau umsorgt, helfen ihr, sich beim Nehmen wie beim Geben gleichermaßen wohl zu fühlen.

6. MÄRZ

Unsere finsteren Seiten

Wenn ein Mann sich in Streßsituationen nicht selbst helfen oder von anderen helfen lassen kann, kommt unweigerlich seine finstere Seite zum Vorschein. Er fühlt sich angegriffen und verletzt und reagiert, indem er sich zurückzieht, lieblos und gemein wird. Wenn eine Frau nicht den Rückhalt bekommt, den sie braucht, zeigt auch sie sich von ihrer finsteren Seite. Sie wird unausgeglichen, unnachgiebig, hart und mißtrauisch.

Männer werden lieblos und gemein,
Frauen hingegen unnachgiebig und mißtrauisch.

Wir müssen unsere finsteren Seiten erkennen, um diese Verhaltensweisen wirklich ändern zu können. In solchen Situationen sollten wir von unserem Partner nicht erwarten, sich zu ändern, bevor wir uns nicht selbst ändern. Wenn unsere finstere Seite zum Vorschein kommt, ist es an uns, damit fertig zu werden. Das erreichen wir am besten, indem wir unsere Beziehung zu uns selbst, zu Freunden, Verwandten, Gott oder einer anderen höheren Kraft pflegen. Wenn wir uns geliebt fühlen, können wir auch unserem Partner wieder Liebe entgegenbringen.

7. MÄRZ

Die Kunst, einer Frau zuzuhören

Eine Frau kann dem Streß, dem sie im Berufsalltag mit seinem Leistungszwang ausgesetzt ist, erfolgreich begegnen, wenn sie zu Hause in einer liebevollen Beziehung geborgen ist, in der sie Zuneigung und Anteilnahme erfährt. Das wichtigste Element einer erfüllten Beziehung, das in der Arbeitswelt gewöhnlich fehlt, ist die zweckfreie Kommunikation. Durch Sprechen oder Zuhören, ohne daß etwas dabei herauskommen muß, kann eine Frau sich schrittweise von ihrer zeitweilig dominierenden männlichen Seite lösen.

Ein Privatleben ohne Leistungszwang
hilft einer Frau, ihre in der Arbeit unterdrückte
weibliche Seite zu stärken.

Es tut ihr gut, spontan zu erzählen, was ihr gerade einfällt, besonders wenn ihr Zuhörer versteht, daß sie einfach durch Reden ihre Probleme beiseite legen kann. Sie muß sie nicht lösen, um sich besser zu fühlen.

Daß eine Frau ihre Alltagsprobleme vergessen kann, indem sie darüber redet, befremdet die meisten Männer, denn sie bannen ihre Probleme gewöhnlich, indem sie kein Wort darüber verlieren. Ein Mann fühlt sich meist noch schlechter, wenn er sich erneut daran erinnert. Schneidet er wirklich ein Problem an, dann will er es im allgemeinen auch lösen. Deswegen versteht ein Mann nicht instinktiv, wie wichtig es für Frauen ist, Dinge zu besprechen, ohne Lösungen anzustreben.

So wichtig für Männer das Nicht-Sprechen ist, so wichtig ist für Frauen das Sprechen. Diese scheinbare Unverträglichkeit paßt in Wirklichkeit perfekt zusammen, dazu ist nur eine neue »Arbeitsplatzdefinition« nötig. Die Frau kann nach Herzenslust reden, während seine Aufgabe sich darauf beschränkt, zuzuhören und ihr die nötige Zuwendung zu geben. Er muß keine Probleme lösen, im Gegenteil: Wenn ein Mann einfach ein guter Zuhörer ist, fühlt sich die Frau bald viel besser.

Dies ist besonders wichtig, wenn ein Mann merkt, daß die Frau sich über ihn ärgert. Erklärungen, warum sie sich doch nicht ärgern sollte, machen die Sache nur schlimmer. Auch wenn er sie ganz konkret enttäuscht hat, sollte er bedenken, daß ihre Klage in Wirklichkeit bedeutet, sich nicht als Frau anerkannt zu fühlen. Wenn sie das Gefühl hat, Gehör zu finden, ist sie auch in der Lage, ihm die Anerkennung und Bestätigung zu geben, die er verdient.

8. MÄRZ

Gedankenlesen?

Mißverständnisse zwischen den Geschlechtern basieren meist auf falschen Annahmen. Eine der häufigsten ist das sogenannte Gedankenlesen. Da Frauen und Männer oft nicht wahrhaben wollen, wie verschieden sie sind, glauben sie, die Gedanken oder Gefühle des anderen bereits zu kennen, bevor sie noch geäußert werden.

Zwar können Frauen die Gedanken anderer Frauen recht genau erfassen, weil sie sich so ähnlich sind, und Männer können sich genauso in andere Männer hineinversetzen, doch wenn Mann und Frau versuchen, die Gedanken des anderen zu lesen, ist der Ärger vorprogrammiert.

Mann und Frau irren sich, wenn sie glauben, sie könnten die Gedanken des anderen lesen.

Wenn etwa ein Mann manchmal mitten in einem Gespräch meint, er wüßte bereits, was die Frau sagen will, unterstellt er ihr, von vornherein auf einen bestimmten Punkt hinauszuwollen, so wie er es als Mann tun würde. Er hört ihr also erst zu und unterbricht sie dann mit: »Ich weiß schon, was du meinst.« Das funktioniert unter Männern, aber einer Frau gegenüber ist das absurd, denn oft wird ihr erst klar, was sie fühlt, denkt oder will, wenn sie es in Worte zu fassen versucht.

Wenn eine Frau sich aussprechen möchte und ihr Partner ihr dabei helfen will, darf es ihm beim Zuhören nicht nur darum gehen, ihre Kernaussage zu verstehen, sondern er muß ihr dabei helfen, sie zu äußern. Während sie erzählt, ohne dabei unterbrochen zu werden, kann es geschehen, daß sie ihre Ansicht ändert oder das Thema wechselt. Manchmal stellt sie Fragen und findet selbst die Antworten darauf.

Wenn ein Mann sich darauf einstellt, kann er eigene Frustration im Verlauf eines solchen Gesprächs vermeiden.

9. MÄRZ

Romantik ist so wichtig

Romantik ist heute wichtiger denn je, denn sie hilft einer Frau, ihre weibliche Seite wiederzufinden. Denn das Berufsleben zwingt sie, während des Tages vor allem ihre männliche Seite hervorzukehren.

Durch Romantik findet die Frau zu ihrer Weiblichkeit zurück.

Romantik bringt eine Frau dazu, wieder ganz Frau zu sein, etwas Besonderes und Behütenswertes. Kümmert sich ein Mann leidenschaftlich um die Erfüllung ihrer Bedürfnisse, dann kann sie aufhören, sich zuviel um andere zu kümmern. Um die Romantik lebendig zu halten, benötigt sie vor allem gute Gespräche, er hingegen vor allem guten Sex.

10. MÄRZ

Warum es Frauen manchmal zuviel wird

Wenn eine Frau verärgert ist, braucht sie Zeit, um ihre Gefühle zu erforschen, und zwar, indem sie darüber spricht. Erst danach findet sie wieder zu ihrem liebevollen, teilnahmsvollen, toleranten und vertrauensvollen Selbst zurück. Wenn sie dazu keine Gelegenheit hat, wird ihr alles zuviel, sie überreagiert und fühlt sich erschöpft. An diesem Punkt angelangt, benötigt sie noch mehr Zeit, um ihre Ausgeglichenheit wiederzufinden. Von einem Mann braucht sie jetzt am dringendsten Fürsorge und Aufmerksamkeit, Anerkennung und Verständnis für ihre Bedürfnisse.

Wenn eine Frau sich niemandem mitteilen kann,
empfindet sie ihre Aufgaben plötzlich als Last.

Ein Mann neigt zu Verurteilungen und Beschuldigungen, wenn eine Frau verärgert ist oder ihr alles zuviel wird. Dabei sehnt sie sich nach seiner Aufmerksamkeit und daß er ihr Rückhalt bietet, ohne sie zu kritisieren. Ganz bewußt sollte er vermeiden, ihr gute Ratschläge zu geben oder ihr zu sagen, wie sie sich eigentlich fühlen sollte, denn dabei fühlt sie sich herabgewürdigt. Wenn Männer erst einmal begreifen, wie sehr sie eine Frau auf diese Weise unwissentlich verletzen, werden sie automatisch vorsichtiger und rücksichtsvoller.

11. MÄRZ

Wodurch Sex besser wird

Viele Männer sind überrascht, wenn sie erleben, daß geistige und emotionale Intimität ebenso erfüllend sein können wie körperliche Intimität. Erlebt ein Mann schließlich die Erfüllung vollkommener körperlicher Intimität mit einer Frau, der er auch emotional, geistig und seelisch nahesteht, kann er nicht mehr zurück.

Jahre des Zusammenwachsens in Liebe
machen Sex intensiver und erfüllender.

Selbst nach vielen Ehejahren ist es wichtig, sich gelegentlich die Befriedigung in Erinnerung zu rufen, einen vertrauten Menschen zu lieben, den wir in- und auswendig kennen und aus vollem Herzen lieben. Einen Menschen von seiner besten und schlechtesten Seite zu kennen und ihn immer noch zu lieben, das ist wahre Liebe.

Der Unterschied zwischen Sex machen und sich lieben ist wie der zwischen einem Cheeseburger und einem Festtagsmenü. Warum sich mit weniger begnügen? Natürlich kostet es mehr Zeit und Energie, aber es geht um etwas Wirkliches, Dauerhaftes. Trotzdem sind natürlich alle Spielarten von Sex von Bedeutung – Sex nach einem romantischen Abend ebenso wie ein Quickie zwischen zwei Terminen. Wenn ein Mann spürt, daß sie genauso begeistert vom Sex ist wie er, öffnet er sein Herz weiter.

12. MÄRZ

Streß und der in sich zurückgezogene Mann

Je mehr Streß ein Mann in der Arbeit hat, um so abwesender wirkt er zu Hause. Wird er angesprochen, vergräbt er sich womöglich in einer Zeitschrift. Das ist keine beabsichtigte Beleidigung und bedeutet auch nicht, daß er kein Interesse an Ihnen hat. Er will sich damit nur schützen, denn in Gedanken weilt er größtenteils noch bei den Problemen in seinem Job. Lesen oder Fernsehen kann ein Versuch sein, den Tagesstreß zu vergessen.

Ein Mann unter Streß braucht etwas Zeit, um seine Sorgen zu vergessen, bevor er sich der Familie widmen kann.

Eine Frau sollte das nicht persönlich nehmen – schließlich kommt er ja vom Mars. Reagieren Sie nicht beleidigt, sondern bitten Sie ihn freundlich um seine Aufmerksamkeit. Wenn er wieder »weg« ist, unterbrechen Sie und warten ab, bis er es merkt und wieder zuhört. Bedenken Sie, daß seine Unaufmerksamkeit nicht mangelnde Liebe anzeigt, sondern Ausdruck von Streß ist. Haben Sie Geduld!

Ein Mann sollte sich meiner Meinung nach angewöhnen, die Zeitung oder Zeitschrift wegzulegen, wenn eine Frau ein Gespräch beginnen will, und ihr zuhören. Schalten Sie den Fernseher aus, falls er läuft, bis die Unterhaltung beendet ist. Einfache körperliche Betätigungen helfen Ihnen, von der Arbeit abzuschalten und sich auf die Beziehung oder die Familie zu konzentrieren.

Am besten aber befreit sich ein Mann vom Arbeitsstreß durch Sex. Sexuelle Befriedigung, ob nun in einem Quickie oder alleine unter der Dusche, hilft ihm, Abstand von seinen Sorgen zu gewinnen und sich dem Partner wieder zuzuwenden. Wenn eine Frau bereit ist, diese sexuellen Bedürfnisse eines Mannes zu erfüllen, ist es wichtig, daß sie ihn zu anderen Zeiten auch um seine romantischen Aufmerksamkeiten bittet und er ihr dieses Bedürfnis erfüllt.

13. MÄRZ

Eine Viertelstunde später

Manchmal merken wir in unserem Ärger erst später, was wir eigentlich gesagt haben. Wenn eine Frau wütend ist und ihre Gefühle äußert, wird ihr häufig erst eine Viertelstunde danach klar, was sie gesagt hat. Dann erst weiß sie, welch große Hilfe er ihr war. Sie erkennt, daß sie alles auf ihn abgeladen hat und er nicht böse wurde. Sie sieht sein Verständnis und findet ihn wunderbar und verspürt den Wunsch, etwas für ihn zu tun.

Manchmal braucht eine Frau eine Viertelstunde,
bis sie erkennt, daß ein Mann für sie da ist.

Wenn ein Mann dann eine frustrierte Äußerung fallenläßt wie: »Was soll das?« oder »Reine Zeitverschwendung«, kann er damit alles wieder zunichte machen. So, als habe er ein Geschenk gemacht, das er nun zurückverlangt. Für eine Frau ist das schlimmer, als erst gar nichts zu schenken.

In dieser Viertelstunde des Nachdenkens über das Gesagte ist eine Frau sehr verletzlich. Versucht ein Mann, ihr zu sagen, daß sie unrecht hat, oder gibt er ihr das Gefühl, sich verteidigen zu müssen, dann ist es schwer für sie, ihre Fehler zu akzeptieren oder ihre negativen Gefühle abzuschütteln.

14. MÄRZ

Die Selbstsicherheit des Mannes

Eine Frau spürt, wenn ein Mann selbstsicher ist; sie entspannt sich dann automatisch und ist sich sicher zu bekommen, was sie braucht. Ein Mann ohne Selbstsicherheit macht eine Frau nervös. Ihre weibliche Seite, die nachgeben und empfangen möchte, gerät in Panik, und ihre männliche Seite wird aktiv, um sie und ihre Bedürfnisse zu schützen.

Zeigt ein Mann Selbstsicherheit, dann kann die Frau aufatmen, entspannen und sich seiner Zuwendung öffnen.

Selbstsicherheit bedeutet nicht, daß ein Mann perfekt sein oder auf alles eine Antwort haben muß, sondern ist die Überzeugung: »Wo ein Wille ist, ist auch ein Weg«. Er ist sich sicher, daß er für jedes Problem eine Lösung finden kann. Eine solche Einstellung ist für jede Frau eine Beruhigung; sie weiß, daß alles gut wird.

15. MÄRZ

Meinungen bilden

Es können viele Konflikte vermieden werden, wenn wir verstehen, wie unterschiedlich Männer und Frauen ihre Meinungen bilden und ausdrücken. Frauen brauchen zumeist länger, um sich eine Meinung zu bilden und Entscheidungen zu treffen. Sie nehmen sich Zeit, um sorgfältig die verschiedenen Standpunkte abzuwägen und Informationen einzuholen. Sie bleiben auch für andere Standpunkte offen und machen deutlich, daß sie nicht beanspruchen, vollkommen recht zu haben. Wenn sie aber zu ihrer Meinung oder Entscheidung gefunden haben, dann beharren sie darauf voller Überzeugung.

Bei Männern funktioniert das genau andersherum. Ein Mann bildet sich sehr schnell ein Urteil anhand dessen, was er bereits weiß. Dann stellt er es auf die Probe, indem er es verkündet und vorgibt, sich sicher zu sein. Je nach den unterschiedlichen Reaktionen beurteilt er seine Ansicht neu. Sind andere mit ihm einer Meinung, dann fühlt er sich darin bestärkt. Vertreten sie aber eine andere Meinung, wägt er ab, was für oder gegen ihn spricht, und ändert dann manchmal seinen Standpunkt.

Frauen neigen stärker dazu, andere Standpunkte einzubeziehen, wenn sie sich eine Meinung bilden.

Eine Frau mißversteht eine überzeugte Äußerung des Mannes, wenn sie meint, er habe sich seine endgültige Meinung bereits gebildet, ohne ihre Meinung zu berücksichtigen. Sie erkennt nicht, daß er gerade damit nach ihrem Standpunkt fragt, und fühlt sich verletzt und ausgeschlossen.

Wenn wir unsere unterschiedlichen Verhaltensmuster verstehen, können wir beide respektieren und integrieren. Ein Mann und eine Frau, die mit sich selbst im Einklang sind, verstehen das kreative Moment des offenen Gedanken- und Gefühlsaustausches. Sie erkennen aber auch den Wert des eigenen Nachdenkens und Überdenkens von Problemen, bevor man Anregungen von außen einholt. Diese Offenheit gegenüber anderen Denkweisen trägt dazu bei, Konflikte zu vermeiden.

16. MÄRZ

Emotionale Selbstverteidigung

Die Kampftechniken von Kriegern, die in die Schlacht zogen, um sich und ihre Liebsten zu verteidigen, sind gefragt, wenn ein Mann von heute versucht, einer Frau von heute zuzuhören. Um zu siegen, muß er sich ducken und ausweichen können wie ein Boxer.

Dazu sind neue geistige Strategien nötig, um eine Situation richtig zu interpretieren. Anstatt auf Vorwürfe und Kritik zu reagieren, muß ein Mann lernen, die Liebesbotschaft aus ihren Worten herauszuhören, und so zu antworten, daß Reibereien und Konflikte vermieden werden. Mit Abtauchen und Ausweichen gelingt es einem Mann, ruhig Blut zu bewahren und das Bedürfnis der Frau nach Kommunikation zu respektieren.

Andernfalls würde er sich durch ihre Worte ständig angegriffen, falsch verstanden, zurückgewiesen fühlen und nur Kritik, Mißtrauen und Ablehnung heraushören. Und spätestens nach dem dritten Kinnhaken wäre er, wie sehr er sie auch liebt, nicht mehr in der Lage, ihr noch länger liebevoll zuzuhören. Das hieße Krieg.

Wenn ein Mann bei einer scheinbaren Attacke nicht abtaucht und ausweicht, ist er nicht mehr in der Lage, liebevoll auf sie zu reagieren.

Wenn ein Mann durch die Worte einer Frau verletzt wird, brechen seine alten Kriegerinstinkte wieder durch – das Einschüchtern, Drohen und Zurückschlagen. Dann versucht er, mit Argumenten ihre Meinung zu ändern, oder aber sie vor seiner eigenen Aggressivität zu schützen, indem er sich emotional zurückzieht.

Um bei Kritik abtauchen zu können, muß ein Mann nur daran denken, daß Gefühle sich ändern. Indem er ihren negativen Gefühlen Gehör schenkt, gibt er ihr Gelegenheit, auch ihre positiven Gefühle wiederzuentdecken. Doch auch die Frau kann sein Verhalten unterstützen: Während Männer lernen, sich zu ducken und auszuweichen, sollten Frauen lernen, erst mal Luft zu holen und ihn vorzubereiten. Bevor oder auch während sie ihm gegenüber Gefühle äußert, die nach Vorwurf klingen könnten, sollte sie ihn darauf vorbereiten, etwa mit: »Ich weiß, daß das wie ein Vorwurf klingt, aber so ist es nicht gemeint. Ich bin dir wirklich dankbar, daß du mir zuhörst.«

Wenn sie merkt, daß er selbst wütend wird, sollte sie innehalten und sagen: »Ich kann verstehen, daß das frustrierend für dich ist, aber es hilft mir wirklich sehr, das alles loszuwerden.« Dadurch fühlt er sich bestätigt und beruhigt.

17. MÄRZ

Der Tunnelblick des Mannes

Ihr eingleisiges Denken kann Männer unglaublich entschlossen und effektiv machen, aber auch blind für die Bedürfnisse anderer und für alles, was nicht direkt mit ihrem Ziel zu tun hat. Wenn er mit etwas beschäftigt ist, nimmt ein Mann deswegen oft die ersten Alarmzeichen einer Notsituation in seiner Umgebung, Familie, Beziehung oder auch in seinem Körper nicht wahr.

Wenn er sich zu stark auf etwas konzentriert, ignoriert er den eigenen Schmerz ebenso wie den Schmerz anderer. Unbewußt leugnet er die Wichtigkeit von Bedürfnissen, die nichts mit seinem augenblicklichen Sinnen und Trachten zu tun haben. Wenn seine Frau und seine Kinder verärgert sind oder sich streiten, lautet seine Antwort, daß sie sich nicht ärgern oder nicht streiten sollen. Diese Gleichgültigkeit ist für andere sehr verletzend und wirkt zerstörerisch auf Beziehungen.

Wenn der Tunnelblick einsetzt, vergißt ein Mann den eigentlichen Grund seiner Anstrengungen.

Wenn ein Mann stark unter Streß steht und der Tunnelblick einsetzt, ist die Lösung nicht, sich in einer weiteren Aufgabe zu vergraben oder in Alkohol oder Drogen Vergessen zu suchen. Die Heilung vom Tunnelblick besteht darin, ihm den nötigen emotionalen Rückhalt zu bieten und seine wahren Ziele wieder in Erinnerung zu bringen.

Denkt er erst wieder an die Bedürfnisse seiner Frau und seiner Familie und nimmt sich etwas Zeit für sie, dann kann er auch seine Arbeit wieder kreativer anpacken. Manchmal braucht er, bevor er sich seiner Familie zuwenden kann, erst etwas Zeit für sich selbst. Anstatt dann aber berufliche Probleme lösen zu wollen, sollte er sich zu etwas überreden lassen, das ihm Spaß macht. So findet er zu seinen Gefühlen und zu seinen Lieben zurück.

18. MÄRZ

In Liebe zusammenwachsen

Den richtigen Partner zu finden ist wie ein Schuß ins Schwarze: Zum Zielen und Treffen ist viel Übung nötig. Manche Menschen treffen vielleicht sofort ins Schwarze, die meisten aber nicht. So gehen die meisten Menschen mehrmals Beziehungen ein, bevor sie den Richtigen finden. Bei manchen Menschen dauert diese Phase länger als nötig, da sie offensichtlich Fehler machen.

Beim Schießen zielt man und trifft zunächst einmal meist weit daneben, zum Beispiel viel zu weit links. Doch schon die Feststellung, daß man zu weit nach links gezielt hat, führt im Kopf zu einer Korrektur, und beim nächsten Mal schießt man weiter nach rechts. Durch mehrere Versuche korrigiert man sich immer wieder, bis man schließlich das Ziel trifft.

Das gleiche geschieht in Beziehungen. Jedesmal wenn wir feststellen, daß es wieder nicht der Richtige war, korrigieren wir uns im Kopf, und beim nächsten Mal fühlen wir uns stärker von jemandem angezogen, der dem Richtigen schon näher kommt. So lernen wir allmählich, einen anderen Menschen richtig einzuschätzen, und verfeinern unsere Fähigkeit, uns von dem Richtigen angezogen zu fühlen – oder zumindest von jemandem, der ihm näher kommt. Wenn eine Beziehung zu Ende geht, haben wir dann nicht das Gefühl, alles sei ein Fehler oder Zeitverschwendung gewesen, sondern können dankbar dafür sein, daß wir auf dem Pfad zur wahren Liebe weiter voranschreiten dürfen.

Aus einem guten Ende erwächst ein guter neuer Anfang.

Indem wir unserem Expartner verzeihen und die Beziehung liebevoll beenden, steigen unsere Chancen, das nächste Mal ins Schwarze zu treffen. Die Fähigkeit zum Verzeihen hält unsere Herzen offen und läßt uns so wieder zur Liebe finden. Wenn wir liebevoller sind, bekommen wir wieder Liebe zurück.

Seinem Partner verzeihen heißt ihn zu akzeptieren, auch wenn er nicht vollkommen ist. Diese absolute Liebe ist eine Herausforderung, aber sie bringt auch das Beste in uns und in unserem Partner zum Vorschein. Indem wir lernen, unserem Partner zu vergeben und keine Vollkommenheit von ihm zu verlangen, werden wir fähig, in Liebe zusammenzuwachsen.

19. MÄRZ

Aktives und passives Interesse

Es gibt im Grunde zwei Arten von Interesse: das aktive und das passive Interesse. Aktives Interesse erwächst aus dem Willen, ein bestimmtes Ziel zu erreichen und sich das auch zuzutrauen; es motiviert dazu, aktiv zu werden, um dieses Ziel zu erreichen, und wird mit jedem Erfolg stärker. Passives Interesse hingegen bedeutet, Angebotenes offen zu bewerten; es erwächst aus einer Position des Akzeptiert-Seins und wird um so stärker, je mehr es unterstützt wird. Seine Motivation zielt darauf, Gelegenheiten zu schaffen, etwas zu bekommen. Während das aktive Interesse dienen möchte, möchte das passive Interesse bedient werden.

Diese beiden Arten von Interesse verstärken sich gegenseitig, wenn sie aufeinandertreffen. Ein Mann, der sehr aktiv an einer Frau interessiert ist, erzeugt in ihr gewöhnlich ein passives Interesse. Wenn eine Frau passives Interesse an einem Mann zeigt, weckt das sein aktives Interesse an ihr.

Das passive Interesse einer Frau an einem Mann
weckt sein aktives Interesse an ihr.

Deshalb sollten Frauen nie mehr geben, als sie bekommen. Wenn ein Mann mehr bekommt, als er selbst gibt, neigt er dazu, zu passiv zu werden, und verliert sein aktives Interesse daran, die Frau zu umwerben und für sie zu sorgen.

20. MÄRZ

Die Verantwortung der Frau

Eine Frau ist sich zwar der Bedürfnisse in einer Beziehung stärker bewußt als der Mann, doch ist sie deswegen nicht allein für deren Erfüllung verantwortlich. Allerdings ist es an ihr, sich um die Erfüllung ihrer eigenen Bedürfnisse zu kümmern. Und zwar muß sie ihre Bedürfnisse und Wünsche artikulieren, ohne den Partner vor den Kopf zu stoßen, und zudem muß sie darauf achten, daß auch andere Menschen ihre Bedürfnisse erfüllen und nicht nur ihr Partner zur alleinigen Quelle ihrer Zufriedenheit oder Unzufriedenheit wird.

21. MÄRZ

Frühling der Liebe

Verliebtsein ist wie der Frühling – eine Zeit der Unschuld, in der wir das Gefühl haben, unser Glück könnte niemals enden. Unvorstellbar, den Partner nicht zu lieben, unsere Liebe ist unendlich; eine magische Zeit, in der alles vollkommen erscheint und wie von selbst gelingt. Wir tanzen zusammen in Harmonie und gemeinsamem Glück.

Im Frühling der Liebe scheint unser Partner perfekt zu uns zu passen.

Auf den Frühling der Liebe folgt der Sommer mit schweißtreibender Arbeit, deren Früchte wir im Herbst ernten können. Im Sommer scheint es, als hätten wir den Zauber der Liebe verloren, der Herbst jedoch belohnt uns mit wahrer, tieferer Liebe.

Der Herbst ruhiger Liebe wird vom Winter abgelöst, und nun scheint es, als sei die Liebe erstorben. Dies ist aber nur vorübergehend; wir dürfen jetzt nicht Liebe vom Partner erwarten, sondern müssen in uns gehen und aus uns selbst Liebe schöpfen. Es ist an der

Zeit, Vorwürfe abzubauen und unsere Bedürfnisse aus eigener Kraft zu pflegen.

Und während wir aus uns selbst Liebe schöpfen, kehrt der Frühling zurück, und mit übervollen Herzen erleben wir erneut das Wunder des Verliebtseins. Die Erinnerungen dieser vollkommenen Liebe helfen uns über den Sommer und den Winter der Liebe hinweg.

22. MÄRZ

Wie Frauen mit dem Tunnelblick umgehen können

Frauen nehmen von Natur aus intuitiv die Bedürfnisse anderer wahr. Das kann sich allerdings als zweischneidiges Schwert erweisen, wenn ihr Partner den Tunnelblick aufgesetzt hat. Der Mann meint, mit der Beziehung sei alles in Ordnung, die Frau aber leidet unter der Last der Probleme.

Teilt er diese Last nicht mit ihr und verhält sich, als sei alles in Ordnung, glaubt sie, er sei glücklich mit der Beziehung, und zieht den Schluß, daß sie zu hohe Anforderungen stellt oder daß ihm alles egal ist und er sich auch nie ändern wird.

Verhält sich ein Mann so, als sei alles in Ordnung,
während sie Probleme sieht, empfindet eine Frau
ihre Bürde als noch schwerer.

Dieses Problembewußtsein wird für die Frau zur Belastung, wenn er nicht bereit ist, ihr zuzuhören und sie ernst zu nehmen. Ignoriert er ihre Bedürfnisse und Empfindungen, dann hat sie das Gefühl, die ganze Bürde der Beziehung und der Familie auf ihren Schultern zu tragen; sie fühlt sich allein gelassen und auf sich gestellt. Kein Wunder, daß Frauen frustriert sind, wenn Männer vorschützen, alles sei bestens.

Weiß eine Frau aber über den Tunnelblick Bescheid, dann erkennt sie in der vermeintlichen Zufriedenheit ihres Partners, daß er sich der Probleme gar nicht bewußt ist und andernfalls ebenso beunruhigt wäre und versuchen würde, etwas zu verbessern.

Beide Partner tragen die gleiche Verantwortung für eine gute Beziehung, aber ihre Rollen dabei sind verschieden.

23. MÄRZ

Aus Fehlern lernen

Wenn wir älter werden, meinen wir oft, die Dinge würden sich nicht ändern. Wir erkennen nicht, daß sich Verhaltensmuster sehr wohl ändern können. Wenn ein Mann und eine Frau sich kennenlernen, bringen sie sich manchmal kaum ein, weil sie glauben, Beziehungen seien alle gleich. Das stimmt aber nicht. Wenn wir uns bemühen, aus unseren früheren Fehlern zu lernen, können wir darauf vertrauen, daß zukünftige Beziehungen besser werden.

Wenn wir aus unseren Fehlern lernen,
sind wir imstande, unsere Beziehungen zu verbessern.

In einer längerfristigen Beziehung haben wir den Eindruck, unser Partner sei unfähig, sich zu ändern. Dadurch hemmen wir aber nicht nur den anderen in seiner weiteren Entwicklung, sondern auch uns selbst. Veränderungen können in einer Beziehung nur erreicht werden, indem jeder an sich selbst arbeitet.

Zu einer Beziehung gehören stets zwei. Wenn einer der beiden sich verändert, wirkt sich das auch auf die Beziehung aus. Jeder kann sich selbst ändern, um die Beziehung zu verbessern; es funktioniert aber nicht, wenn man versucht, den Partner zu ändern.

24. MÄRZ

Frauen kommen noch immer von der Venus

Auch wenn Frauen heutzutage unabhängig und selbstsicher sind, sehnt sich ihre weibliche Natur immer noch nach einem Beschützer. Sie suchen nach wie vor einen Mann, der sie versorgt und beschützt, wenngleich in einem neuen Sinn.

Frauen wünschen sich von einem Mann heute, daß er die emotionale Umgebung schafft, in der sie ihre Gefühle gefahrlos erforschen und ausdrücken können. Wenn ein Mann den Gefühlsäußerungen seiner Partnerin zuhören kann, ohne negativ zu reagieren, ist sie nicht nur dankbar dafür, sondern fühlt sich auch stärker zu ihm hingezogen.

Emotionalen Rückhalt zu gewähren,
verlangt vom Mann eine neue Fähigkeit und Kraft.

Sicherheit ist das größte Geschenk, das ein Mann einer Frau heute machen kann. In Zeiten, in denen der Mann noch auf die Jagd ging, bedeutete Sicherheit in erster Linie physische Sicherheit, heute bedeutet sie auch emotionale Sicherheit. Eine Frau muß sich sicher fühlen, um sie selbst zu sein und sich ohne Angst vor Ablehnung, Herabwürdigung oder Bestrafung mitzuteilen. Es ist ein langer Lernprozeß, bis der Mann fähig ist, diese Sicherheit zu gewähren, aber die Belohnung ist ihm sicher: Eine Frau, die weiß, daß sie vertrauen kann, bringt dem Mann viel mehr Anerkennung und Liebe entgegen.

25. MÄRZ

Was Frauen glücklich macht

Frauen sind glücklich, wenn sie glauben, ihre Bedürfnisse werden erfüllt. Ist eine Frau unsicher, erschöpft oder hoffnungsleer, wenn sie wütend ist oder ihr alles zuviel wird, dann braucht sie vor allem einen treuen Gefährten, der ihr beisteht. Sie braucht das Gefühl, nicht allein zu sein. Und sie braucht das Gefühl, geliebt zu werden.

Es ist viel Einfühlungsvermögen, Verständnis, Anerkennung und Mitgefühl nötig, damit sie seine Hilfe schließlich dankbar annehmen kann. Männer können das nicht verstehen, denn ihr Instinkt als Marsianer sagt ihnen, daß man lieber allein bleibt, solange man wütend ist.

Bei Streß braucht eine Frau menschliche Nähe,
ein Mann dagegen benötigt dann seine Ruhe.

Wenn eine Frau, die unter Streß steht oder sich über etwas geärgert hat, ihre Gefühle mitteilen darf, ist das für sie ein Liebesbeweis: Es gibt jemanden, der sie der Liebe für wert befindet und ihre Bedürfnisse ernst nimmt. Sofort schmelzen Zweifel und Mißtrauen hinweg, und sie kann aufhören, sich zuviel Verantwortung aufzubürden; denn sie hat verstanden, daß sie der Liebe wert ist und sie sich nicht erst zu verdienen braucht. Endlich kann sie sich entspannen, weniger geben und mehr empfangen. Es ist ihr gutes Recht.

26. MÄRZ

Der Schritt in die richtige Richtung

Um einer Frau zunehmende Erfüllung zu schenken, müssen nicht alle ihre Bedürfnisse sofort erfüllt werden. Die Rituale der Liebeswerbung stellen einen langen Weg dar, auf dem ihre Bedürfnisse Schritt für Schritt Befriedigung finden. Einer Frau gibt bereits die Hoffnung

Zufriedenheit, daß ihre emotionalen Bedürfnisse eines Tages erfüllt werden. Auch der Mann muß nicht alle seine sexuellen Wünsche auf der Stelle realisieren; er muß nur hoffen können, daß beide sich in dieser Richtung bewegen.

Um zufrieden zu sein, müssen Mann und Frau nur wissen, daß sie sich der Erfüllung ihrer Wünsche nähern.

Tritt ein Mann in das Leben einer Frau und zeigt, daß er ihr hilfreich zur Seite stehen will, dann ist ihr diese Bereitwilligkeit genauso wertvoll wie die Hilfe selbst. Sie fühlt sich plötzlich nicht mehr so allein auf der Welt. Wenn ein Mann konkrete und faßbare Dinge für eine Frau tut, fühlt sie sich umsorgt – und der Mann fühlt sich erfolgreich. Für beide ist es eine Ermutigung und Bestätigung, daß sie gemeinsam in die richtige Richtung gehen.

27. MÄRZ

Bitten Sie um das, was Sie brauchen

Der größte Fehler, den eine Frau in einer Beziehung machen kann, ist der, ihre Bedürfnisse nicht mehr zu artikulieren und anzufangen, alles selbst zu tun. Kurzfristig gesehen ist dies der einfachere Weg, auf lange Sicht aber werden so die notwendige Kommunikation und das Verständnis in ihrer Beziehung vernachlässigt. Und schließlich reibt sie sich daran, alles selbst erledigen zu müssen in der Überzeugung, ihr Partner habe kein Interesse daran, ihr zu helfen oder Anteil zu nehmen.

Frauen verstehen nicht, daß Männer um ihre Hilfe gebeten werden wollen. Genauso wie es Frauen widerstrebt, um Hilfe zu bitten, widerstrebt es Männern, von sich aus Hilfe anzubieten. Manchmal ist es auch einfach nur ihr Tunnelblick, der sie daran hindert zu sehen, daß sie gebraucht werden. Möglicherweise kommen sie der Bitte dann erst etwas widerstrebend nach, aber wenn die Frau das einfach ignoriert, läßt sich ihr Partner auch wieder auf sie ein.

Frauen mißverstehen oft das Widerstreben ihres Partners, im Haushalt zu helfen.

Eine Frau hilft dem Mann, ihre Bedürfnisse zu erkennen, die er mit seinem Tunnelblick nicht sieht, wenn sie die Kommunikation aufrechterhält. Der Tunnelblick ist wie ein Bann, der sich auf einen Mann legt. Wenn er die Nöte anderer wieder sieht, ist er von seinem Bann erlöst. Wenn sie ihm wegen seines Tunnelblicks nicht mit Mißtrauen oder Ablehnung begegnet, sondern mit Liebe, Vertrauen und positiver Zuwendung, findet er zu seinem liebevollen Selbst zurück. Diese Art liebevoller Kommunikation befreit ihn von seinem Bann.

28. MÄRZ

Die selbstbewußte Frau

Manche Frauen sind von Natur aus selbstbewußt. Sie haben diese Gabe von Geburt an, so wie manche Sänger ihre begnadete Stimme. Die meisten jedoch müssen sie erst entwickeln und pflegen. Dieses Selbstbewußtsein ist in der Frau zwar angelegt, aber es muß ans Licht gebracht und eingeübt werden. Es in sich zu entdecken und zu spüren hilft der Frau, diese Facette ihres Selbst zu finden und zum Ausdruck zu bringen.

Selbstbewußtsein muß kultiviert und geübt werden.

Selbstbewußtsein bedeutet, es für selbstverständlich zu halten, zu bekommen, was man braucht. Ein selbstbewußter Mensch geht davon aus, daß andere bereit sind zu helfen und daß man nicht alles alleine tun muß.

Selbstbewußtsein unterscheidet sich von Selbstsicherheit. Wenn eine Frau zu selbstsicher und unabhängig ist, kann das ein Zeichen dafür sein, daß sie sich der Hilfe anderer keineswegs sicher ist und oft alles allein tun muß. Indem eine Frau beginnt, Selbstbewußtsein zu kultivieren, kann sie sich für die Hilfe anderer Menschen öffnen, anstatt sich zu isolieren.

29. MÄRZ

Wie gegenseitige Anziehung verlorengeht

Leidenschaft verblaßt in dem Maße, wie ein Partner seine eigene Art, sein Fühlen, Denken und Tun unterdrücken muß, um in einer Beziehung Liebe und Sicherheit zu finden.

Durch Anpassen oder Umformen unseres Selbst
ersticken wir nicht nur die Leidenschaft,
sondern auch die Liebe.

Jedesmal wenn Sie sich selbst verleugnen, etwas in sich unterdrücken oder verdrängen, um geliebt zu werden, sind Sie Ihr eigener Feind. Sie signalisieren sich selbst, daß Sie so, wie Sie sind, nicht gut genug seien. Jedesmal wenn Sie versuchen, Ihren Partner zu ändern, ihn zu »verbessern«, signalisieren Sie ihm, daß er es nicht verdient, geliebt zu werden, so wie er ist.

Unter solchen Bedingungen stirbt die Liebe. Der Versuch, durch Anpassen oder Umformen unseres Selbst oder unseres Partners den Zauber der Liebe lebendig zu erhalten, macht alles nur schlimmer. Wenn wir im Namen der Liebe uns selbst oder unseren Partner unterdrücken, ist das eine zerstörerische Liebe. Gesunde Liebe ist frei und unterstützt den Partner darin, sich selbst treu zu bleiben. Einen Teil unseres Selbst aufgeben zu müssen, kann nie und nimmer wahre Liebe sein.

Mit Verständnis für unsere Unterschiede gelingt es uns, Vorurteile abzubauen und kreative Lösungen und Kompromisse zu finden, die uns gleichzeitig erlauben, wir selbst zu sein und unserem Partner zur Seite zu stehen.

30. MÄRZ

Wann man über Sex spricht

Manchmal ist es einfach nicht romantisch, eine Frau beim Sex zu fragen, wie sie es gern hätte. Solche Fragen klärt man besser nachher oder zu einem unverfänglicheren Zeitpunkt. Während des Liebesakts möchte sich eine Frau den Kopf nicht über ihre Bedürfnisse zerbrechen. Sie möchte fühlen und die Empfindungen sich immer mehr entfalten lassen.

Um zu lernen, was eine Frau im Bett mag, sollte der Mann darauf achten, wie sie beim Sex auf ihn reagiert. Er muß ihr zuhören, wenn sie ihre Lust in Worte faßt, dann kann er herausfinden, wie er sie am besten befriedigen kann. Für die Frau ist der Genuß beim Sex sogar oft noch größer, wenn sie ihre Empfindungen verbal ausdrückt.

31. MÄRZ

Wann hört ein Mann zu?

Die Frau kann durch ihr Verhalten die Aufmerksamkeit eines Mannes für das wecken, was sie zu sagen hat. Er ist dann am stärksten interessiert, wenn sie sein Interesse offensichtlich als sicher voraussetzt. Allein durch ihre Überzeugung, daß ihn irgend etwas ganz sicher interessiere, wächst sein Interesse – auch, wenn ihn die Sache selbst weniger interessiert, denn er hat Interesse an ihr.

Die Frau ist das Juwel,
das der Mann zum Funkeln bringt.

Wenn ihre Ausstrahlung ihm vermittelt, daß es ihn interessieren wird, dann möchte er es auch gerne hören. Selbstbewußtsein zieht das Interesse eines Mannes auf sich. Dazu sollte sich die Frau daran erinnern, daß sie das Juwel ist, für das er die Fassung bietet, damit es strahlen kann. Solange er sich zugute halten kann, daß er sie zum Strahlen bringt, macht es ihn glücklich, in einer Beziehung auch der Gebende zu sein. Ihre Überzeugung, seiner Aufmerksamkeit wert zu sein, macht sie für ihn noch begehrenswerter und verführerischer.

APRIL

Leidenschaft, Mut, Verzeihen

Im April scheint alles möglich – sogar Verzeihen. Haben wir den Mut zu verzeihen, können wir zu unserer Leidenschaft zurückfinden. In dem Maße, wie Sie Ihre Gefühle in liebevoller, konstruktiver Weise aufarbeiten, wie Sie lernen, Negativität abzubauen, fühlen Sie Ihre positiven Gefühle zurückkehren. Und diese Gefühle entflammen erneut die Leidenschaft, wie sie zwischen Liebenden besteht.

Solange Sie an Ihrem Ärger und Ihrer Ablehnung festhalten, blockieren Sie die Liebe. Bringen Sie den Mut auf, Ihre negativen Gefühle abzubauen, dann werden Sie die Gefühlsverfassung des Liebens und Verzeihens für sich entdecken, die ein Leben in Liebe erst möglich macht. Liebe erfordert Mut, aber sie ist es wert. Die größte Tragödie im Leben ist nicht der Verlust einer Liebe, sondern die, das Herz zu verschließen und nie wieder zu lieben.

1. APRIL

Sich entschuldigen und verzeihen

Eine Beziehung blüht auf, wenn der Mann sich bemüht, ihr mehr Aufmerksamkeit entgegenzubringen, und die Frau sich bemüht, ihr Verhalten angesichts seiner Fehler zu korrigieren. In einer Atmosphäre der Anerkennung und Vergebung sieht sich der Mann motiviert, seine Fehler zu erkennen, an sich selbst zu arbeiten und sich weiterzuentwickeln.

Wenn ein Partner sich entschuldigt, fällt es dem anderen leichter zu verzeihen. Ist ein Partner schnell bereit zu verzeihen, fällt es dem anderen leichter, einsichtig zu sein und sich zu entschuldigen. Es fällt einem Mann hingegen schwer, sich für seine Fehler zu entschuldigen, wenn er keine Vergebung erwarten kann. Ebenso fällt es einer Frau schwer, einem Mann seine Fehler zu verzeihen, wenn er sich nicht dafür entschuldigt. Das eine bedarf des anderen.

Sich entschuldigen und verzeihen gehören zusammen.

Die Fähigkeit eines Mannes, sich selbst zu korrigieren, hängt davon ab, wie sehr er sich anerkannt fühlt. Fühlt er sich durch seine Partnerin bestraft, fällt es ihm schwer, mehr Rücksicht auf ihre Bedürfnisse zu nehmen. Wenn andererseits ein Mann sich entschuldigen kann, macht er damit nicht nur die Frau glücklicher, sondern bekommt auch selbst, was er am meisten braucht – ihr Vertrauen, ihre Anerkennung und ihre Wertschätzung.

Eine Frau, die verzeiht, entdeckt ihre Kraft, das Beste in ihrem Partner und in sich selbst zum Vorschein zu bringen. Geht sie das Risiko ein zu verzeihen, dann schließt sie die Tür zu ihrem Herzen auf und findet zu ihrem höchst liebevollen Selbst.

2. APRIL

Von Vorwürfen ablassen

Wenn eine Frau erkennt, daß sie zuviel gegeben hat, neigt sie dazu, dem Partner vorzuwerfen, er sei für ihr Unglücklichsein verantwortlich. Sie empfindet es als ungerecht, mehr zu geben als zu bekommen, und nimmt ihm das übel.

Aber wenn sie auch nicht das bekommen hat, was sie verdient, ist es für die Verbesserung der Beziehung doch wichtig, daß sie erkennt, inwieweit sie selbst dazu beigetragen hat. Wenn eine Frau zuviel gibt, darf sie nicht ihrem Partner die Schuld geben. Ebensowenig darf ein Mann, der zuwenig gibt, ihr die Schuld geben, wenn sie deshalb negativ oder unwillig auf ihn reagiert. Gegenseitige Schuldzuweisungen machen die Beziehung nicht besser.

Die Lösung liegt darin, dem Partner Verständnis, Vertrauen, Mitgefühl und Rückhalt zu geben. Anstatt ihr ihr Verhalten vorzuwerfen, sollte der Mann mitfühlend seine Hilfe anbieten, auch wenn sie nicht darum bittet; ihr zuhören, auch wenn es zunächst vorwurfsvoll klingt; ihr helfen, Offenheit und Vertrauen zurückzugewinnen, indem er kleine Dinge für sie tut, die ihr seine Zuneigung beweisen.

Anstatt dem Mann vorzuwerfen, er würde zuwenig geben, sollte die Frau die Unzulänglichkeiten ihres Partners akzeptieren und verzeihen, darauf vertrauen, daß er mehr geben möchte, auch wenn er es nicht anbietet, und ihn dazu ermutigen, mehr zu geben, indem sie ihn weiter um seine Hilfe bittet und Anerkennung für alles zeigt, was er für sie tut.

Indem die Frau so Grenzen ihres Gebens setzt, motiviert sie ihn, selbst mehr zu geben und dafür an sich zu arbeiten. Das macht ihn zufriedener, und sie kann sich mehr und mehr lösen und sein Geben liebevoll empfangen.

3. APRIL

Frauen und Sexualität

Frauen von heute stellen höhere Ansprüche an Sex als je zuvor. Früher bedeutete Sex, daß die Frau dem Mann Befriedigung verschaffte. Für unsere Mütter hieß Sex meist nur, daß sie etwas für ihn tat, nicht für sich selbst. Heute dagegen ist Empfängnisverhütung sicherer und einfacher denn je, und die Wünsche und Bedürfnisse der Frau sind gesellschaftlich anerkannt. Dadurch fühlen sich Frauen ermutigt, ihre Sexualität auszuleben und zu genießen. Bei vielen Frauen steigt auch das Interesse an Sex, weil sie darin das beste Heilmittel sehen, mit sich selbst und ihrer weiblichen Seite wieder in Einklang zu kommen.

Nachdem sie den ganzen Arbeitstag über in eine männliche Rolle schlüpfen mußte, sehnt sie sich eigentlich auch nach einer »Frau«, die sie zu Hause liebevoll begrüßt, und nach Entspannung durch Sex. Guter Sex ist für sie ebenso befriedigend wie für ihn. Um den Streß in der modernen Arbeitswelt ertragen zu können, sucht nicht nur er Rückhalt in ihr, sondern auch sie in ihm. Dieses Problem können Mann und Frau gemeinsam lösen, indem sie neue Beziehungstechniken lernen.

Guter Sex ist für sie ebenso befriedigend wie für ihn.

Frauen macht guter Sex weicher und hingebungsvoller und läßt sie die Liebe in ihrem Herzen und die Liebe ihres Partners intensiv erleben. Die erfahrene und zärtliche Art ihres Partners läßt sie nicht im Zweifel darüber, wieviel sie ihm bedeutet. Seine leidenschaftliche und vollkommene Hingabe erfüllt ihre innerste Sehnsucht nach Liebe. Für einen wunderbaren Augenblick löst sich die immerwährende Spannung in ihr, wenn sie dem tiefsten Verlangen ihrer weiblichen Seite nachgibt. So findet ihr leidenschaftlicher Wunsch, zu lieben und geliebt zu werden, Ausdruck und Erfüllung zugleich.

4. APRIL

Die Herausforderung durch den Seelengefährten

Wenn Ihr Lebensgefährte Sie nicht auf manche Weise herausfordern würde, käme das Beste in Ihnen nie zum Vorschein. Seelengefährten sind die perfekten Partner, um das Beste in uns zu entdecken, und manchmal muß dabei einiges aufgearbeitet werden. In der Ehe müssen negative Tendenzen aller Art überwunden werden – die Neigung zum Verurteilen, zum Egoismus, zum Klagen, sich zu unterwerfen, Ansprüche zu stellen, stur zu sein oder zu entgegenkommend, selbstgerecht, zu unsicher, ungeduldig zu sein und so fort.

Ein Seelengefährte ist nicht vollkommen,
aber für Sie perfekt.

Ein Seelengefährte ermöglicht es Ihnen, diese Neigungen zu überwinden, indem Sie ihm mit Liebe im Herzen begegnen. In diesem Lernprozeß bekommt Ihre Seele die Chance, sich zu entpuppen und frei zu fliegen wie ein Schmetterling.

5. APRIL

Wie Sex am schönsten ist

Sex kann wunderschön sein, wenn sich die Partner lieben und ihre Liebe wächst. Um im Sex Erfüllung zu finden, braucht die Frau in der Beziehung emotionalen Rückhalt; es ist aber auch wichtig, daß der Mann ihre sexuellen Bedürfnisse kennt.

Ein Mann findet vor allem dann Erfüllung in der Sexualität, wenn er das Gefühl haben kann, seine Partnerin sexuell zu befriedigen. Dazu braucht er nicht nur neue Fertigkeiten in der Beziehung, sondern auch im Bett.

6. APRIL

Das Unterdrücken von Gefühlen

In einer Beziehung nicht die Wahrheit über die eigenen Gefühle zu sagen ist, als würde man eine Pflanze nicht gießen. Man tötet dadurch etwas Lebendiges. Halten Sie gegenüber einem geliebten Menschen mit der Wahrheit zurück, dann halten Sie auch die Liebe zurück. Nach einiger Zeit blicken Sie dann zurück und fragen sich: »Was ist mit diesem wunderbaren Gefühl passiert? Wo ist der Zauber geblieben?« Die Antwort lautet, daß die Liebe mit ihrem Zauber unter Bergen von zurückgehaltenen Gefühlen verschüttet liegt.

Man kann eben nicht seine negativen Gefühle – Ärger, Trauer, Angst und Kummer – unterdrücken und erwarten, daß die positiven Gefühle dabei lebendig bleiben. Wenn Sie sich Ihren negativen Gefühlen gegenüber taub stellen, betäuben Sie auch Ihre Fähigkeit, positive Gefühle zu empfinden.

Wer negative Gefühle unterdrückt,
unterdrückt damit auch die positiven Gefühle.

Auf lange Sicht kann das Unterdrücken der Wahrheit und der Gefühle sich selbst und anderen gegenüber nur dazu führen, daß man die Fähigkeit zu positiven Gefühlen wie Freude, Erregung und Leidenschaft verliert. Das Lexikon definiert Leidenschaft als »intensives Gefühl«. Jedes Mal, wenn Sie ein Gefühl unterdrücken, mit dem Sie sich nicht auseinandersetzen wollen, beschränken Sie systematisch Ihre Fähigkeit, Gefühle zu empfinden. Damit töten Sie langsam die Leidenschaft in allen Ihren Beziehungen.

7. APRIL

Im Bett gut sein

Männer und Frauen halten heute eine Ehe ohne Leidenschaft für schlimmer als selbst die Scheidung. Keiner von beiden akzeptiert das Arrangement früherer Zeiten, bei dem der Mann sein sexuelles Verlangen in heimlichen Affären stillte, während die Frau ihr Bedürfnis nach Liebe dem Haushalt und dem Bestand der Familie opferte. Andererseits sind Seitensprünge durch Aids und andere Geschlechtskrankheiten mittlerweile bedeutend gefährlicher geworden.

Heute möchte ein Mann, daß seine Partnerin an Sex ebenso Genuß findet wie er, damit beide sich in ihrer Beziehung leidenschaftlich verbunden bleiben. Dazu brauchen sowohl der Mann als auch die Frau im Bett mehr Wissen und Fertigkeiten. Um die Leidenschaft lebendig zu erhalten, müssen beide sich ausdrücken können und fühlen, daß der andere den Sex mit ihm ebenso genießt wie sie selbst.

8. APRIL

Negative Gefühle abbauen

Für Ihre persönliche Entwicklung ist es eminent wichtig, daß Sie Ihre negativen Gefühle abbauen und die emotionale Befindlichkeit wahren Liebens und Verzeihens erreichen. Wenn Ihre Liebe endet, leiden Sie selbst am meisten darunter, und solange Sie an Ihrem Ärger und Ihrer Ablehnung festhalten, blockieren Sie selbst Ihre Liebe. Wenn Sie aber bereit sind, Ihre negativen Gefühle aufzuarbeiten und so Ihre Liebesbereitschaft wiederzufinden, dann haben Sie gewonnen.

Indem Sie sich erlauben, Ihre negativen Gefühle zu empfinden, um sie zu heilen, lassen Sie Ihrer blockierten Liebe wieder freien Lauf. Es ist kein Zeichen von Schwäche, wenn Sie die negativen Gefühle, die in einer Beziehung entstehen, zum Ausdruck bringen. Ganz im Gegenteil beweisen Sie Stärke, wenn Sie entschlossen sind, alles Negative, das sich Ihrer Liebe in den Weg stellt, zu bewältigen.

9. APRIL

Die Leidenschaft am Leben erhalten

Wenn zwei Partner fähig sind, ihre Unterschiede in gegenseitiger Liebe und Respekt zu bewahren, erhalten sie die Leidenschaft in ihrer Beziehung lebendig. Werden Mann und Frau sich zu ähnlich, dann verlieren sie die gegenseitige Anziehungskraft, die Reaktion der Körperchemie; es ist langweilig, mit jemandem zusammen zu sein, der so ist wie man selbst. In einer guten Beziehung gelingt es, die positiven Eigenschaften des Partners in sich aufzunehmen.

Ein leidenschaftlicher Anfang einer Beziehung ist im allgemeinen ein Hinweis, daß das, was uns am anderen anzieht, auch in uns latent vorhanden ist. Fühlen wir uns durch seine menschliche Wärme zu ihm hingezogen, bedeutet das, daß gerade diese Wärme auch in uns verborgen ist und danach verlangt, an die Oberfläche unseres Wesens zu kommen. Diese starke Anziehung entsteht aus unserem Bedürfnis, uns als vollständiges Ganzes zu empfinden. Unsere Liebe schenkt uns die Möglichkeit, zusammenzuwachsen und die Leidenschaft ein Leben lang zu erhalten.

10. APRIL

Im Bett sind Frauen wie der Mond und Männer wie die Sonne

Frauen sind wie der Mond, ihr sexuelles Erleben nimmt ständig zu oder ab. Manchmal hat sie eine Vollmondphase, dann wieder eine Neumondphase. Bei Neumond oder auch Halbmond kommt sie nicht zum Höhepunkt, wie gut ihr Partner als Liebhaber auch ist. Aber auch ohne Orgasmus empfindet sie den Sex als befriedigend.

Ein Mann ist da ganz anders. Er gleicht der Sonne, die jeden Morgen strahlend aufgeht. Wenn ein Mann so erregt ist, daß ihm nach Sex zumute ist, ist er im allgemeinen ohne Orgasmus nicht zufrieden.

Die Sexualität des Mannes ist wie die Sonne, die jeden Morgen strahlend aufgeht.

Der sexuelle Zyklus einer Frau dauert etwa achtundzwanzig Tage. Manchmal befindet sie sich in dei Vollmondphase ihres Zyklus, dann wieder in einer Halbmondphase, dann in der Neumondphase. In diesen Phasen variiert ihr sexuelles Verlangen, wobei es sich nie voraussagen läßt, in welcher Phase sie sich gerade befindet. Sogar die Länge des Zyklus variiert von Monat zu Monat.

Eine Frau empfindet den Orgasmus – oder Vollmondsex – wie ein Feuerwerk, während Halbmondsex mehr einem Picknick an einem schönen Frühlingstag gleicht. Sogar Sex bei Neumond ist für sie wieder anders befriedigend, etwa so, als erwache sie aus einem tiefen Schlaf. Trotzdem fühlt sie sich wunderbar, denn er hatte seinen Orgasmus. Ein Mann sollte daran denken, daß eine Frau nicht stets einen Orgasmus braucht, um zufrieden zu sein.

Ein Mann, der diesen Unterschied nicht kennt, kann sich einreden, daß da etwas nicht stimmt, wenn sie keinen Orgasmus hat, und vielleicht das Interesse verlieren. Ein Mann sollte verstehen, daß für eine Frau der Orgasmus nicht das Hauptziel ist. Seine Nähe und Zuneigung oder auch sein leidenschaftliches Begehren sind für sie ebenso ein Genuß wie der Höhepunkt.

11. APRIL

Fragen, die wie Totschläger wirken

Wenn Sie einen Mann mit Fragen überschütten, warum er keine Lust hat, erschlagen Sie nicht nur sofort jede Stimmung, sondern können ihn auch für alle Zeiten vergraulen. Wenn er auf Ihre Anmache nicht reagiert, fragen Sie ihn auf keinen Fall:

»Du wolltest doch immer Sex. Was ist denn jetzt los?«

»Willst du gar nicht mehr mit mir schlafen?«

»Findest du, daß ich zu dick werde?«

»Findest du mich überhaupt noch attraktiv?«
»Mache ich dich denn nicht an?«
»Liebst du mich noch? Vielleicht sollten wir darüber reden.«
»Ob wir wohl je wieder miteinander schlafen? Vielleicht sollten wir eine Therapie machen.«
»Du hast heute abend immer andere Frauen angesehen. Willst du nicht mehr mit mir zusammensein?«
»Wärst du lieber mit einer anderen Frau zusammen?«
»Habe ich irgendwas getan, was dich stört?«
»Warum willst du denn jetzt keinen Sex?«

Es mag Momente geben, in denen solche Fragen angebracht sind, aber sie sind nicht zu empfehlen, wenn Sie sich gerade vor ihm ausgezogen haben und er sich von Ihnen abwendet, weil er müde ist. Verhalten Sie sich neutral, und geben Sie ihm indirekt zu verstehen, daß Sie bereit wären, sollte er in der Stimmung sein.

12. APRIL

Warum Sex so wichtig ist

Wir wissen zwar, daß für Männer die sexuelle Liebe wichtiger ist, für Frauen dagegen die romantische Liebe, aber wir verstehen im allgemeinen den Grund nicht. Frauen unterschätzen meist, wie wichtig Sex für die Männer ist, und halten sie für oberflächlich, weil sie »immer nur das eine« wollen.

Eine Frau gelangt aber schnell zu einem milderen Urteil, wenn sie die wahren Gründe dafür erkennt und ein tieferes Verständnis unserer sexuellen Unterschiede gewinnt, die durch unsere historische Entwicklung und soziale Konditionierung zustande kamen. Sie begreifen dann, warum für viele Männer sexuelle Erregung das Tor zu ihren liebevollen Gefühlen ist.

Sex ist der Schlüssel, um das Herz eines Mannes zu öffnen, so daß er seine liebevollen Gefühle und seinen Liebeshunger gleichermaßen leben kann. Paradoxerweise entdeckt der Mann durch Sex sein Bedürfnis nach Liebe, während bei der Frau dadurch, daß sie sich geliebt fühlt, das Verlangen nach Sex erwacht.

13. APRIL

Wie man Streit vermeidet

Das Geheimnis respektvoller, liebevoller Kommunikation liegt darin, schmerzliche Streitereien zu vermeiden. Nicht die Meinungsverschiedenheiten selbst wirken verletzend, sondern die Art und Weise, wie sie ausgetragen werden. Dabei muß ein Streitgespräch nicht unbedingt verletzend sein; es kann in Form einer engagierten Unterhaltung geführt werden, in der wir unsere verschiedenen Standpunkte deutlich machen.

Meistens fängt es damit an, daß ein Paar über irgend etwas diskutiert, und keine fünf Minuten später streiten sie sich über ihre Art zu diskutieren und tun sich gegenseitig weh, ohne es zu merken. Was mit gegenseitigem Verständnis eine harmlose, einfach zu lösende Auseinandersetzung hätte sein können, wird zu einer Schlacht.

In einem schmerzlichen Streit weigern wir uns
wegen der Art, wie unser Partner uns anspricht,
seinen Standpunkt zu akzeptieren oder zu verstehen.

Um einen Streit zu lösen, müssen wir unseren Standpunkt so erweitern, daß sich ein anderer Standpunkt darin integrieren läßt. Das gelingt uns aber nur, wenn wir uns akzeptiert und respektiert fühlen. Wenn sich unser Partner lieblos zeigt, könnte hingegen unser Selbstwertgefühl leiden, wenn wir seinen Standpunkt annehmen.

Je näher man sich steht, desto schwerer wird es, den Standpunkt des anderen objektiv anzuhören, ohne auf negative Gefühle zu reagieren. Das Bedürfnis, sich vor Mißbilligung und Ablehnung zu schützen, steigt, und automatisch wehren wir uns gegen den anderen. Selbst wenn wir in der Sache übereinstimmen, setzen wir dann manchmal den Streit hartnäckig fort. Indem wir eine Pause machen und uns Zeit zum Zuhören nehmen, ebnen wir unserem Partner den Weg, um uns zu verstehen.

14. APRIL

Er möchte darüber schlafen, sie darüber reden

Der alte Ratschlag, ein Paar solle nie im Streit zu Bett gehen, ist problematisch. Wenn ein Mann wütend ist, rate ich der Frau, ihn in Ruhe zu lassen und ihn die Sache überschlafen zu lassen. Warten Sie, bis er sich beruhigt hat, bevor Sie über den Grund seiner Verärgerung sprechen.

Wenn die Frau wütend ist und der Mann ausgeglichen genug, um ihr zuzuhören, ohne selbst wütend zu werden, dann sollte er mit Fragen das Gespräch beginnen und ihr das Gefühl geben, daß sie ohne Risiko aus sich herausgehen kann.

Heute lassen Männer häufiger zu, daß die weibliche Seite ihres Wesens zum Vorschein kommt. Wenn sie wütend oder verärgert sind, suchen sie manchmal sogar das Gespräch. Dann ist es besonders wichtig, daß die Frau die Klugheit besitzt, diese Art von Gespräch hinauszuschieben, besonders wenn zuvor eine negative, schmerzliche Diskussion stattfand.

15. APRIL

Sex und Leidenschaft

Ohne Leidenschaft wird Sex bald zu langweiliger Routine. Nur mit Liebe, sexueller Erfahrung und sinnlichen Fertigkeiten kann ein Paar sich ein leidenschaftliches und erfülltes Liebesleben bewahren. Es ist durchaus möglich, daß die Leidenschaftlichkeit eines Mannes seiner Frau gegenüber über die Jahre hinweg nicht weniger wird, sondern immer mehr.

Er erlebt nicht nur die wachsende Intensität seiner sexuellen Erregung als Genuß, sondern auch das Bewußtsein der Liebe, Wärme, Leidenschaft und Sinnlichkeit, zu der er fähig ist. Dieses Bewußtsein hebt Sex auf eine noch höhere Stufe der Leidenschaft und der Erregung.

Wenn sie seine Leidenschaft für sich fühlt, kann sie sich mit ihm in dem gemeinsamen Verlangen, sich gegenseitig Genuß zu bereiten, vereinen. Eine kluge Frau erkennt, ihm durch die körperliche Liebe ihre Liebe zu zeigen, und dies auf eine Weise, die ihm höchstes Wohlbefinden bereitet. Gleichzeitig vermittelt ihr der Sex seine Liebe zu ihr bis in die tiefsten Fasern ihres weiblichen Seins.

16. APRIL

Sex – ja, nein oder vielleicht?

Sex ist ein Bereich in der Beziehung, in dem der Prozeß des Sich-Entscheidens besonders wichtig ist. Ein Mann weiß es im allgemeinen, wenn er bereit ist für Sex. Eine Frau dagegen mag zwar bereit für das Liebesspiel sein, muß aber erst herausfinden, ob sie jetzt wirklich will. Männer verstehen das nicht, denn wenn sie bereit sind, dann wollen sie auch.

Fragt ein Mann seine Frau, ob sie am Abend mit ihm schlafen möchte, und sie antwortet »Ich weiß nicht«, versteht er das leicht als »Nein«. Er fühlt sich dadurch abgelehnt, dabei muß sie nur mit dem Gedanken erst warm werden. Auch wenn sie eigentlich bereit ist für Sex, braucht sie für ihre Entscheidung einfach eine Weile, um sich ihrer Gefühle selbst klar zu werden. Wie in vielen anderen Lebensbereichen muß der Mann auch beim Sex erkennen, daß eine Frau mit »Ich weiß nicht« keineswegs »Nein« meint.

Eine Art, herauszufinden, ob sie ihn abweist oder nicht, ist, sie nach einem »Ich weiß nicht« zu fragen: »Will denn ein Teil von dir Sex?« Darauf würde sie fast immer positiv antworten. Mit dieser Ermutigung fällt es ihm leicht, sich Zeit zu lassen und ihr dabei zu helfen, ihre Gefühle zu erforschen. Selbst wenn sie dann zu dem Schluß kommt, daß sie doch nicht in Stimmung ist, fühlt er sich nicht so vor den Kopf gestoßen.

17. APRIL

Leidenschaftliche Monogamie

Frauen brauchen Romantik, um das Gefühl zu haben, geliebt zu werden; der wichtigste Aspekt einer intimen, leidenschaftlichen Beziehung ist für sie jedoch Monogamie. Ein Mann kann noch so romantisch mit ihr sein, wenn er nicht monogam ist, verebbt ihre Leidenschaft. Sie braucht das Gefühl, etwas Besonderes für ihn zu sein, und nichts gibt ihr dieses Gefühl stärker, als wenn er Leidenschaft nur für sie empfindet.

Mit zunehmendem Alter wächst die Fähigkeit einer Frau, Leidenschaft zu empfinden und auszudrücken, wenn sie darauf vertrauen kann, daß ihr Partner für sie da ist. Wenn sie aber das Gefühl hat, mit einer anderen Frau verglichen zu werden oder konkurrieren zu müssen, ist es um ihre Offenheit und Hingabe geschehen.

Wenn sie den Verdacht hegt, er habe eine Affäre, verschließt sie sich. Sie braucht die klaren Verhältnisse der Monogamie, um sich wie eine zarte Rose nach und nach zu entfalten.

Aber Monogamie ist nicht nur für sie von Vorteil, sondern auch für ihn! Wenn ein Mann das Vertrauen seiner Frau und seiner Familie besitzt, fühlen auch andere, daß sie ihm vertrauen können. Ein monogames Liebesleben macht einen Mann stärker und des höchsten Vertrauens würdig.

18. APRIL

Was einen Mann treibt

Der stärkste Antrieb in einem Mann ist das Verlangen, einer Frau zu gefallen; dieser starke Antrieb gibt ihm Kraft. Zuerst manifestiert er sich im Geschlechtstrieb; später kommt das Verlangen hinzu, für eine Frau Liebe, Respekt, Verständnis zu empfinden und sie zu umsorgen; er gewinnt weiter an Kraft. Wenn ein Mann seine Liebe körperlich, emotional, geistig und seelisch zum Ausdruck bringt, hat er seine Kräfte vollkommen entwickelt.

19. APRIL

Sex in Vollkommenheit

Wie ein phantastischer Urlaub nach harter Arbeit oder ein Spaziergang durch einen sonnenbestrahlten, duftenden Wald im Frühling oder die Begeisterung beim Erklimmen eines Berggipfels ist auch vollkommener Sex nicht nur Erfüllung, sondern etwas, das Körper, Geist und Seele wieder jung macht. Er stärkt unsere Beziehungen grundlegend und macht den Tag schöner.

Ein Sexualleben in Vollkommenheit ist ein wesentlicher Bestandteil einer leidenschaftlichen Beziehung. Es erfüllt unsere Herzen mit Liebe und befriedigt die meisten unserer emotionalen Bedürfnisse. Ob liebevoll, leidenschaftlich, sinnlich, zärtlich oder wild, sanft oder hart, romantisch oder zielbewußt, erotisch, kühl oder heiß – in all seinen Facetten spielt Sex eine wichtige Rolle dabei, die Leidenschaft der Liebe lebendig zu erhalten.

20. APRIL

Frauen und Quickies

Merkt eine Frau beim Sex, daß sie nicht zum Höhepunkt kommen kann, sollte sie es nicht weiter versuchen, sondern vorschlagen: »Wie wär's mit einem Quickie?« Diese Worte machen einen Riesenunterschied, denn er kann dann seine Bemühungen beruhigt einstellen und sich auf seinen eigenen Orgasmus konzentrieren.

Ein Mann muß sich viel Zeit nehmen,
um eine Frau beim Sex wirklich zu befriedigen;
manchmal sollte sie ihm diese Zeit ersparen.

Wenn sie nicht zum Orgasmus kommt, ist das nur dann ein Problem, wenn ihm dafür die Schuld gegeben wird. Fragt sie: »Wie wär's mit einem Quickie?«, fühlt er sich zu einem Teil erleichtert, denn er weiß, daß weder er noch sie schuld ist; daß es einfach nicht der richtige Zeitpunkt dafür ist und daß sie auch Erfüllung darin findet, wenn er ihr nur liebevolle Zuwendung schenkt, während er auf den eigenen Orgasmus zusteuert.

21. APRIL

Gesunde Intimität

Das wirklich Schöne an einer besonderen, engen Beziehung liegt darin, in guten Zeiten die Freuden miteinander teilen und in schlechten Zeiten dem Partner Rückhalt geben zu dürfen. Braucht man selbst einmal Rückhalt und Hilfe und bekommt sie vom Partner nicht, dann bedeutet das, daß auch er gerade Probleme hat und keinen Rückhalt bieten kann.

Zu große Abhängigkeit vom Partner ist ungesund.

Es ist unrealistisch, auf die Hilfe unseres Partners angewiesen zu sein, wenn wir innerlich aus dem Gleichgewicht geraten sind. Manchmal kann er uns helfen, aber nicht immer. Wenn wir uns davon abhängig machen, daß andere uns helfen und heilen, machen wir es ihnen schwer, uns zu helfen.

Wenn wir unsere unterschiedlichen Reaktionen auf Streß verstehen, hilft uns das, uns selbst zu heilen und die Unterstützung anderer dabei zu bekommen. Das Gute dabei ist, daß wir dadurch lernen, wie wir unsere Partner richtig unterstützen können.

22. APRIL

Einen sinnlichen Brief schreiben

Häuslicher Ärger kann sexuelle Gefühle überschatten. Die sexuellen Wünsche sind vielleicht in uns vorhanden, brauchen aber eine kleine Hilfestellung, um an die Oberfläche kommen zu können. Wenn Sie merken, daß Sie Lust verspüren, sobald Sie vom Partner getrennt sind, zu Hause aber nicht, dann schreiben Sie Ihre sexuellen Gefühle doch einfach einmal nieder, wenn Sie sie verspüren.

Schreiben Sie Ihrem Partner in einem Brief, was Sie gerne tun würden. Beschreiben Sie die Szene und Ihre Gefühle, als seien sie Wirklichkeit. Natürlich ist nicht jeder ein Schriftsteller, und manch einem fällt es schwer, sich über diese intimen Vorgänge auszulassen. Dabei lieben Frauen es ganz besonders, wenn diese Gefühle in Worte gefaßt werden. Deshalb geben sie auch Unsummen für Liebesromane aus.

Fällt es dem Mann schwer, seine Gefühle schriftlich zu äußern, könnte er eine Grußkarte verwenden, auf der seine Gefühle in poetische Worte gefaßt sind. Es ist ganz normal, wenn man seine Liebesgefühle nicht richtig in Worten ausdrücken kann. Wenn Sie eine Karte finden, die Ihren Gefühlen entspricht, ist das genausogut, als wenn Sie diese Worte selbst schreiben.

23. APRIL

Einander ergänzende Bedürfnisse

Bei Seelengefährten hat jeder der beiden etwas an sich, nach dem sich der andere so essentiell sehnt, daß die Chemie seines Körpers darauf reagiert. Dieses gegenseitige Sich-Brauchen erzeugt eine gesunde emotionale Körperchemie.

Unsere emotionale Chemie befreit uns von den Fesseln, die wir uns durch die unrealistischen Idealvorstellungen des »Traumpartners« selbst anlegen. Erlebt ein Mann erst das erregende Gefühl, daß eine Frau ihn begehrt, verblassen alle Vorstellungen und Erwartungen, wie seine Idealpartnerin sein sollte. Das Glücksgefühl, kleine romantische Gesten zu machen und ihre Empfänglichkeit dafür zu fühlen, lassen ihn seine eventuelle Kritik gegenüber ihrer äußeren Erscheinung vergessen.

Ebenso geht es einer Frau, die von einem Mann wie etwas Besonderes behandelt wird; sie vergißt schnell ihre Fixierung auf das, was sie für »ihren Typ« hält, und ihre unrealistischen Vorstellungen von einem perfekten Mann, und folgt ihrem Herzen.

24. APRIL

Wie man einer Frau das Gefühl gibt, daß sie geliebt wird

Die wohl wirksamste Methode, einer Frau das Gefühl zu geben, daß sie geliebt wird, entspricht nicht im mindesten der männlichen Vorstellung davon. Die meisten Männer glauben unbewußt, daß ihre Partnerin sich geliebt und geachtet fühlt, wenn sie sich über nichts beklagen. Zumindest fühlt er sich von einer Frau respektiert und geschätzt, wenn sie sich nicht über ihn beklagt. Eine Frau interpretiert jedoch das Verhalten eines Mannes, für den die Beziehung in Ordnung ist, völlig anders, nämlich als sei ihm diese Beziehung und sie selbst anscheinend egal – ein klassisches Mißverständnis.

Im allgemeinen bereiten einem Mann vor allem Probleme am Arbeitsplatz Ärger und Sorgen, und wenn er nach Hause kommt, ist sein Kopf noch immer voll davon. Seine Partnerin versteht das so, als sei ihm seine Arbeit wichtiger als sie selbst. Ein Mann muß daher lernen, über seine Frustrationen, Enttäuschungen und Sorgen mit ihr zu sprechen, wenn er ihr zeigen will, daß sie ihm wichtig ist und daß er sie braucht.

25. APRIL

Die sieben Geheimnisse ewiger Leidenschaft

Es gibt sieben Geheimtips, wie man in einer Beziehung die Leidenschaft lebendig erhalten kann:

1. *Gegensätze ziehen sich an* – Akzeptieren Sie Ihre Unterschiede, und Ihre Liebe wird aufblühen. Es lebe der Unterschied!
2. *Verändern und weiterentwickeln* – Um interessiert und interessant zu bleiben, müssen wir uns weiterentwickeln und verändern. Verleugnen Sie nie Ihr wahres Selbst.
3. *Gefühle, Bedürfnisse, Verletzlichkeit* – Bleiben Sie Ihren Gefühlen treu, und hören Sie nie auf, sich Ihre Bedürfnisse auch von anderen erfüllen zu lassen.
4. *Persönliche Verantwortung und Selbstheilung* – Während Ihre Liebe wächst, tauchen alte, unbewältigte Gefühle auf und verlangen nach Heilung. Anstatt unserem Partner die Schuld zu geben, müssen wir tiefer in uns gehen und unsere Vergangenheit heilen.
5. *Liebe, Romantik und Monogamie* – Ewige Leidenschaft fällt uns nicht in den Schoß. Wir müssen in romantischen Situationen unser Bestes geben, damit sie sich begehrt und er sich als Held fühlt.
6. *Freundschaft, Selbständigkeit und Spaß* – Eine Beziehung ist nicht nur todernste Arbeit; es muß auch Raum dafür sein, sich alle Fehler zu verzeihen und gemeinsam Spaß zu haben. Schaffen Sie sich fröhliche Anlässe, um das Gestern zu vergessen und die Gegenwart zu genießen.
7. *Partnerschaft und ein gemeinsames höheres Ziel* – Sorgen Sie dafür, daß ein Teil Ihres gemeinsamen Lebens einem höheren Ziel außerhalb Ihrer vier Wände gewidmet ist.

26. APRIL

Kommunikation ist für Frauen, was für Männer Sex ist

So wie Kommunikation für Frauen wichtig ist, ist ein erfülltes Sexleben für den Mann wesentlich. Er braucht immer wieder die Bestätigung, daß seiner Partnerin der Sex mit ihm gefällt. Sexuelle Zurückweisung wirkt sich traumatisch auf das Selbstbewußtsein eines Mannes aus.

Das soll aber nicht heißen, daß eine Frau sich zu körperlicher Liebe verpflichtet fühlen soll, wann immer es dem Mann danach ist, sondern daß sie sensibel darauf reagieren sollte. Wenn er Lust auf Sex hat und sie nicht, sollte sie nicht einfach nein sagen. Besser ist: »Ein Teil von mir möchte ja, aber lieber ein bißchen später.«

Wenn sie Rücksicht auf seine Gefühle nimmt, fühlt er sich nicht zurückgewiesen und wagt auch weiterhin, sie zu fragen.

27. APRIL

Das Feuer der Leidenschaft erneut entfachen

Auch wenn die Faustregel gilt, daß zuerst die Beziehung kommt und dann der Spaß am Sex, kann liebevoller Sex eine Beziehung manchmal unglaublich verbessern. Wenn eine Frau zu Sex bereit ist, entdeckt der Mann seine Liebe für sie vielleicht neu. Und auch wenn sie sich kalt und unbeteiligt fühlt, kann Sex ihr manchmal helfen, seine Liebe wieder zu spüren und sich selbst erneut zu öffnen.

Manchmal ist ein Paar regelmäßigen Sex einfach nicht mehr gewohnt, oder es ist im Einerlei der Alltagsroutine schon zur Gewohnheit geworden, keinen Sex mehr zu haben. Um die erloschene Glut wieder zu einem Feuer der Leidenschaft anzufachen, sind meist Beziehungstechniken nötig, die erst erlernt werden müssen. Die Leidenschaft läßt sich dann oft rasch wieder entflammen.

28. APRIL

Unterdrückte Gefühle aufarbeiten

Eine enge Beziehung ist die ideale Voraussetzung, um unterdrückte Gefühle aufzuarbeiten. Wenn Sie sich bei jemandem sicher und geliebt fühlen, kommen allmählich Ihre verdrängten Gefühle an die Oberfläche, um geheilt zu werden. Schreiben Sie diese Gefühle in einem Tagebuch nieder – Sie werden erkennen, daß die Dinge, die Sie ärgerlich machen, weit eher in Ihrer Vergangenheit liegen als in der Gegenwart.

In ehrlichen und liebevollen persönlichen Beziehungen lernen Sie nicht nur, Spannungen im zwischenmenschlichen Alltag zu meistern, sondern sie bieten Ihnen auch die Möglichkeit, alte Wunden zu heilen und so ein liebevollerer und liebenswerter Mensch zu werden.

29. APRIL

Ihr Genuß wird sein Genuß

Je enger die emotionale Beziehung zwischen Mann und Frau ist, um so mehr wird ihr Genuß auch sein Genuß. Wenn er körperlich in sie eindringt, schlüpft er auch emotional in sie hinein und kann dann ihre Erfüllung und Befriedigung tatsächlich wie seine eigene empfinden.

Wenn sich eine Frau dabei wunderbar fühlt, schreibt er dies sich selbst zu, und das steigert noch seine Erregung. Ihre Erfüllung bewirkt seinen Genuß und seine Erfüllung. Und schließlich hängt die Intensität seiner sexuellen Befriedigung von der ihren ab. Wenn sie nicht zum Höhepunkt kommt, meint er, sie sei nicht befriedigt. Das ist ein Irrtum, denn eine Frau kann genauso befriedigt sein, auch wenn sie nicht immer einen Orgasmus hat.

Dieses Wissen ist für beide eine große Erleichterung. Er kann aufhören, seinen Erfolg als Liebhaber an ihren Orgasmen zu messen, und sie kann sich von der »Verpflichtung« zum Orgasmus befreien, wenn ihr Körper gerade nicht will. Statt dessen kann er seinen Erfolg an ihrer Erfüllung ablesen, und sie kann sich entspannen und Sex ohne jeden Druck genießen.

30. APRIL

Es ist nicht deine Schuld

Eine Frau tut gut daran, ihren Mann darauf vorzubereiten, wenn sie ihm ihre Gefühle mitteilen will. Plant sie es einmal sorgfältig, wird sie ihn in der Zukunft um so weniger vorbereiten müssen. Wie bei jeder neuen Fähigkeit ist es klug, mit einfachen Problemen zu beginnen und allmählich zu schwierigeren überzugehen. Eine kleine Hilfestellung der Frau zu Beginn macht es dem Mann leichter.

Wenn eine Frau ihren Ärger loswerden möchte, kann sie den Mann darauf vorbereiten zuzuhören, indem sie sagt: »Ich möchte, daß du weißt, daß du nichts in Ordnung bringen mußt oder dich ändern sollst. Ich möchte dir nur meine Gefühle erzählen, dann geht es mir wieder besser.« Erst wenn ein Mann weiß, daß er sich nicht verteidigen oder eine Lösung finden muß, kann er ihr wirklich zuhören.

Je mehr Verständnis ein Mann entwickelt,
desto rücksichtsvoller wird er sich verhalten.

Eine Frau kann mehr tun, als ihn nur auf das Zuhören vorzubereiten; wenn sie merkt, daß er durch ihre Ergüsse frustriert oder ärgerlich wird, kann sie unterbrechen und so etwas sagen wie: »Ich weiß, das klingt, als gäbe ich dir die Schuld, aber so ist es nicht gemeint. Du kannst nichts dafür, wie ich mich fühle. Aber ich bin sehr froh, daß du mir zuhörst. Ich fühle mich schon besser.« Dann kann sie wieder darauf zurückkommen, was sie bewegt. Auf diese Weise nimmt sie ihm das Gefühl, er sei an allem schuld, so daß er ihr unbeschwerter zuhören kann.

MAI

Harmonie, Verschiedenheit, Wertschätzung

Der Mai ist der Monat, in dem man die Harmonie genießt, in der man mit seinem Partner lebt, trotz aller individueller Verschiedenheit. Harmonie und Verschiedenheit sind Salz und Pfeffer einer guten, dauerhaften Beziehung.

So oft fühlen wir uns zu Beginn einer Beziehung gerade durch Facetten zueinander hingezogen, in denen wir uns unterscheiden, aber bald fangen wir an, uns an den Unterschieden zu reiben, den anderen verändern zu wollen. Männer erwarten von der Frau, daß sie wie ein Mann denkt und reagiert, und Frauen erwarten vom Mann, daß er so fühlt und sich verhält wie eine Frau.

Wahre Liebe aber kennt kein Wenn und Aber. Sie fordert nicht, sondern ist Wertschätzung und Stütze. Denn bei allen Unterschieden, die es zwischen Mann und Frau immer geben wird, haben Sie auch viele gemeinsame Interessen und Ziele. Familie, Arbeit, Religion, Politik, Geld, Freizeit, Sex – all das ist mit Werten besetzt, die in Ihnen widerklingen und die Harmonie erzeugen, die Sie zwischen sich und Ihrem Partner empfinden.

Welche gemeinsamen Ziele Sie auch haben, vergessen Sie niemals, daß Liebe heißt, einen anderen Menschen nicht nur dann zu akzeptieren und zu schätzen, wenn er den Erwartungen entspricht, sondern vor allem auch dann, wenn er das einmal nicht tut.

1. MAI

Gleichklang

Echte Seelengefährten finden mit ihren Wertvorstellungen Erwiderung beim anderen. Diese Reaktion ihrer Körperchemie inspiriert sie dazu, ihr Bestes zu geben. Wenn sie zusammen sind, entsteht ein Gleichklang zwischen dem, was dem einen wichtig ist, und dem, was für den anderen wichtig ist.

Wenn die Ansichten Ihres Partners über Familie, Arbeit, Freizeit, Politik, Geld, persönlichen Charakter, Sex, Ehe und Gott mit den Ihren harmonieren, wirkt das sehr anregend. Gleiche Wertvorstellungen zu besitzen, heißt nicht, über bestimmte Dinge immer das gleiche zu denken und zu empfinden, aber es bedeutet, daß die grundsätzliche Übereinstimmung, den Standpunkt des Partners respektieren kann und Bewunderung für ihn empfindet.

2. MAI

Die Menschen sind verschieden

Die Menschen sind verschieden. Diese fundamentale Wahrheit muß man erkennen, wenn man eine positive, liebevolle Beziehung aufbauen will. Wenn wir sie nicht voll und ganz anerkennen, stören wir uns an Unterschieden, es drängt uns, den anderen zu ändern, und wir schaffen damit unnötig Probleme und Konflikte.

Dann entwickeln wir Abneigungen und Widerstand gegeneinander und verlangen von anderen, sie müßten so fühlen, denken und sich verhalten wie wir. Wenn sie anders reagieren, werfen wir ihnen das vor und machen sie schlecht. Wir nörgeln an ihnen herum, wenn sie eigentlich Verständnis und Rückhalt brauchen. Wir versuchen, sie zu »bessern«, wenn sie das Bedürfnis nach Wertschätzung, Zuwendung und Vertrauen haben.

Unbewußt verlangen wir, daß der andere so fühlt, denkt und sich verhält wie wir.

Und wir beschweren uns: Wenn sie sich nur ändern würden, wenn sie nur unserer Meinung wären, wenn sie nur so fühlen würden wie wir, wenn sie nur täten, was wir wollen, dann, ja dann könnten wir sie lieben.

Was ist dann aber Liebe? Ist es Liebe, wenn wir einen Menschen nur dann schätzen, wenn er unsere Erwartungen erfüllt? Ist es Liebe, den anderen so zu ändern, wie wir wollen, anstatt wie er es will? Heißt Liebe, einem Menschen zu vertrauen und ihn zu lieben, weil er so denkt und fühlt wie wir?

Das ist sicher keine Liebe; es mag dem Gebenden so erscheinen, nicht aber dem Empfangenden. Wahre Liebe stellt keine Bedingungen. Sie fordert nicht, sondern ist Wertschätzung und Stütze. Bedingungslose Liebe ist nur möglich, wenn wir unsere Unterschiede akzeptieren. Solange wir versuchen, den Partner zu bevormunden, verhindern wir wahre Liebe. Erst wenn wir erkennen und respektieren, daß die Menschen verschieden sind und daß das gut so ist, ebnen wir uns den Weg zu echter Liebe.

3. MAI

Jeder ist etwas Besonderes

Jeder von uns ist einzigartig. Kein Mensch kann je ein besseres »Ich« sein, und jeder hat seinen eigenen Platz im Universum. Ein Teil des Erwachsenwerdens besteht darin, diesen ureigenen Platz zu entdekken, herauszufinden, wer man ist, und dieser Mensch dann zu sein. Es ist der Weg zu tiefster Erfüllung, zum innersten Kern des eigenen Wesens. Um dieses Ziel zu erreichen, müssen wir aufhören, unser wahres Ich zu verstecken, und anfangen, uns selbst zu akzeptieren und zu lieben, wie wir sind.

4. MAI

Gute Vorsätze genügen nicht

Sich zu verlieben ist stets wie ein Zauber. Wir glauben, daß diese Liebe ewig währt, daß die Probleme unserer Eltern uns nichts anhaben können und daß es uns bestimmt ist, für immer glücklich zusammen zu leben.

Wenn aber der Zauber verblaßt und der Alltag uns wieder im Griff hat, stellt sich heraus, daß Männer immer noch von der Frau erwarten, daß sie wie ein Mann denkt und reagiert, und Frauen vom Mann erwarten, so zu fühlen und sich zu verhalten wie eine Frau. Ohne ein klares Bewußtsein unserer Unterschiede nehmen wir uns nicht die Zeit, Verständnis für den anderen aufzubringen, und wir stellen plötzlich Forderungen, werden intolerant und ablehnend.

Trotz bester und liebevollster Vorsätze wird die Liebe schwächer; Probleme schleichen sich ein, die Kommunikation bricht zusammen, Mißtrauen und Abneigungen entstehen. Schließlich herrscht Ablehnung und Unterdrückung. Der Zauber der Liebe ist verloren. Es gelingt leider nur wenigen Menschen, in Liebe zusammenzufinden – aber es ist möglich.

Wenn Männer und Frauen ihre Unterschiede respektieren und akzeptieren, dann hat die Liebe eine Chance.

Wir müssen lernen, die verborgene Andersartigkeit des anderen Geschlechts zu verstehen, zu akzeptieren und zu schätzen. Nur so werden wir fähig, kreative Lösungen für unsere Probleme zu finden, und können wir lernen, wie wir unseren Liebsten am besten Rückhalt und Liebe schenken. Dann besteht der Zauber der Liebe auf ewig.

5. MAI

Seelengefährten sind nicht vollkommen

Eine wichtige Einsicht lautet, daß Seelengefährten nie vollkommen sind. Sie stimmen nie Punkt für Punkt mit der Liste Ihrer Idealvorstellungen überein. Auch sie schleppen Ballast mit sich herum und haben gute und schlechte Tage wie jeder andere Mensch. Sie sehen vielleicht nicht so aus, wie Sie es sich erträumten, und vielleicht besitzen sie auch Angewohnheiten, die Sie nicht so gerne sehen. Sie sind nicht vollkommen, aber wenn Ihr Herz offen ist und Sie vertraut miteinander sind, haben Sie Ihren vollkommenen Partner gefunden.

Die spontane Liebe, die Sie für einen Seelengefährten empfinden, ist die Grundlage für ein gemeinsames Leben mit jemandem, der in manchem anders ist als Sie. Diese Liebe motiviert Sie, diesen Menschen zu respektieren, anzuerkennen, zu schätzen und zu bewundern. Das tägliche Zusammenleben muß erst erlernt werden und ist nicht immer leicht oder bequem, aber es macht Sie zu einem besseren Menschen.

6. MAI

Was Frauen an Männern bewundern

Eine Frau bewundert einen Mann, wenn er sich in seinen Gefühlen kontrollieren kann und sensibel genug ist, um ihre Worte richtig bewerten zu können. Er sollte nicht kneifen und immer alles tun, was sie verlangt.

Frauen fühlen sich von passiven, sich unterordnenden Männern eher abgestoßen. Sie möchten in einer intimen Beziehung nicht den Boß spielen, sondern gleichberechtigte Partner sein. Respektiert ein Mann das Grundbedürfnis einer Frau, daß man ihr zuhört, dann respektiert sie auch seine Wünsche gerne.

7. MAI

Was einen Mann glücklich macht

Ein Mann ist glücklich, wenn er merkt, daß er nicht geben muß, sondern daß ihm freigestellt ist zu geben, was er will. Denn er will ja geben, weil ihm die Frau viel bedeutet und er sie glücklich machen will – jedoch nicht, weil er es ihr schuldig ist. Verpflichtung schreckt ab.

Wenn ein Mann das Gefühl hat, er muß geben, weil die Frau ihm so viel gibt, ist der Spaß für ihn vorbei, das erinnert ihn vielmehr an das Abzahlen von Schulden. Die Frau ihrerseits büßt ihre Sensibilität für den Mann ein, wenn sie mehr von ihm erwartet, als er von sich aus gibt.

8. MAI

Die Angst, anders zu sein

Einer der Gründe, warum es uns so schwerfällt, unsere Unterschiede anzuerkennen, ist der, daß man in der Kindheit meist ausgelacht oder ausgeschlossen wurde, wenn man anders war als die anderen. Um anerkannt und beliebt zu sein, mußte man denen nacheifern, die schon anerkannt und beliebt waren.

Auch wenn wir inzwischen erwachsen sind, befürchten wir noch immer unwillkürlich Zurückweisungen und Mißerfolg durch unser Anderssein.

9. MAI

Sex erleben Männer und Frauen verschieden

Sex ist für Männer und Frauen ein sehr unterschiedliches Erlebnis. Ein Mann erlebt sexuellen Genuß vor allem als ein Lösen von Spannung. Für die Frau hingegen ist der höchste sexuelle Genuß mit dem langsamen Aufbau von Spannung verbunden. Je stärker sie ihr sexuelles Verlangen empfindet, desto befriedigender ist es für sie.

Sex ist für den Mann automatisch ein Testosteron-Trip bis hin zum Auslösen des Orgasmus. In Erregung trachtet er instinktiv danach, dieses Ziel zu erreichen. Seine sexuelle Erfüllung ist in der Hauptsache mit dieser Erlösung von der Spannung verbunden, wobei der Orgasmus Höhepunkt und Endpunkt zugleich darstellt.

Biologisch gesehen wartet der Samen im Körper des Mannes bereits auf diese Befreiung, während bei einer Frau die Körpersäfte erst durch Stimulation erzeugt werden. Wenn der Mann erregt ist, trachtet er bereits nach Erleichterung. In gewissem Sinne ist er bestrebt, sich zu entleeren, während die Frau danach strebt, erfüllt zu werden.

Der Mann hat das unmittelbare Bedürfnis nach Berührung seiner erogenen Zonen. Er kommt ohne viel Zutun in Erregung, aber um diese Erregung zu lösen, benötigt er Hilfe. Er ist gewissermaßen bestrebt, seine Erregung zu beenden, während die Frau danach strebt, ihre Erregung zu steigern, um ihr inneres Verlangen stärker zu empfinden.

Sie genießt es, wenn er ihr Verlangen nach Berührung ihrer erogensten Zonen allmählich steigert, sich langsam dem tiefsten Inneren ihres sinnlichen Empfindens nähert und es enthüllt. So sehr, wie er eine schnelle Befriedigung seines sexuellen Verlangens will, so sehr verlangt es sie danach zu fühlen, wie ihre Erregung wächst.

10. MAI

Die Balance zwischen männlichem und weiblichem Aspekt

Es liegt eine gewisse Ironie in der Tatsache, daß Männer ihr inneres Gleichgewicht verlieren, weil sie von ihren Frauen nicht mehr den Rückhalt früherer Zeiten bekommen, und gleichzeitig Frauen ihre innere Balance einbüßen, weil sie ihrerseits vom Mann keine neue Form von Rückhalt erhalten.

Um unsere modernen Probleme zu lösen, müssen Frauen in sich zu der weiblichen Liebe zurückfinden, die sie früher gaben, ohne aber ihre neu gewonnene Stärke aufzugeben. Der Mann steht heute vor der Herausforderung, sich auf seinen alten Mut zu besinnen. Er muß es wagen, mit dem Risiko von Niederlagen neue Erfolgsrezepte auszuprobieren, um der geliebten Frau auf neue Art Rückhalt zu geben. Er muß lernen, Stärke und Selbstvertrauen zu bewahren und dabei sensibler und rücksichtsvoller gegenüber den Gefühlen und Bedürfnissen anderer zu werden.

11. MAI

Anerkennung ist ansteckend

Hin und wieder werden Sie denken, daß Ihr Partner Sie nicht wirklich schätzt. Manche Menschen ziehen sich, wenn sie nicht genug Liebe bekommen, lieber zurück, als darum zu bitten. Sie denken bei sich: »Ich will nicht um Liebe betteln.« Aber betteln und bitten ist nicht das gleiche. Wenn Sie nicht die Liebe und Anerkennung erhalten, die Sie brauchen, dann müssen Sie darum bitten. Bedenken Sie, daß Ihr Partner Ihnen helfen will und nur nicht genau weiß, wie. Leisten Sie ihm Hilfestellung dabei, denn Sie verdienen Anerkennung.

Versuchen Sie einmal, sich am Ende jeden Tages eine Weile Zeit zu nehmen, um sich gegenseitig Ihre Anerkennung auszudrücken. Sagen Sie sich abwechselnd: »Was mir an dir besonders gefällt, ist, daß du...« Lassen Sie Ihren Partner aber auch wissen, wofür Sie sich Anerkennung wünschen, zum Beispiel so: »Ich finde, du solltest anerkennen, daß ich ...«

Bedenken Sie: Anerkennung ist keine Einbahnstraße. Wenn Sie dasitzen und darauf warten, daß Ihr Partner oder Ihre Freunde Ihnen Anerkennung zollen, brauchen Sie sich nicht mehr fragen, ob Sie ihnen umgekehrt Ihre Anerkennung zum Ausdruck gebracht haben. Anerkennung ist ansteckend. Je öfter Sie anderen gegenüber Dank und Anerkennung äußern, desto freier werden diese, das gleiche zu tun. Sagen Sie Ihrem Partner, warum sie ihn lieben, nicht nur daß Sie ihn lieben. Kein Mensch kann jemals oft genug hören, warum er geliebt wird. Und sagen Sie es ganz präzise, denn damit fassen Sie Sinn und Bedeutung Ihrer Liebe in Worte.

12. MAI

An die Unterschiede denken

Ohne das Wissen um diese Unterschiede sind Mann und Frau wie Hund und Katz'. Man reagiert leicht ärgerlich oder frustriert auf den anderen, weil man diese wichtige Tatsache immer wieder vergißt und vom Partner erwartet, daß er sich so verhält und so empfindet wie man selbst, wenn er einen wirklich liebt. Diese Erwartungshaltung führt geradewegs zu Enttäuschungen und blockiert beide, sich liebevoll und in Ruhe über ihre Unterschiede zu verständigen.

Man darf auch von einem liebenden Partner nicht erwarten, daß er sich so verhält und so empfindet wie man selbst.

Männer begehen den Irrtum, von Frauen zu erwarten, so zu denken, zu kommunizieren und zu reagieren wie Männer; Frauen wiederum irren, wenn sie von den Männern erwarten, so zu empfinden, zu kommunizieren und zu antworten wie Frauen. Wir haben vergessen, daß Männer und Frauen von Natur aus verschieden sind. Deshalb sind unsere Beziehungen durch überflüssige Reibereien und Konflikte belastet.

Wenn wir diese Unterschiede klar erkennen und respektieren, können wir Mißverständnisse im Umgang mit dem anderen Geschlecht entscheidend verringern. Wenn Sie daran denken, daß Männer vom Mars kommen, Frauen aber von der Venus, wird alles leichter.

13. MAI

Der Zauber der Unterschiede

Gegensätzliche Menschen ziehen sich an wie Magneten. Mit wachsendem Verständnis lernen wir diese Unterschiedlichkeiten erst richtig schätzen. Sie werden nur dann zu einem Problem, wenn wir sie in ihrer Bedeutung nicht ernst nehmen. Wir fürchten dann vielleicht, daß unser Partner doch zu verschieden von uns ist und unsere Bedürfnisse niemals erfüllt werden können.

Die unterschiedlichen Wesensarten von Mann und Frau ergänzen sich in Wirklichkeit perfekt, so daß beide gemeinsam ins Gleichgewicht kommen können. Wenn ich ein sehr aggressiver Mensch bin, fühle ich mich vielleicht zu jemandem hingezogen, der ruhig und feinfühlig ist. Dadurch wird es mir möglich, selbst zu meinem eigenen Ruhepol im Unterbewußtsein vorzustoßen. Meine stark ausgeprägte Aggressivität wird durch diese Ruhe und Feinfühligkeit ausgeglichen. Auf diese Weise ziehen sich einander ergänzende Eigenschaften in uns an und erzeugen die geheimnisvollen Empfindungen, die man Körperchemie nennt.

14. MAI

Der schwierige Drahtseilakt

Sex ist wie ein schwieriger Drahtseilakt, bei dem Männer empfindlicher auf ein Ungleichgewicht reagieren als Frauen. Wenn ein Mann mehr Sex will als die Frau und er mit Respekt und ohne Drängen immer wieder die Initiative ergreift, dann gelingt es ihm auch, sie allmählich »auf den Geschmack zu bringen«.

Wenn hingegen eine Frau ständig mehr Sex will als der Mann und sie ihm sagt, wie unglücklich sie das macht, kann das absolut lähmend auf ihn wirken. Er hat dann das Gefühl, er sei ihr gegenüber zu einer bestimmten Leistung verpflichtet.

Wenn die Frau diejenige ist, die mehr Sex will, sollte sie darauf achten, ihre Wünsche nicht wie eine Forderung vorzubringen. Sehr hilfreich ist es, wenn sie ihm andeutet, daß sie sich gern mit sich selbst vergnügt, sollte er schon am Einschlummern sein, daß er sich aber jederzeit gerne »einmischen« darf, und sei es auch nur für die Zielgerade.

Wenn eine Frau in dieser Weise sexuell selbständig ist und ihm die Erfüllung ihrer Bedürfnisse nicht zur Pflicht macht, stellt dies für ihn eine willkommene Einladung zu mehr Sex dar.

15. MAI

Liebe und Harmonie

Harmonie bedeutet, daß Sie und Ihr Partner ähnliche Träume und Ziele verfolgen und sich darüber einig sind, wie Sie gemeinsam und jeder für sich Ihre Ziele erreichen. Es bedeutet, daß Ihre Art, das Leben zu genießen, der Ihres Partners stark ähnelt. Jede Beziehung braucht einen Sinn und ein Ziel. Wenn zwei Menschen nicht in die gleiche Richtung gehen und nicht zusammenwachsen, zerreißt irgendwann das Band der Liebe.

Harmonie bedeutet keineswegs, daß Sie und Ihr Partner genau gleich sind. Zwei absolut gleiche Menschen in einer Beziehung würden sich bald langweilen. Es sind die Unterschiede, die sich anziehen; sie dürfen aber auch nicht zu groß sein, sonst erzeugen sie Konflikte und Spannungen anstatt Anregungen und Ausgewogenheit.

Wenn zwei Menschen nicht harmonieren, hat ihre Beziehung keine Zukunft, denn Liebe und Harmonie müssen Hand in Hand gehen, damit eine Beziehung funktionieren kann. In meiner Partnerschaftsberatung mußte ich feststellen, daß in zehn bis zwanzig Prozent aller Ehen von Anfang an keine Harmonie bestand. Diese Paare fragten nicht gründlich genug nach gleichen und verschiedenen Eigenschaften, um erkennen zu können, ob sie zu einem friedlichen und harmonischen Zusammenleben überhaupt fähig waren.

Wenn Sie und Ihr Partner sich in die gleiche Richtung entwickeln und ein gemeinsames Ziel haben, ergänzen Sie sich in natürlicher Weise. Sie brauchen und unterstützen sich gegenseitig in Ihrer individuellen und gemeinsamen Entwicklung; aus dieser Gemeinsamkeit entsteht wahre Leidenschaft. Das erste Auflodern leidenschaftlicher Liebe ist berauschend, aber eine dauerhafte Beziehung braucht mehr, um über dieses Anfangsstadium hinaus Bestand zu haben.

16. MAI

Vertrauen statt Belehrungen

Auf der Venus gilt es als Zeichen von Zuneigung, Rat und Hilfe anzubieten, nicht aber auf dem Mars. Frauen dürfen nie vergessen, daß Marsianer niemals Ratschläge anbieten, solange sie nicht darum gebeten werden. Auf dem Mars ist es Liebe, wenn man dem anderen zutraut, seine Probleme selbst zu lösen.

Das bedeutet aber nicht, daß eine Frau ihre Gefühle unterdrücken soll. Es ist ihr gutes Recht, frustriert oder verärgert zu sein, solange sie nicht vorhat, ihn ändern zu wollen. Jeder Versuch in diese Richtung ist nicht nur nutzlos, sondern bewirkt das Gegenteil.

Eine liebende Frau stellt oft ein Programm nach dem Motto »Unser Dorf soll schöner werden« auf, das sich auf den Mann bezieht. Sie hält ihre Versuche, ihn zu ändern, für liebevoll, er aber empfindet das als Kontrolle, Manipulation und Lieblosigkeit und wird störrisch. Es vermittelt ihm nicht das liebevolle Vertrauen und die Anerkennung, die er braucht, um sich weiterzuentwickeln und selbst zu verändern. Je mehr eine Frau versucht, den Mann zu ändern, desto mehr Widerstand setzt er ihr entgegen.

Je mehr eine Frau versucht, den Mann zu ändern,
desto mehr Widerstand setzt er ihr entgegen.

Das Problem dabei ist, daß die Frau den Widerstand des Mannes gegen ihre Verbesserungsversuche mißversteht als Unwille, sich zu ändern, weil er sie vielleicht nicht genug liebt. Tatsächlich aber widersetzt er sich der Veränderung, weil er glaubt, er würde nicht genug geliebt. Wenn er nämlich fühlt, daß sie ihm vertraut, ihn liebt und akzeptiert, fängt er automatisch an, sich zu verändern, weiterzuentwickeln und an sich zu arbeiten.

17. MAI

Zwei Schritte vor und zwei zurück

Wenn eine Frau zwei Schritte zurück macht, kann ihr Partner zwei nach vorn tun, wie beim Tanzen. Wenn er zwei Schritte zurück geht, geht sie zwei Schritte vorwärts. Dieses Vor und Zurück ist der Grundrhythmus auch in Beziehungen.

Gelegentlich weichen beide zwei Schritte zurück und gehen dann wieder aufeinander zu. In jeder Beziehung gibt es Zeiten, in denen beide Partner wenig geben können; deswegen ziehen sich beide zurück, um neue Kräfte zu sammeln.

Beim Tanzen läßt sich die Frau anmutig in die Arme des Mannes gleiten und dreht sich dann wieder fort. In einer guten Beziehung ist das gleiche Verhaltensmuster festzustellen. Eine Frau freut sich, ihren Mann zu sehen, und fällt ihm in die Arme. Dann verharrt sie, bereitet ihn auf das Kommende vor, macht eine Drehung von ihm fort und spricht über ihre Gefühle, wobei sie sich im Kreise dreht.

Zu anderen Zeiten hält er sie in den Armen, so daß sie sich nach hinten schwingen und fallen lassen kann. Ähnlich kann sich eine Frau fallen lassen, während sie ihre Gefühle mitteilt. Mit seiner Unterstützung kann sie sich bis zum Boden sinken lassen und dann das freudige Gefühl des Wieder-Hochkommens erleben. Wie beim Tanzen müssen die Partner sich erst voneinander entfernen, um dann wieder in engen Kontakt miteinander kommen zu können.

Beim Tanzen führt der Mann, und das vermittelt ihm ein Gefühl der Unabhängigkeit und Selbständigkeit; die Frau lebt dabei ihr Bedürfnis nach Gemeinsamkeit und Kooperation aus, indem sie ihm Hilfestellung dabei leistet, sie bei den Schritten zu führen, die sie gern tun möchte.

18. MAI

Frauen sind extrovertiert, Männer introvertiert

Sehr häufig haben Frauen in einer Beziehung das Problem, daß sie ihre eigenen Bedürfnisse vergessen und sich in denen des Partners verlieren. Die größte Herausforderung in einer Beziehung besteht für eine Frau darin, ihr eigenes Ich zu wahren, während sie ihrer extrovertierten Natur folgt und auf die Bedürfnisse des Mannes eingeht. Umgekehrt besteht für den Mann das größte Problem darin, seine Neigung zu überwinden, sich in sich selbst zurückzuziehen.

Frauen neigen dazu, aus sich herauszugehen; Männer ziehen sich häufig in sich selbst zurück. Wie durch Fliehkraft streben Männer gewöhnlich zum Kern einer Sache. Das erklärt, warum sie bei Gesprächen mit Frauen häufig frustriert sind. Frauen verbreiten sich eher über ein Thema, während Männer darauf warten, daß sie auf den Punkt kommen.

Normalerweise hat ein Mann, der sich zu etwas äußert, bereits im stillen darüber nachgegrübelt, um dann seinen Kerngedanken mitzuteilen. Eine Frau möchte häufig mit ihren Äußerungen nicht unbedingt auf etwas Bestimmtes hinaus, sondern findet erst während des Gesprächs heraus, worum es ihr geht. Indem sie ihre Gedanken und Gefühle laut äußert, wird ihr klar, wohin sie eigentlich will.

Männer müssen sich etwas im stillen durch den Kopf gehen lassen, Frauen finden dagegen Klarheit, indem sie aus sich herausgehen und sich mitteilen. Wenn eine Frau sich mitteilt, ist ihr nicht immer von vornherein bewußt, wohin ihre Äußerungen sie führen werden, doch sie ist überzeugt davon, den richtigen Weg finden zu können. Für Frauen ist das Sich-Mitteilen ein wichtiger Prozeß der Selbstfindung.

Männer empfinden das häufig als frustrierend, weil sie diesen Unterschied nicht verstehen. Sie greifen unbewußt in diesen natürlichen weiblichen Findungsprozeß ein oder halten ihn für Zeitverschwendung. Wenn aber ein Mann diesen Unterschied versteht, ist er in der Lage, einer Frau durch vorurteilsfreies Zuhören Rückhalt zu geben.

19. MAI

Wie wir uns unterscheiden

Wenn wir akzeptiert haben, daß die Menschen verschieden sind, können wir anfangen herauszufinden, worin wir uns unterscheiden. Letztendlich ist jeder Mensch einzigartig und läßt sich nicht in Kategorien einordnen. Es gibt aber recht hilfreiche Ansätze, die das Bewußtsein über die möglichen Unterschiede erweitern:

Die Morphologie teilt den Menschen nach seinem Körperbau in drei Typen ein, denen gewisse psychologische Grundmerkmale zugeordnet sind: der Handlungsorientierte, der Gefühlsorientierte, der Verstandesmensch.

Die uralte Kunst der Astrologie beschreibt zwölf psychologische Menschentypen.

Die Lehren des Sufismus erkennen neun psychologische Grundtypen, deren Verhalten zueinander durch das Enneagramm beschrieben wird.

In vielen modernen Persönlichkeitsentwicklungs- und Busineß-Seminaren unterscheidet man die folgenden vier Typen: den Unterstützenden, den Fördernden, den Kontrollierenden und den Analysierenden. Dabei geht man davon aus, daß in jedem Menschen die Möglichkeit zu allen vier Eigenschaften steckt und er sie auf der Basis eines erweiterten Bewußtseins entwickeln und integrieren kann.

Manche wehren sich gegen die Kategorisierung von Menschen, denn dies stelle eine Einengung dar. Die Vorstellung, der eine Mensch sei analytisch, der andere hingegen emotional, kann Vorurteile hervorrufen. Diese Angst entspringt der Erfahrung, daß wir immer dann schlechter als ein anderer bewertet werden, wenn wir uns in irgendeiner Weise in Kategorien einordnen lassen.

Es sieht so aus, als würde die Verschiedenartigkeit mit Vorurteilen verbunden. Mit mehr Einblick können wir aber erkennen, daß der eigentliche Grund für diese Vorurteile darin liegt, daß die Unterschiede zwischen den Menschen nicht akzeptiert werden.

20. MAI

Bezaubernde Kleinigkeiten

Es liegt Zauber darin, wenn ein Mann Kleinigkeiten für eine Frau tut. Sie tankt sich dann regelrecht mit Liebe auf, und wenn eine Frau sich geliebt weiß, bringt sie ihrerseits dem Mann wiederum mehr Vertrauen und Liebe entgegen, dann kann sie vorbehaltlos lieben.

Kleinigkeiten für eine Frau zu tun ist auch für den Mann heilsam, denn diese kleinen Erledigungen beseitigen sowohl seine Vorbehalte wie auch die ihren. Er fühlt sich stark, da er ihr die Zuwendung geben kann, die sie braucht, und sie ihm zeigt, wie dankbar sie dafür ist. So sind beide befriedigt.

Ein Mann muß wissen, daß er etwas bewirkt, eine Frau muß wissen, daß sie sich auf ihn verlassen kann.

So wie ein Mann weiterhin kleine Dinge für die Frau erledigen sollte, sollte die Frau besonders darauf achten, diese kleinen Dinge auch zu würdigen. Mit einem Lächeln und einem Dankeschön kann sie ihm zeigen, daß er einen Erfolg verbuchen kann. Ein Mann braucht diese Anerkennung, damit er weiterhin bereit ist zu geben. Wenn er glaubt, das würde für selbstverständlich erachtet, blockiert ihn das.

Andererseits muß die Frau aber auch nicht so tun, als sei das ein Jubeltag, nur weil er den Abfalleimer für sie ausgeleert hat. Sie kann es bemerken und einfach danke sagen. Allmählich wird immer mehr Liebe von beiden Seiten kommen.

21. MAI

Wenn Frauen kein Interesse an Sex haben

Männer fühlen sich entmutigt, wenn sie merken, daß für ihre Frauen Sex nicht so wichtig ist wie für sie selbst. Ohne regelmäßige klare Botschaften von ihr, daß sie die körperliche Liebe genießt, kann er das Interesse an ihr verlieren und sich zu anderen Frauen hingezogen fühlen, die ihn nicht zurückgewiesen haben.

Männer waren stets außerhalb der Ehe sexuell aktiver als Frauen. Ohne eine gute Gesprächsbasis und die Kunst der Romantik verliert ein Paar zum Großteil sein gegenseitiges sexuelles Interesse.

Wo Frauen Erfüllung in ihrer Phantasie fanden, lebten Männer ihre Phantasien in Affären aus.

Früher konnten Frauen leichter ihre sexuellen Bedürfnisse zugunsten des Alltagstrotts in Heim und Familie aufgeben. Das Überleben der Familie war wichtiger als die Erfüllung sexueller Leidenschaften. Sexuelle Erfüllung war ein Luxus, den Frauen sich nicht leisten konnten. Die Männer reagierten auf das abnehmende sexuelle Interesse der Frauen, indem sie Sex heimlich anderswo fanden.

Wenn aber ein Mann seine sexuellen Energien in eine andere Richtung lenkt, wird es leider für seine Partnerin viel schwerer, ihm gegenüber Leidenschaft zu empfinden, da sie selbst zuwenig Erfüllung erlebt. In der Vergangenheit führte das dazu, daß der Familienverband zwar erhalten blieb, die Romantik aber dahin war.

Ein Hauptgrund für die Flucht der Männer in Affären lag in ihrem Unverständnis begründet, daß es in ihrer eigenen Macht lag, die Sexualität der Partnerin wiederzuerwecken. Sie wußten noch nichts von den Beziehungstechniken, die wir heute kennen. Heute hilft uns ein tieferes Verständnis für das andere Geschlecht, die Flamme der Leidenschaft wieder zu entzünden, selbst wenn sie ausgeblasen wurde.

22. MAI

Das Gleichgewicht finden

Wenn beide Geschlechter fähig sind, konzentriertes Bewußtsein und offenes Bewußtsein im Gleichgewicht zu halten, gewinnen beide an Kreativität. Wenn sie fähig sind, ihre Aktivitäten im Berufsleben der Arbeit und ihre privaten Beziehungen im Gleichgewicht zu halten, sind ihnen mehr Erfüllung und Erfolg sicher. Wenn sie ebenso aus dem Verstand wie aus ihrem Herzen heraus reagieren können, sind sie in der Lage, anderen mit Liebe und positiver Einstellung zu begegnen.

Wie kann dieses Gleichgewicht erreicht werden? Indem Sie beide Facetten Ihres Wesens, die männliche und die weibliche, verstehen, akzeptieren und respektieren. Wenn ein Mann das Weibliche in seiner Frau respektiert und liebt, kann ihm das helfen, sein Gleichgewicht zu finden. Entsprechend verhilft einer Frau die Liebe, das Vertrauen und die Anerkennung für den Mann dazu, ihr eigenes Gleichgewicht zu finden.

23. MAI

Den anderen ehren und respektieren

Probleme in einer Beziehung zwischen Mann und Frau werden nicht gelöst, indem man die Unterschiede leugnet. Das Konfliktpotential kann nur abgebaut werden, wenn man sich gegenseitig schätzt, respektiert und nach kreativen Wegen sucht, die verschiedenen Bedürfnisse zu befriedigen.

Jedes Mal, wenn wir in unseren persönlichen Beziehungen den schmerzlichen oder schwierigen Schritt zu einer positiven Lösung tun, bringen wir ein bißchen Harmonie in diese Welt. Ihre eigenen Anstrengungen machen es anderen leichter, Ihnen zu folgen.

24. MAI

Das innere Potential

Während sich in unseren Persönlichkeiten große Unterschiede ausprägen, durchdringt unser wahres inneres Potential zu geben unsere Geschlechtsunterschiede. Jeder von uns ist von Natur aus:

1. zielgerichtet
2. intelligent
3. kreativ
4. liebevoll
5. stark
6. entscheidungsfreudig
7. voller Selbstvertrauen.

Jeder einzelne von uns ist eine eigene, unverwechselbare Mischung dieser grundlegenden menschlichen Eigenschaften. Natürlich hat jeder auch seine Grenzen, aber diese sind nicht geschlechtsspezifisch. Die Vorstellung, daß die Fähigkeit zu lieben, sich auszudrücken oder Verständnis aufzubringen von unserem Geschlecht abhänge, ist ein großer Irrtum. Sie schiebt Menschen in imaginäre Schubladen und hindert uns daran, unser Wesen und unsere Möglichkeiten voll zum Ausdruck zu bringen.

25. MAI

Konventionelle Beziehungen

Nach konventionellen Vorstellungen ist der Mann männlicher und die Frau weiblicher. Die Anziehungskraft schwindet dabei mit der Zeit, wenn die Frau immer wieder die Erfahrung machen muß, daß ihre weibliche Seite keinen Rückhalt findet. Aus Angst, immer wieder zurückgewiesen und verletzt zu werden, verschließt sie sich und wird dadurch in mancher Hinsicht maskuliner.

Das gleiche gilt für Männer. Wenn ein Mann keine Bestätigung erhält, unterdrückt er seine männliche Seite, die Entscheidungen trifft, beim Sex die Initiative ergreift und für die Frau Probleme löst.

Er wird in vieler Hinsicht automatisch femininer. Und ohne die Geschlechtspolarität schwindet die Anziehungskraft zwischen den Partnern.

Anfangs herrscht bei einem Paar meist eine sehr starke Maskulin-feminin-Polarität, doch findet mit der Zeit ein emotionaler Rollentausch statt. Sobald ein Mann das Gefühl hat, daß seine maskuline Seite keine Anerkennung bekommt, gerät er aus dem Gleichgewicht. Gleiches geschieht mit einer Frau, wenn ihre feminine Seite im Beruf und zu Hause zu kurz kommt.

26. MAI

Geben und Empfangen

Frauen merken sehr genau, wie sich ein Mann in einer Beziehung verändert, und bringen das auch zum Ausdruck, aber sie sind sich ihrer eigenen Veränderung nicht bewußt. Auch Frauen verändern sich. Sobald sie eine feste Beziehung, eine Verlobung oder Ehe eingehen, glauben sie, daß ein Mann nun automatisch mehr für sie tut. Ihre Erwartungen steigen, und automatisch tut sie dafür auch mehr für ihn. Das hört sich wie eine gute Idee an, aber das ist es nicht.

Wenn eine Frau mehr gibt als empfängt, weiß sie die Angebote des Mannes nicht mehr zu schätzen.

Da sie das Gefühl hat, daß sie mehr gibt, findet sie die kleinen Dinge, die er für sie tut, nicht mehr so aufregend. Anstatt ihren Partner immer mehr zu schätzen, fängt sie an, ihn für selbstverständlich zu nehmen. Ihre Erwartungen steigen ständig, da sie auch eifrig darauf bedacht ist, ihm ständig mehr zu geben: Sie erledigt immer mehr Kleinigkeiten für ihn, macht es ihm noch gemütlicher, ändert ihm zuliebe eigene Pläne, macht Pläne für ihn, erledigt seine Reservierungen, macht sich Sorgen um ihn, wartet auf ihn, und sie versucht, ihm alles recht zu machen. Und je mehr sie tut, um so weniger würdigt sie die Dinge, die er für sie tut.

Es ist in Ordnung zu geben, besser aber ist es für sie, empfangen zu lernen. Wenn ein Mann für sein Geben Anerkennung bekommt, stärkt das sein Interesse an der Beziehung und seine Energie, selbst zu geben. Daher kann eine Frau die Grundlage für eine gute Beziehung legen, indem sie sich bemüht, nicht mehr zu geben, als sie selbst erhält. Wenn sie sich empfänglich und dankbar zeigt für das, was ihr der Mann anbietet, steigen die Chancen, daß eine gute und innige Beziehung daraus wird.

27. MAI

Sie braucht seine Ergebenheit, er ihre Bewunderung

Wenn ein Mann die Bedürfnisse seiner Frau an die erste Stelle setzt und er sich mit Stolz der Aufgabe widmet, ihr Rückhalt und Erfüllung zu schenken, erfüllt er ihr Bedürfnis nach Bewunderung und danach, sich als etwas Besonderes zu fühlen. Sie blüht auf, wenn er deutlich macht, daß ihm ihre Gefühle und Bedürfnisse wichtiger sind als alle seine anderen Interessen wie seine Arbeit, seine Studien und seine Hobbies. Wenn eine Frau fühlt, daß sie die Nummer eins in seinem Leben ist, kann sie ihn bewundern.

So wie eine Frau die Ergebenheit eines Mannes spüren muß, hat der Mann das elementare Bedürfnis, die Bewunderung einer Frau zu empfinden. Ein Mann fühlt sich bewundert, wenn sie freudig überrascht seine besonderen Eigenschaften oder Talente anerkennt, die von Humor, Stärke, Ausdauer, Anständigkeit, Ehrlichkeit bis zu Romantik, Freundlichkeit, Zärtlichkeit, Liebe, Verständnis und anderen sogenannten altmodischen Tugenden reichen können. Wenn ein Mann sich bewundert fühlt, kann er vorbehaltlos Ergebenheit und Anbetung für eine Frau empfinden.

28. MAI

Einheit in der Vielfalt

Wenn wir unsere psychologischen Unterschiede akzeptieren, befähigt uns das, ein grundlegendes Gefühl von Einheit zu erleben, die unsere Beziehungen durchdringt. In gewisser Weise gleichen wir uns alle. In jeder spirituellen Lehre gibt es die Erkenntnis dieser Einheit. Wenn wir unsere Herzen öffnen, lieben wir nicht nur die Menschen, die uns nahestehen, sondern fühlen uns eins mit der Welt. Wenn wir von verhungernden Kindern erfahren, empfinden wir in uns den gleichen Schmerz, als wären es unsere eigenen Kinder.

Letztendlich tragen wir alle die Motivation in uns, die Ketten zu sprengen, die uns trennen, und diese Einheit zu verwirklichen. Wenn wir unsere Herzen öffnen, werden wir uns bewußt, daß das, was wir nach außen hin sind, gleichzeitig auch unserem Inneren entspricht. Das Streben, unser Herz zu öffnen, kann sich in verschiedenen Formen äußern: das Streben nach Erleuchtung, die Suche nach Gott, der Traum von einer glücklichen Ehe, die Sehnsucht nach dem Seelengefährten oder das Aufbauen einer großen, glücklichen Familie. Jedesmal fühlen wir uns auf unerklärliche Weise zu etwas oder zu jemandem hingezogen. Indem wir lernen zu lieben und geliebt werden, erfüllen wir die grundlegendste Bestimmung, die wir in dieser Welt haben.

29. MAI

Dunkle Gefühle mitteilen

Wagt eine Frau es nicht, ihre geheimen dunklen Gefühle zu äußern, bleibt ihr nur noch übrig, Intimität und Sex zu vermeiden und ihre Gefühle zu betäuben, etwa indem sie süchtig wird nach Alkohol, Eßbarem oder Arbeit. Immer wiederkehrende Depressionen lassen sich so jedoch nicht vermeiden, ebensowenig wie alle anderen Gefühle, die unkontrolliert in ihr hochkommen.

Sicherlich kennen auch Sie Geschichten über Paare, die niemals

Streit hatten und sich dann plötzlich zur Überraschung aller scheiden ließen. In vielen dieser Fälle hatte die Frau ihre negativen Gefühle unterdrückt, um Streit zu vermeiden. So betäubte sie ihre Gefühle und konnte auch keine Liebe mehr empfinden.

Wenn man negative Gefühle unterdrückt, unterdrückt man auch die positiven Gefühle und zerstört die Liebe. Es ist sicher gesund, Streitigkeiten und Machtkämpfe zu vermeiden, nicht aber, Gefühle zu unterdrücken. Es ist auch nicht nötig, sämtliche negativen Gefühle und jeden Ärger beim anderen abzuladen, aber es ist wichtig, sich Zeit zu nehmen, um sich selbst zuzuhören. Ob Mann oder Frau, wenn Sie mit Ihren Gefühlen in engem Kontakt bleiben, sind Sie nicht nur fähig, die Liebe in Ihrem Herzen zu bewahren, sondern Sie erhalten sich auch Ihre Jugendlichkeit, Gesundheit, Kreativität, Attraktivität und den Sinn in Ihrem Leben.

30. MAI

Etwas in der Welt verändern

Wenn wir das Geheimnis von Leidenschaft und Verzeihen-Können ergründet haben, schaffen wir nicht nur für uns selbst ein Leben voller Liebe, sondern haben auch die Welt ein wenig verändert. Denn wenn man die neuen Beziehungstechniken beherrscht und die Kunst, aus Gegensätzen eine harmonische Verbindung zu machen, ist dies nicht nur die beste Grundlage für eine gute Partnerschaft, sondern trägt auch dazu bei, die Welt friedlicher zu machen.

Stellen Sie sich eine Welt vor, in der Familien nicht durch Scheidung zerrissen werden und Nachbarn sich nicht mehr hassen. Eine solche Welt ist möglich. Friede und Wohlbefinden in der Welt werden in dem Maße zur Realität, wie es Ihnen gelingt, dies in Ihrer eigenen Beziehung zur täglichen Realität werden zu lassen.

31. MAI

Das Bedürfnis nach innerem Gleichgewicht

Jeder Mann und jede Frau hat sowohl maskuline als auch feminine Energien. Ohne diese Kombination könnten wir gar nicht existieren. Dabei gehen die meisten Probleme in unseren Partnerschaften darauf zurück, daß diese beiden sich ergänzenden Kräfte in ein Ungleichgewicht geraten sind.

Wenn bei einem Mann die maskulinen – die introvertierten – Tendenzen stärker ausgebildet sind als die femininen – die extrovertierten – Tendenzen, kann er egoistisch und lieblos erscheinen. Sein eigentliches Problem liegt aber in der Unfähigkeit, sein feminines Potential zu aktivieren, das ihn befähigen würde, sich der Bedürfnisse anderer Menschen bewußt zu werden.

Umgekehrt kümmert sich eine Frau, deren feminine Energie überstark ausgeprägt ist, zu sehr um andere und zu wenig um sich selbst. Spürt sie dann, daß sie nicht das bekommt, was sie braucht, stürzt sie sich noch mehr in die Sorge um andere und vergißt, an ihre eigenen Bedürfnisse zu denken. Sie opfert sich auf, ohne sich dessen überhaupt bewußt zu sein. In einer Lage, in der ihr eigentlich mehr gegeben werden müßte, ist sie unfähig, ihre Wünsche zu äußern, denn sie kennt sie nicht einmal.

So wie der Mann unter Belastung egoistisch und lieblos erscheint, weil er sich zurückzieht, wirkt eine Frau dann unsensibel und unerträglich, weil sie überaktiv wird. Um solche Extreme zu vermeiden, müssen sowohl Männer als auch Frauen gleichermaßen ihre maskuline und ihre feminine Seite ausloten, entwickeln und in ein Gleichgewicht bringen. Mit der richtigen Mischung dieser Energien können wir nicht nur unsere Partnerschaften verbessern, sondern auch mehr Kreativität entwickeln.

JUNI

Erkunden, Mitteilen, Akzeptieren

Denken Sie während des Junis daran, daß Ihre Fähigkeit zu lieben direkt proportional ist zu Ihrer Fähigkeit, sich selbst zu lieben und zu akzeptieren. Nehmen Sie sich die Zeit, Ihre inneren Blockaden gegen die Liebe zu entdecken. Erkunden Sie Ihr Herz. Stöbern Sie in jedem Winkel Ihrer Seele nach Gründen, weshalb Sie Liebe zurückhalten. Bemühen Sie sich wieder zu geben. Wachsen Sie über sich hinaus und vergeben Sie Menschen, die in der Vergangenheit Ihr Leben teilten. Entspannen Sie sich, und schreiten Sie vorwärts.

Befreien Sie sich von den Grenzen Ihrer Vergangenheit. Wenn wir andere Menschen akzeptieren und respektieren können, akzeptieren und schätzen wir uns automatisch selbst. Je mehr wir uns akzeptieren, wie wir sind, um so mehr Liebe können wir miteinander teilen.

Wer sind Sie wirklich? Was ist Ihnen das wichtigste? Was wollen Sie wirklich in Ihrer Beziehung? Das sind gute Fragen, über die Sie nachdenken sollten. Es gibt eine feine Grenze zwischen dem gesunden Verlangen danach, sich selbst zu verbessern, und dem Versuch, sich selbst oder einem anderen ungewollte Veränderungen aufzuzwingen. Erkunden Sie sich und andere zuerst.

Bemühen Sie sich ehrlich, ihre tieferliegenden Gefühle auszuloten, und akzeptieren Sie, wo Sie in Ihrer Seelenreise in dieser Welt gerade stehen. Lauschen Sie auf die Wünsche Ihrer Seele, dann befinden Sie sich am rechten Ort und im richtigen Zeitpunkt, um in Ihrer Fortentwicklung den nächsten Schritt zu wagen.

Akzeptieren Sie die Person, die Sie heute sind, denn Sie verdienen es, um Ihrer selbst willen geliebt zu werden. Wenn wir auch alle in einem ständigen Entwicklungsprozeß stehen, verdienen wir doch, geliebt und akzeptiert zu werden, so wie wir heute sind. So wie Sie sind, sind Sie es wert, geliebt und akzeptiert zu werden.

1. JUNI

Sich selbst akzeptieren

Heutzutage werden viele Menschen, deren Beziehungen unbefriedigend sind, von einer Besessenheit ergriffen, sich selbst zu verändern in der Hoffnung, daß dadurch ihr Leben besser wird. Aber mehr Liebe in sein Leben bringen hat nichts damit zu tun, sich selbst oder andere Menschen zu verändern. Es ist sogar so, daß damit Ihre Chancen geringer werden. Je mehr Sie versuchen, sich so zu verhalten, wie Sie glauben, sich verhalten zu »müssen«, desto weniger sind Sie Sie selbst, und um so schwerer fällt es Ihnen und anderen, Sie zu lieben.

Es ist nichts falsch an dem Wunsch, sich selbst zu verändern, solange Sie sich nicht daran hindern, Sie selbst zu sein. Wenn eine Veränderung durch Selbsthaß motiviert ist, kann sie niemals zu mehr Liebe führen. Vielleicht bekommen Sie mehr Macht; oder einen besseren Job; oder auch neue Freunde. Aber Sie werden sich selbst nicht mehr lieben. Vielleicht können Sie andere überzeugen, daß Sie ihre Liebe verdienen, aber tief in Ihrem Inneren bleibt das Gefühl, nicht wirklich und um Ihrer selbst willen geliebt zu werden. Veränderung und Wachstum sind gesunde Aspekte unseres Daseins, aber wir dürfen nie vergessen, daß wir schon heute gut genug und der Liebe und Anerkennung wert sind.

2. JUNI

Weniger tun, mehr helfen

Das Allerwichtigste für eine gute Beziehung ist es, sich zuerst darauf zu konzentrieren, eine gute Kommunikationsgrundlage zu schaffen. Ein Mann, der sich nicht Schuldzuweisungen oder Anklagen ausgesetzt fühlt, empfindet der Frau gegenüber mehr Mitgefühl, Sympathie und Verständnis. Wenn er ihr dann besser zuhören kann, zeigt ihm die Frau, daß ihr diese Art der Unterstützung gefällt, und wie durch Magie tut er immer mehr Dinge, die ihr am Herzen liegen.

Um von einem Mann zu bekommen, was sie braucht, muß die Frau lernen, wie sie ihm ihre Wünsche und Bedürfnisse mitteilen kann, ohne zu fordern oder mit dem Finger auf ihn zu zeigen. In den meisten Fällen kann eine Frau glücklicher sein, wenn der Mann eigentlich weniger tut, weil er sie auf andere Weise unterstützt. So paradox das klingt, ein Mann kann hilfreicher sein, obwohl er weniger tut. Wenn ein Mann diese Wahrheit versteht, steigt seine Motivation, die Dinge anders anzupacken.

Ein Mann ist oft deshalb frustriert, wenn die Ansprüche seiner Frau steigen, weil er meint, er müsse alle ihre Wünsche befriedigen. Er weiß nicht, daß sie bereits maßlos glücklich wäre, wenn er nur kleine Schrittchen dahin täte, ihr im Haushalt zu helfen und besser mit ihr zu kommunizieren.

In dem Maße, wie beide Partner sich den notwendigen Rückhalt geben und erhalten, geben sie freudig immer mehr. Er gibt ihr mehr von dem, was die Frau heute am meisten braucht und schätzt, und sie schenkt ihm die Liebe und Anerkennung, nach der er sich sehnt.

3. JUNI

Warum Kommunikation so wichtig ist

Manchmal braucht eine Frau das Gefühl, daß er ihr zuhört und sie versteht, bevor sie romantische Gesten genießen kann. So wie der Mann über Sex zu seinen Gefühlen findet, findet die Frau über gute Gespräche zu ihrem Bedürfnis nach Romantik.

In den letzten zwanzig Jahren beschwerten sich Frauen vor allem über mangelnde Kommunikation in intimen Beziehungen. Der Grund dafür liegt auf der Hand, denn überarbeitete Frauen müssen mehr über ihre Gefühle sprechen, um mit dem Streß zu hoher Anforderungen fertig zu werden.

Wenn ein Mann lernt, dieses neue Bedürfnis der Partnerin zu befriedigen, sitzt er wieder fest im Sattel. Er kann auf eine neue und äußerst wichtige Art und Weise für sie sorgen. Wächst seine Fähigkeit, ihr zuzuhören, dann hilft er ihr, das Gefühl der Überbeanspruchung abzuschütteln, und sie wird ihn aufs höchste schätzen lernen. Durch diese Befreiung wird sie auch im Bett empfänglicher.

4. JUNI

Kommunikation ohne Schuldzuweisungen

Ein Mann fühlt sich im allgemeinen durch Gefühlsäußerungen einer Frau angegriffen oder angeklagt, vor allem wenn sie sich aufregt und über Probleme spricht. Da er nicht versteht, wie sehr Mann und Frau sich in dieser Beziehung unterscheiden, kann er nicht gleich auf ihr Bedürfnis nach einem Gespräch eingehen.

Er glaubt fälschlicherweise, daß sie ihm die Schuld an ihren Problemen gibt und ihm Vorwürfe macht. Sie ist wütend und sie spricht mit ihm, daraus schließt er, sie sei wütend auf ihn. Sie beklagt sich, er aber hört Beschuldigungen heraus. Viele Männer verstehen das Bedürfnis einer Venusierin nicht, ihre Gefühle mit jemandem zu teilen, den sie lieben.

Mit Verständnis für diese Unterschiede und viel Übung können Frauen lernen, ihre Gefühle in Worte zu fassen, ohne dabei vorwurfsvoll zu klingen. Um ihren Mann zu beruhigen, daß sie ihn nicht beschuldigt, sondern nur gerade ihre Gefühle ausdrückt, kann sie nach den ersten Gefühlsergüssen eine Pause einlegen und ihm sagen, wie froh sie ist, daß er ihr zuhört, etwa indem sie sagt: »Ich bin wirklich froh, daß ich darüber reden kann.« »Es tut gut, darüber reden zu können.« »Ich fühle mich so erleichtert, daß ich darüber reden kann.« »Ich bin so froh, daß ich das mal loswerden kann. Ich fühle mich schon viel besser.« Oder: »Nachdem ich darüber geredet habe, fühle ich mich gleich viel besser. Ich danke dir.«

Dieser kleine Unterschied verändert die Welt.

5. JUNI

Ein neues Dilemma

Die Frau von heute steht vor einem neuen Dilemma. Entweder lernt sie, so zu sprechen wie ein Mann und verliert dabei einen Teil ihres Selbst und eine wesentliche Quelle des Glücks, oder aber sie ignoriert den Widerstand eines Mannes und läßt ihren Gefühlen freien

Lauf. Dann aber hört er ihr nicht mehr zu, und schließlich verliert sie seine Liebe. Beide Methoden funktionieren nicht; zum Glück gibt es noch einen dritten Weg.

Früher waren Frauen nicht auf die Männer angewiesen, um sich zu unterhalten, und sie mußten auch nicht den ganzen Tag über wie Männer reden. Wenn eine Frau sich im Gespräch mit einem Mann einmal etwas knapper fassen mußte, war das nicht weiter schlimm, denn sie hatte ja sonst genug Gelegenheit, ausgedehnte weibliche Gespräche zu führen.

Die Notwendigkeit für die Frau, mit Männern zu kommunizieren, ist eine neue Herausforderung für beide. Mit neuen weiblichen Beziehungstechniken kann eine Frau aber dem Mann Hilfestellung dazu geben, ihren Gefühlen zuzuhören. Das Geheimnis liegt darin, ihn auf diese Rolle vorzubereiten. Dazu genügen wenige Worte, um ihn auf ihre Art der Kommunikation einzustimmen. Selbst wenn ihre Worte für Marsianer kritisch und vorwurfsvoll klingen, und selbst wenn er noch nicht so gut abtauchen und ausweichen kann, kann er mit der richtigen Vorbereitung sogar eine gerade Rechte verkraften.

6. JUNI

Wodurch Sex gut wird

Der erste Schritt zu gutem Sex in einer Beziehung besteht darin, liebevoll und hilfreich miteinander zu kommunizieren.

Wenn der Sex schöner wird, wird plötzlich auch die Beziehung insgesamt besser. Guter Sex macht den Mann liebevoller, so daß er der Frau die Liebe schenkt, die sie vielleicht vermißt hat.

Verständigung und Intimität werden intensiver; ein gutes Liebesleben steigert die emotionale Energie und Motivation des Mannes, aufmerksamer und interessierter mit seiner Partnerin umzugehen. Wenn Männer ihr Interesse an der Partnerin verlieren, liegt das im allgemeinen daran, daß ihre sexuellen Bedürfnisse nicht befriedigt werden. Sex ist eben nicht nur unmittelbares Vergnügen, sondern auch der Schlüssel zum Herzen eines Mannes.

7. JUNI

Vier magische Worte

Die vier magischen Worte, die jeden Mann beruhigen, lauten »Du kannst nichts dafür.«

Wenn eine Frau ihren Gefühlen Luft macht, sollte sie dazu hin und wieder eine Pause einlegen und ihm das Zuhören erleichtern, indem sie sagt: »Ich bin wirklich froh, daß du mir zuhörst – und wenn es sich so anhört, als wenn ich dich beschuldige, ist das nicht so gemeint. Du kannst nichts dafür.«

Eine Frau kann lernen, sensibler mit ihrem Zuhörer umzugehen, wenn sie weiß, daß er sich schnell als Versager fühlt, wenn er einen Haufen Probleme anhören muß. Natürlich kann man einen Mann nur dann beruhigen, daß er nicht schuld ist und man ihm keine Vorwürfe macht, wenn man es auch wirklich nicht so meint.

Wenn sie ihm gegenüber aber aggressiv wird, sollte sie ihre negativen Gefühle lieber mit jemand anderem besprechen, über den sie sich nicht ärgert und der ihr die nötige Hilfe geben kann; oder auch ihre Gefühle in einem Tagebuch niederschreiben. Erst wenn sie ihr Gleichgewicht wiedergefunden hat und sich liebevoller fühlt, sollte sie wieder auf ihn zugehen und ihre Gefühle mit ihm teilen.

8. JUNI

Negative Gefühle äußern

Gefühle umfassen stets mehrere Ebenen, nämlich: Ärger, Trauer, Angst, Kummer und Liebe, Verständnis, Verzeihen und Begehren.

Normalerweise ist man sich immer nur einer dieser Emotionen bewußt, doch die anderen sind trotzdem vorhanden. Wenn man alle diese Gefühle gemeinsam erleben und ausdrücken kann, fällt es leicht, emotionale Probleme zu lösen. Wenn aber nicht jede einzelne dieser Emotionen voll und ganz verarbeitet wird, werden sie ins Unterbewußtsein verdrängt und bilden ein immer schwerer werdendes Gefühlsgepäck, das Sie mit sich herumtragen.

*Wenn Sie alle negativen Gefühle äußern,
können Sie Ihre Liebe und Ihr
Verständnis wieder spontan erleben.*

Die meisten Kommunikationsprobleme rühren daher, daß immer nur ein Teil, nie die ganze Wahrheit gesagt wird. Auch wenn Menschen meinen, die Wahrheit zu sagen, vernachlässigen sie etliche ihrer Gefühle, konzentrieren sich nur auf eine dieser Ebenen und lassen die anderen außer acht. Unter allen negativen Emotionen liegen aber positive Emotionen verborgen – Ärger und Schmerz verdecken nur unsere Liebe und den Willen, aufeinander zuzugehen und sich nah zu sein. Die Menschen, über die Sie sich am meisten ärgern, stehen Ihnen immer am nächsten. Problematisch wird es, wenn Sie Wut und Schmerz herauslassen und dabei die Wahrheit über die darunterliegende Liebe vergessen. Wir müssen uns Zeit lassen, die tieferen Ebenen unserer negativen Gefühle zu erkunden, dann finden wir stets zu unserem liebevollen Herzen zurück.

9. JUNI

Zuhören – das wichtigste Ziel

Auch wenn ein Mann die neuen Beziehungstechniken gelernt hat und zuhören kann, ohne die Probleme lösen zu wollen, können ihn ihre Fragen aus dem Konzept bringen. Männer mögen im allgemeinen ohnehin keine vielen Fragen, und so redet er dann, anstatt ihr zuzuhören.

Und je mehr der Mann redet, desto mehr Fragen stellt die Frau, und um so ärgerlicher wird er. Er fühlt sich unwohl dabei, und sie wird ihre Gedanken und Gefühle nicht mehr los. Deswegen lautet eine einfache Regel, daß ein Mann versuchen sollte, nicht mehr zu reden als die Frau und auf ihre Fragen möglichst nur mit Gegenfragen zu reagieren.

Je länger sie sprechen darf, um so mehr fühlt sie sich angehört und um so mehr schätzt sie ihn.

Wenn eine Frau sich über etwas aufregt, neigt ein Mann dazu, seinen Standpunkt zu verteidigen. Er meint instinktiv, er müsse ihr nur sein Verständnis der Sache nahebringen, dann würde sie sich besser fühlen. In Wirklichkeit fühlt sie sich nur besser, wenn er ihr Verständnis der Sache kennt. Sie kann sich erst entspannen, wenn sie sich verstanden und geachtet fühlt; andernfalls glaubt sie, daß sie kämpfen muß, um Gehör zu finden.

10. JUNI

Das männliche Bedürfnis nach Akzeptanz

Wenn ein Mann von einer Frau akzeptiert wird, empfängt sie ihn bereitwillig. Diese Haltung stärkt seinen Glauben an seine Fähigkeiten. Werden seine Handlungen vorbehaltlos akzeptiert, dann kann er den Versuch wagen, sich zu ändern. Daher ist Akzeptiert-Werden die Basis jeder Verhaltensänderung in einer Beziehung.

Besonders Männer haben das Bedürfnis, akzeptiert zu werden. Manchmal akzeptiert eine Frau einen Mann wegen seiner Möglichkeiten, das ist aber kein echtes Akzeptieren, denn sie wartet darauf, daß er sich verändert, um ihn zu akzeptieren. Männer brauchen es aber, so akzeptiert zu werden, wie sie heute sind, nicht wie sie morgen sein können. Ein Mann, der spürt, daß er nicht akzeptiert wird, neigt dazu, sich gegen jede Veränderung zu sträuben. Nur wenn man einen Mann liebt, wie er ist, fühlt er sich wohl und bereit, sein Bestes zu geben.

11. JUNI

Nur die ganze Wahrheit

Die ganze Wahrheit über seine Gefühle mitzuteilen ist von entscheidender Bedeutung. Dies ist der erste Schritt, emotionale Spannungen zu lösen, um eine erfüllte Beziehung eingehen zu können. Bevor Sie Ihre Emotionen so ausdrücken können, wie sie sind, müssen Sie sich ihrer zuerst einmal bewußt werden. Erst wenn Sie die ganze Wahrheit über Ihre Gefühle kennen, können Sie liebevoll, rücksichtsvoll und zum richtigen Zeitpunkt darüber sprechen.

Ihre Fähigkeit, Liebe zu empfinden, entspricht Ihrer Fähigkeit, die ganze Wahrheit mitzuteilen. Je mehr Ihr Leben von Wahrheit erfüllt ist, desto mehr Liebe werden Sie erleben. Ehrliche Beziehungen und direkte, zielgerichtete Gespräche sind eine Quelle wachsender Liebe und zunehmenden Selbstbewußtseins.

Oftmals suchen wir nach Beziehungen, um uns von der Wahrheit abzulenken. Es ist, als trügen wir ein Schild mit der Aufschrift: »Sag du mir nicht deine Wahrheit, dann sag ich dir nicht meine.« Solche Beziehungen können bequem und einfach sein, aber sie blockieren die Fähigkeit zu Selbstliebe und Selbstbewußtsein.

12. JUNI

Romantik und Kommunikation

Eine Frau muß jeden Tag das Gefühl haben, daß ihr zugehört und Verständnis entgegengebracht wird, um die Romantik in ihrer Liebe zu wahren. Zu Beginn einer Beziehung kennt sie den Mann noch kaum und kann sich vorstellen, daß er ihr wahres Wesen erkennt, sie versteht und schätzt. Auf diesem fruchtbaren Boden gedeihen Liebe und Leidenschaft. Nach mehreren Enttäuschungen verfliegt jedoch dieser Zauber.

Wenn ein Mann die Kunst des verständnisvollen Zuhörens nicht gelernt hat oder die Frau sich scheut, die in ihr aufsteigenden Gefühle mitzuteilen, fühlt sie sich schließlich unverstanden und »schaltet ab«. Im allgemeinen weiß sie nicht einmal, wie das geschah. Selbst wenn er ihr romantische Avancen macht, üben sie nicht mehr den gleichen Zauber aus wie zuvor. Wenn eine Frau nicht jeden Tag das Gefühl hat, daß er sie versteht, ist der schönste Blumenstrauß machtlos.

Es ist ein weibliches Grundbedürfnis, sich mitzuteilen. Romantische Rituale, die ihr vermitteln: »Ich liebe dich und du bedeutest mir viel«, sagen alles auch ohne viele Worte. Mit Hilfe romantischer Gesten wird Kommunikation leichter.

13. JUNI

Zuhören, ohne Vorwürfe zurückzugeben

Oftmals wirft ein Mann einer Frau vor, ihm Vorwürfe zu machen, wenn sie ohne böse Absicht über Probleme spricht. Das ist Gift für jede Beziehung, denn es blockiert die Kommunikation.

Wenn beispielsweise eine Frau sagt: »Wir tun nichts anderes mehr als arbeiten, arbeiten, arbeiten. Wir haben überhaupt keinen Spaß mehr. Du bist immer so ernst.« Das könnte ein Mann leicht als Vorwurf auffassen.

In diesem Falle sollte er den Spieß nicht umdrehen mit den Worten: »Ich glaube, du wirfst mir das auch noch vor.«

Statt dessen sollte er erwidern: »Ich weiß nicht, was du damit meinst, ich sei zu ernst. Meinst du, es sei allein meine Schuld, daß wir nicht mehr Spaß haben?«

Oder er könnte sagen: »Es hört sich so komisch an, wenn du sagst, ich sei immer so ernst und wir hätten keinen Spaß mehr. Meinst du, daß das allein meine Schuld ist?«

Außerdem könnte er die Kommunikation verbessern, indem er ihr als Ausweg zeigt, sich auf die Realität zu besinnen. Zum Beispiel: »Das hört sich an, als wenn du meinst, es sei meine Schuld, daß wir so viel arbeiten. Ist das wahr?«

Oder er könnte antworten: »Wenn du sagst, wir haben keinen Spaß mehr miteinander und ich sei zu ernst, klingt das, als würdest du mir die Schuld daran geben. Tust du das?«

Diese Reaktionen sind respektvoll und geben ihr eine Chance, vermeintliche Beschuldigungen zurückzunehmen. Wenn sie sagt: »Nein, natürlich meine ich nicht, daß das nur deine Schuld ist«, fühlt er sich wahrscheinlich sehr erleichtert.

Eine andere Methode, die ich sehr hilfreich finde, ist der Gedanke, daß sie immer das Recht hat, sich zu ärgern. Nachdem sie ihrem Ärger Luft gemacht hat, fühlt sie sich nicht nur besser, sondern ist auch dankbar für sein Zuhören. Mit diesem Wissen kann sich ein Mann entspannen und ihr zuhören, ohne dieses Dampfablassen persönlich zu nehmen; und selbst wenn sie ihm einmal Vorwürfe machen sollte, ist nachher alles wieder vergessen.

14. JUNI

Sprachbarrieren überwinden

Bei den meisten Paaren versteht der eine die Sprache des anderen nicht. Wenn sie miteinander reden, werden sie immer frustrierter anstatt zufriedener.

Wenn wir berücksichtigen, mit welchem Streß heute Beziehungen und Familienleben konfrontiert sind, ist es kein Wunder, daß es vielen so schwerfällt, zusammen zu bleiben. Und es erklärt, warum viele lieber Single bleiben. Weder Mann noch Frau finden die so dringend nötige Unterstützung, weil sie verschiedene Sprachen sprechen.

Das muß aber nicht so sein. Am Ende eines Gesprächs könnte die Frau einem Mann, wenn er frustriert ist, zum Beispiel folgendermaßen helfen:

»Vielen Dank, daß du mir zugehört hast.«

»Ich mußte mir das einfach von der Seele reden.«

»Tut mir leid, wenn es dir schwerfiel, das alles anzuhören.«

»Vergiß, was ich gerade gesagt habe.«

»Das ist jetzt schon gar nicht mehr so wichtig.«

»Ich fühle mich schon viel besser.«

»Danke, daß du mich hast reden lassen. Das hat mir geholfen, alles wieder auf die Reihe zu bekommen.«

»Das Gespräch hat mir wirklich geholfen, einen besseren Blick für die Dinge zu kriegen.«

»Ich fühle mich jetzt viel besser – Danke fürs Zuhören.«

»Mensch, jetzt habe ich dich aber vollgeredet. Ich fühle mich wieder viel besser.«

»Jetzt geht's mir schon viel besser. Manchmal muß ich einfach darüber reden, dann komme ich wieder in gute Laune.«

»Danke für deine Geduld, du hast mir wirklich geholfen, die Dinge beim Reden wieder auf die Reihe zu kriegen.«

Jede einzelne dieser Bemerkungen versetzt einen Mann in den siebten Himmel, weil er dadurch Wärme und Anerkennung erfährt. Denn in seiner Sprache als Marsianer haben solche Kommentare einen besonderen Unterton, sie sind wichtig und bedeutungsvoll.

15. JUNI

Sex und Polarität

Es gibt zwei sexuelle Polaritäten: Lust geben und Lust empfangen. Wenn ein Partner gibt und der andere empfängt, steigert sich der sexuelle Genuß rasch. Beim »polaren« Sex wechseln sich die Partner in diesen Polaritäten bewußt ab. Der eine Partner gibt, der andere empfängt. Später tauschen beide die Rollen, der Gebende wird zum Nehmenden.

Polarer Sex hat zwei Phasen. In der ersten Phase ist der Mann der Empfangende und die Frau die Gebende. In der zweiten Phase widmet er sich ihren Bedürfnissen, und sie kann sich auf ihre eigene Lust konzentrieren.

In der ersten kümmert sich der Mann nicht besonders um das Vergnügen der Frau. Natürlich möchte er, daß es auch ihr Spaß macht, aber jetzt konzentriert er sich auf seinen eigenen Lustgewinn. Die Frau ihrerseits erwartet auch nicht, daß sie ebenso in Erregung gerät wie er.

In der zweiten Phase kommt sie dann als Empfangende zum Zuge, und er konzentriert sich darauf, ihr alles zu geben. Sie hat ihm bereits alles gegeben, jetzt darf sie sich gehenlassen und allein empfangen. So bekommen schließlich beide, was sie sich ersehnt haben.

16. JUNI

Die richtige Botschaft an den Mann

Wenn eine Frau das Beste ihrer weiblichen Seite zum Ausdruck bringt, indem sie selbstbewußt, entgegenkommend und empfänglich ist, kommt dadurch das Beste der maskulinen Seite des Mannes zum Vorschein. Je mehr ein Mann spürt, daß eine Frau das braucht, was er ihr geben kann, um so mehr Interesse hat er an ihr. Er fühlt sich dann automatisch zuversichtlicher, entschlossener und verantwortlicher.

Die Empfänglichkeit einer Frau
zieht einen Mann an und gibt ihm Kraft.

Er ist zuversichtlich, da ihr Selbstbewußtsein ihm die Botschaft sendet, daß für ihn etwas in Aussicht steht. Er ist entschlossen, da ihr entgegenkommendes Lächeln ihm die Botschaft sendet, daß er Aussicht darauf hat, sie glücklich zu machen. Sie hat ein Bedürfnis, und er kann es erfüllen. Ihre Empfänglichkeit macht ihm Mut zu glauben, daß ihm das auch gelingt, und das läßt ihn begierig sein, ihre Bedürfnisse zu erfüllen.

17. JUNI

Neue Techniken der Kommunikation

Zur Verbesserung der Kommunikation in einer Beziehung gibt es für Mann und Frau neue Techniken. Was Frauen tun sollten, können sie sich leicht durch die vier V's – V wie Venus – merken: Verweilen, Vorbereiten, Verschieben und beharrlich Verfolgen. Ähnlich können sich Männer an ihre vier A's halten: Abtauchen, Ausweichen, Ausschalten, Ausdrücken. Wenn beide ihr Bestes geben, funktioniert ihre Beziehung. Ohne diese Einsichten hingegen werden Beziehungen unnötig erschwert.

Anstatt einen Mann mit einem Gefühlsschwall zu überfallen, verweilt eine kluge Frau zuerst, um den Mann darauf vorzubereiten, was er zu hören bekommt. Wenn sie ihn um etwas bitten möchte, vertagt sie das solange, bis beide gleichermaßen positiver und hilfsbereiter Stimmung sind. Falls er vergißt, ihre Wünsche zu erfüllen, muß sie ihr Ziel verfolgen, ohne zu fordernd zu werden.

Die vier V's – Verweilen, Vorbereiten, Vertagen, Verfolgen – sind wesentliche Techniken im Umgang mit einem Marsianer.

Um erfolgreich mit einer Frau zu kommunizieren, darf sich ein Mann nicht auf die Rolle des passiven Zuhörers beschränken, sondern muß ihr Rückhalt geben und vermeiden zurückzuschlagen. Abtauchen bedeutet, keine Lösungsvorschläge anzubieten. Ausweichen bedeutet, ihre Klagen nicht persönlich zu nehmen. Gelingt es ihm, ihr mit wirklicher Sympathie zuzuhören, kann er alle ihre Vorwürfe ausschalten. Indem er sich mit seinen Kommentaren zurückhält und dann eine konstruktive Stellungnahme voller Mitgefühl und Verständnis abgibt, kann er ihr seine Hilfsbereitschaft ausdrücken.

Die vier A's – Abtauchen, Ausweichen, Ausschalten und Ausdrücken – sind wesentlich, um eine Venusierin zu verstehen.

Das wohl größte Hindernis beim Einüben dieser vier Strategien besteht darin, daß Männer und Frauen sich ihrer unterschiedlichen Sprache nicht bewußt sind. Ein Mann mag diese Techniken allmählich immer besser beherrschen, aber wenn er vergißt, ihren Gefühlsäußerungen zuzuhören, empfindet eine Frau das als hoffnungslos. Ebenso mag eine Frau vielleicht Fortschritte im Umgang mit ihrem Partner machen, wenn sie aber vergißt zu verweilen, um ihn vorzubereiten, dann fühlt er sich beschuldigt und meint, daß das Ganze nicht funktioniert.

Wenn wir die Unterschiede unserer verschiedenen Sprachen verstehen, erkennen wir leichter, daß unser Partner uns liebt und auf seine Weise sein Bestes gibt. Man braucht Zeit, um alte Gewohnheiten zu ändern und neue zu lernen, aber mit Ausdauer und liebevoller Geduld wird es uns immer leichter zu kommunizieren.

18. JUNI

Das Bedürfnis, ihn zu ändern

Für einen Mann bedeutet wahre Liebe, den geliebten Menschen nicht verändern zu wollen. Findet ein Mann die Richtige, schenkt er ihr sein Herz und liebt diese Frau so, wie sie ist. Ein Mann erwartet dasselbe von ihr, aber die meisten Frauen wissen das nicht.

Wenn eine Frau auf der Suche nach ihrem Partner ist, sieht sie sich nach einem Mann um, bei dem sie sich wohl fühlt, um den sie sich kümmern möchte und den sie liebt. Tief in ihrem Inneren keimt das Gefühl auf: »Er hat Möglichkeiten; das sehe ich. Was könnte ich nur aus ihm machen? Die Liebe schafft das. Ich muß ihn nur lieben. Ich gebe ihm alles, und er wird sich ändern.«

Leider muß ich allen Männern mitteilen, daß da absolut nichts zu machen ist. So sind Frauen nun einmal. Aber Frauen können lernen, damit umzugehen; und Männer können lernen zu akzeptieren, daß eine Frau immer wieder einmal von dem Bedürfnis gepackt wird, sie verändern zu wollen. Wenn sie ihm aber sonst stets ihre Anerkennung zeigt, übersteht er auch jene Momente, in denen sie ihn unbedingt ändern will.

19. JUNI

Wann sie mit einem Mann reden sollte

Wenn ein Mann sich zurückzieht, ist nicht der richtige Zeitpunkt, um mit ihm zu reden. Lassen Sie ihn gehen. Nach einiger Zeit wird er voller Liebe wieder zurückkommen und so tun, als sei nichts gewesen. Jetzt ist es an der Zeit, mit ihm zu reden.

Wenn eine Frau ein Gespräch sucht oder auch nur seine Nähe, sollte sie die Initiative ergreifen und nicht erwarten, daß er den Anfang macht. Um ein Gespräch zu beginnen, muß sie sich zuerst mitteilen, auch wenn ihr Partner wenig zu reden hat.

Wenn eine Frau einen Mann schätzt, weil er ihr zuhört, findet er allmählich auch mehr zu sagen.

Ein Mann kann offen für ein Gespräch mit einer Frau sein, wenn er auch zunächst nichts zu sagen findet. Frauen wissen es nicht, aber Marsianer brauchen einen Grund, um zu reden. Sie reden nicht nur, um sich mitzuteilen. Nachdem eine Frau eine Zeitlang geredet hat, beginnt der Mann, aus sich herauszugehen und darüber zu sprechen, was er zu dem von ihr Gesagten meint.

Wenn sie zum Beispiel von ihren Problemen des Tages erzählt, teilt er ihr vielleicht etwas von seinen Problemen mit, so daß sie sich besser verstehen. Wenn sie von ihren Gefühlen gegenüber den Kindern spricht, erzählt er vielleicht etwas über seine Gefühle zu ihnen. Wenn er sich nicht beschuldigt oder unter Druck gesetzt fühlt, beginnt er allmählich, sich zu öffnen.

20. JUNI

Gute Kommunikation

Wenn sich eine Frau dabei verunsichert fühlt, ihre Gefühle zu äußern, verstummt sie allmählich. Sie braucht es, daß ihr Partner ihr die Sicherheit gibt, ohne Angst vor Ablehnung, Unterbrechung oder Spott aus sich herausgehen zu können, dann blüht sie in der Beziehung auf. Wenn er ein guter Zuhörer ist, kann sie ihm auf Dauer mehr Vertrauen und Liebe schenken.

Männer fühlen sich häufig durch detaillierte Schilderungen ihres Alltags gelangweilt. Sie interessieren sich mehr für das Fazit. Sobald sie aber einmal begriffen haben, wie wohl es einer Frau tut, wenn sie ihr volle Aufmerksamkeit schenken, ist das Zuhören für sie keine lästige Pflicht mehr, sondern ein wichtiges, Rückhalt bietendes Ritual. Eine Kommunikation, die klappt, ermöglicht es der Frau, sich weiterzuentwickeln.

21. JUNI

Fehler zu machen ist kein Fehler

Niemand ist vollkommen, auch nicht unser Partner. Eine der größten Gaben der Liebe besteht darin, die Grenzen unseres Partners so zu akzeptieren wie unsere eigenen, und erst auf der Basis des Verzeihens kann Liebe gedeihen. Um einer guten Beziehung willen müssen wir immer daran denken, daß es kein Fehler ist, Fehler zu machen. Indem wir anderen ihre Fehler verzeihen und die Unvollkommenheiten des Lebens akzeptieren, stärken wir unsere Fähigkeit, zu lieben und geliebt zu werden.

22. JUNI

Der Sommer der Liebe

Im Sommer unserer Liebe merken wir, daß der Partner nicht so vollkommen ist, wie wir zuerst dachten. Wir müssen beginnen, an unserer Beziehung zu arbeiten. Nicht nur kommt unser Partner von einem anderen Planeten als wir, er ist auch ein Mensch, und der kann sich irren, wie man weiß.

Die ersten Frustrationen und Enttäuschungen entstehen, und wir stellen fest, daß wir nicht immer glücklich sind und nicht immer Liebe empfinden. Im Garten der Beziehung muß das erste Unkraut gejätet werden, und die Pflanzen brauchen unter der sengenden Sonne besonders viel Wasser. Das ist nicht unsere Vorstellung von Liebe.

Für viele Paare ist das desillusionierend. Sie möchten an einer Beziehung nicht arbeiten und erwarten einfach, daß es stets Frühling bleibt. Sie schieben ihrem Partner die Schuld zu und geben auf. Sie erkennen nicht, daß Liebe nicht immer einfach ist, sondern manchmal harte Arbeit bedeutet. Im Sommer der Liebe müssen wir uns um die Bedürfnisse unseres Partners kümmern und auch um die Liebe bitten, die wir brauchen. Das funktioniert nicht automatisch, aber mit Geduld, Wissen und Ausdauer bringen wir die Pflanze der Liebe zur Blüte.

23. JUNI

Wie man den Mann dazu bringt, zuzuhören

Wenn eine Frau sagt: »Du versteht mich nicht«, meint sie eigentlich: »Du versteht nicht, daß ich jetzt gerade keine Lösung haben will.«

Er hört aber heraus, daß sie seine Lösung nicht gut findet, und fängt an zu argumentieren und seinen Vorschlag zu verteidigen, obwohl sie eigentlich nur erzählen wollte.

Dabei gibt es für die Frau einen Ausweg. Sie sollte erst tief Luft holen und sich klarmachen, daß er sich große Mühe gibt, sie zu verstehen, und dann sagen: »Laß es mich noch einmal anders ausdrücken.«

Das vermittelt dem Mann die Botschaft, daß er sie nicht richtig verstanden hat, ohne daß sie ihn kritisiert oder sich gegen ihn wendet. Er ist dann eher bereit, zuzuhören und noch einmal über das nachzudenken, was sie gesagt hat. Er möchte ihr dann auch die Hilfe geben, die sie braucht.

24. JUNI

Kommunikation und Motivation

Um von einem Mann zu bekommen, was sie braucht, muß die Frau lernen, wie sie ihm ihre Wünsche und Bedürfnisse mitteilen kann, ohne zu fordern oder mit dem Finger auf ihn zu zeigen. In den meisten Fällen kann man feststellen, daß eine Frau glücklicher ist, wenn der Mann eigentlich weniger tut und seine Energie auf bessere Kommunikation konzentriert. Je mehr Verständnis ein Mann für das Innenleben einer Frau aufbringt und fühlt, daß sie ihm sein Zuhören dankt, desto motivierter ist er, die Dinge anders zu tun.

25. JUNI

Der Ton macht die Musik

Frauen können, ohne sich dessen bewußt zu sein, einen Streit anzetteln und ihn eskalieren lassen, indem sie erst negative Gefühle über das Verhalten des Partners äußern und dann ungebetene Ratschläge erteilen. Wenn eine Frau es versäumt, mit ihren negativen Gefühlen auch die Botschaft, daß sie ihm vertraut und ihn akzeptiert, zu verbinden, reagiert der Mann negativ und verwirrt sie damit völlig.

Die meisten Frauen wissen nicht,
wie sehr ihr Mißtrauen einen Mann schmerzt.

Um verletzende Streitereien zu vermeiden, müssen wir uns ins Gedächtnis rufen, daß der Partner nichts dagegen hat, was wir sagen, sondern wie wir es sagen. Zu jedem Streit gehören zwei, aber einer allein kann einen Streit verhindern. Am besten ist es, ihn gleich im Keim zu ersticken. Bemühen Sie sich aufzupassen, wenn eine Diskussion in Streit auszuarten droht. Brechen Sie ab und schlagen Sie eine »Aus-Zeit«, eine Verschnaufpause vor.

Denken Sie in dieser Besinnungspause darüber nach, wie Sie Ihren Partner behandelt haben und woran es lag, daß Sie seine Bedürfnisse nicht erfüllt haben. Nehmen Sie das Gespräch nach einiger Zeit wieder auf, aber diesmal mit Liebe und Respekt für den anderen. Mit dieser Methode können wir uns beruhigen und unser Gleichgewicht wiederfinden, bevor wir versuchen, wieder zu kommunizieren.

26. JUNI

Um das bitten, was man möchte

Manchen Menschen kommt es sehr seltsam vor, in einer Beziehung um das zu bitten, was sie möchten. Sie meinen: »Wenn mein Partner mich wirklich liebt, weiß er, was er tun soll.« Erwarten Sie von Ihrem Partner nicht, daß er in Sie hineinsehen oder Ihre Gedanken lesen kann. Sagen Sie ihm, was Sie wollen, und vergessen Sie nicht, ihn zu fragen, was er sich von Ihnen wünscht.

Wenn Sie nicht das bekommen, was Sie sich wünschen, sagen Sie ihm das, und schwelgen Sie nicht in Enttäuschung. Aus seinen Wünschen ein Geheimnis zu machen führt unweigerlich zu Groll und verletzendem Umgang miteinander.

Ihr Partner und Sie bekommen in Ihrer Beziehung sicherlich nicht immer alles, was Sie sich wünschen, aber wenn zwei Menschen harmonieren, können sie an ihrer Zufriedenheit arbeiten. Bitten Sie um das, was Sie möchten, und geben Sie, was Sie können. Auf diese Weise gewinnt jeder und keiner verliert.

27. JUNI

Sie möchte Verständnis, er möchte akzeptiert sein

Wenn ein Mann einer Frau vorurteilsfrei, voller Mitgefühl und Verständnis zuhört, wie sie ihre Gefühle ausdrückt, fühlt sie sich beachtet und verstanden. Verständnisvoll sein heißt nicht, daß man die Gedanken und Gefühle eines Menschen kennen muß. Wirkliches Verständnis bedeutet, den Sinn zu erfassen und den Wert des Gesagten zu erkennen. Wenn die Frau das Gefühl hat, auf Gehör und Verständnis zu treffen, fällt es ihr leicht, den Mann so zu akzeptieren, wie er es braucht.

Ein Mann fühlt sich akzeptiert, wenn eine Frau ihn liebevoll empfängt, ohne zu versuchen, ihn zu ändern. Eine akzeptierende Grundhaltung kennt keine Zurückweisung, sondern bestätigt ihn darin, daß er mit Freude begrüßt wird. Das heißt nicht, daß die Frau ihn für vollkommen hält, sondern daß sie ihm zutraut, seinen eigenen Weg zu finden, wenn es darum geht, etwas zu verbessern. Wenn sich ein Mann akzeptiert fühlt, fällt es ihm leichter, ihr zuzuhören und ihr das Verständnis zu geben, das sie braucht und verdient.

28. JUNI

Der Rettungsanker einer Frau

Gute Kommunikation ist für die moderne Frau der Rettungsanker, ohne den sie die Fähigkeit verliert, die Liebe in ihrem Herzen zu fühlen, die liebevolle Hilfe anderer Menschen anzunehmen und Wärme und Zärtlichkeit zu empfinden. Lernt sie aber, einem Mann in besonderer Weise zur Seite zu stehen, sorgt sie gleichzeitig dafür, daß ihr auch die liebevolle Unterstützung zuteil wird, die ihre weibliche Seite so nötig braucht.

Dazu muß sie erkennen, daß früher von Männern nie verlangt wurde, weiblichen Gefühlsäußerungen geduldig zuzuhören, und sie deswegen nicht wissen wie. Wenn sie das weiß, lernt sie mit Geduld und Einsicht, jeden seiner kleinen Fortschritte anzuerkennen.

Männer mußten nie gute Zuhörer sein.
Sie brauchen Zeit, um es zu lernen.

Frauen glauben normalerweise, ein liebender Mann müsse auch gerne zuhören wollen. Ein Mann sieht das jedoch ganz anders, da ihm das Reden über Gefühle nicht soviel bedeutet, und in der Vergangenheit war es nicht üblich, daß Frauen Männern gegenüber ihre Gefühle preisgaben.

In Wirklichkeit ist es umgekehrt: Je mehr einem Mann an einer Frau liegt, um so stärker kann er sich verletzt fühlen, wenn er das Abtauchen und Ausweichen nicht gelernt hat. Wenn sie unglücklich ist, fällt es ihm bedeutend schwerer, ihr zuzuhören, ohne Schuldgefühle zu bekommen. Wenn er sie liebt, sie sich aber nicht geliebt fühlt, empfindet er sich wie ein Versager.

Wenn eine Frau eingesehen hat, daß sie dem Mann zeigen muß, wie er ihr helfen kann, wird sie nicht mehr das Gefühl haben, um Liebe betteln zu müssen. Das Wissen, daß ein Mann sie lieben kann und ihr trotzdem nur widerstrebend zuhört, hilft ihr, so zu kommunizieren, daß beide Rückhalt darin finden.

29. JUNI

Zeit für sich

Wenn Sie in Ihrer eigenen, abgeschlossenen Welt allein leben, ist es leicht, unangenehme oder schmerzhafte Gefühle zu verdrängen oder zu betäuben. Aus diesem Grund vermeiden viele Menschen eine enge Beziehung. Es würde sie zu große Anstrengung und Energien kosten, ihre Gefühle in Gegenwart eines anderen Menschen weiterhin zu verdrängen.

Manche Menschen halten eine Beziehung nur eine Zeitlang aus, dann ziehen sie sich physisch oder emotional von ihr zurück und schotten all ihre Gefühle ab. Man erkennt, daß man sich gegen verdrängte Gefühle wehrt, wenn man sich ohne den Partner erleichtert fühlt.

Wenn uns nach Flucht zumute ist, ist es an der Zeit,
unsere innersten Gefühle zu erkunden
und Negativität abzubauen.

Dies ist der Grund, warum es viele Menschen in ihren Beziehungen nach Freiraum verlangt. Sie schleppen all ihre verdrängten Gefühle mit sich herum und halten sie im Zaum, bis sie abends nach Hause kommen. Sobald sie sich dem Partner gegenüber öffnen, tauchen alle unausgesprochenen Gefühle des Alltags plötzlich auf. Aber anstatt sich mit ihnen auseinanderzusetzen, läßt man sie lieber wieder in der Versenkung verschwinden.

Das soll aber nicht das echte Bedürfnis, manchmal allein zu sein, mißachten. Wir alle brauchen Zeit für uns selbst, um Abstand zu der

Beziehung zu gewinnen und wieder zu uns selbst zu finden. Eigenständigkeit ist ebenso wichtig wie das Bedürfnis nach Gemeinsamkeit. Sie sollte aber nicht als Entschuldigung mißbraucht werden, seine Gefühle zu verstecken.

30. JUNI

Sich nach innen und nach außen öffnen

Da wir nicht immer ganz im Gleichgewicht sind, ist es ganz normal, daß Männer sich manchmal in sich zurückziehen, um nachzudenken, Frauen dagegen aus sich herausgehen und ihre Gefühle mitteilen. Dies zu verstehen ist wichtig, denn es hilft der Frau, toleranter zu sein, wenn ein Mann sich in sich zurückzieht und manches dabei vernachlässigt. Es hilft einem Mann auch zu erkennen, daß Frauen nicht verrückt sind, wenn sie zu sehr aus sich herausgehen und sie damit nicht mehr fertig werden.

JULI

Instinkt, Phantasie, Initiative

Eine erfolgreiche Beziehung hängt von Ihrem Wunsch ab, die Initiative zu ergreifen. Damit schaffen Sie neue und aufregende Möglichkeiten, den Partner neu zu entdecken.

Nehmen Sie sich doch in diesem – und jedem anderen – Monat die Zeit, die Leidenschaft Ihrer Beziehung neu zu entfachen – suchen Sie sich ein romantisches Versteck.

Gönnen Sie sich eine nette Pension oder ein feines Hotel; fahren Sie auf eine Hütte in den Bergen oder zelten Sie zu zweit an einem schönen Seeufer. Lassen Sie Ihrer Phantasie freien Lauf und schaffen Sie ein besonderes Ambiente, um Ihre Liebe zueinander wieder neu zu entflammen.

Wenn die Atmosphäre stimmt, werden Sie sicher erfahren, daß Ihre Instinkte Ihnen den richtigen Weg in Ihrem Leben weisen – und in Ihrer Liebe.

1. JULI

Wenn der Mann zu schnell vorgeht

Eine Frau muß darauf vertrauen können, daß ihre Bedürfnisse in ihrer Partnerschaft befriedigt werden. Sie läßt sich nicht so einfach von den Versprechungen und starken Gefühlen eines Mannes beeindrucken. Auf der Venus weiß Frau, daß Gefühle ständiger Veränderung unterworfen sind. Sie braucht die Sicherheit, daß sich seine Gefühle nicht verändern, je besser beide einander kennenlernen.

Wenn ein Mann sich Zeit läßt, um sich in jeder Phase der Beziehung richtig zu verhalten, kann er in einer Frau das Vertrauen aufbauen, ohne das sie sich nicht auf die nächste Phase der Beziehung einlassen kann. Wenn ein Streit beendet ist, meint beispielsweise der Mann sehr schnell, alles sei wieder eitel Sonnenschein. Dabei sollte er allerdings der Frau etwas mehr Zeit lassen, um sich ihm wieder ganz zu öffnen.

2. JULI

Wenn Männer mit Gefühlen ringen

Männer begehen oft den Fehler zu glauben, eine emotionale Frau sei unflexibel in ihrem Denken. Sie erkennen nicht, daß eine Frau, die über ihre Gefühle redet, keine fertigen Schlüsse oder endgültigen Meinungen äußert.

Sie redet, um die in ihrem Inneren herrschenden Gefühle zu entdecken – nicht, um eine genaue Beschreibung der objektiven Realität wiederzugeben, wie das bei Männern der Fall ist. Sie will im Gegenteil entdecken und beschreiben, was in ihrem subjektiven Inneren vor sich geht.

Wenn eine Frau Gelegenheit hat, ihre Gefühle frei mitzuteilen, wird sie liebevoller. Manchmal wird ihr später bewußt, daß ihre Äußerungen unpassend, falsch oder ungerecht waren, meistens aber vergißt sie, was sie gesagt hat, sobald sie wieder einen liebevollen Endpunkt erreicht hat.

Männern fällt es schwer, diese oft abrupten Stimmungsumschwünge nachzuvollziehen, denn ihnen selbst sind sie fremd. Wenn ein Mann sich über jemanden ärgert und ihn zur Rede stellt, bleibt er so lange verärgert, bis der andere sich eindeutig einsichtig zeigt bzw. er eine Lösung gefunden hat. Hört man ihm einfach nur zu und nickt freundlich mit dem Kopf, so genügt ihm das nicht, wenn er wirklich wütend ist.

Wenn eine Frau ihre negativen Gefühle vorbringt, mißversteht ein Mann das meist als endgültige Überzeugung und fühlt sich direkt beschuldigt. Er weiß ja nicht, daß sich ihre Gefühle wandeln, wenn er sie sie nur aussprechen läßt.

3. JULI

Was bei Frauen zählt

Frauen besitzen die besondere Fähigkeit, die kleinen Dinge des Lebens ebenso zu schätzen wie die großen. Das ist ein Segen für die Männer. Viele Männer streben nach immer größeren Erfolgen, weil sie denken, daß sie dann der Liebe wert sind. Sie sehnen sich in ihrem Innersten nach Liebe und Anerkennung und wissen dabei nicht, daß sie beides auch ohne Erfolg bekommen können.

Eine Frau kann einen Mann von dieser Sucht nach Erfolg heilen, indem sie die kleinen Dinge, die er für sie tut, anerkennt und schätzt. Sobald ein Mann fühlt, daß er um dieser kleinen Dinge willen geliebt wird, fällt der Druck, mehr leisten zu müssen, von ihm ab.

4. JULI

Die wahre Bedeutung von Gleichheit

Erschaffen wurden Männer und Frauen gleich, also sind sie im wesentlichen oder im Geiste gleich. Männer wie Frauen besitzen Intelligenz und ein liebevolles Herz; nur die Art, wie wir unser individuelles Potential entwickeln, ist bei jedem Menschen anders.

Unsere größte Kraft liegt darin, uns zu lieben und zu unterstützen.

Jeder Mensch ist einzigartig und hat etwas Besonderes zu geben. Leider meinen viele, daß wir um der Gleichheit willen genau wie andere sein müßten. Dabei können wir unsere wahren inneren Gaben nur entdecken und entfalten, wenn wir unsere individuellen Unterschiede respektieren. In Wirklichkeit sind wir alle verschieden und hängen voneinander ab. Indem wir das erkennen, können wir lernen, unsere Kraft voll zu entfalten.

5. JULI

Guter Sex ist eine Therapie

Durch Sex werden die Aversionen, die sich in einem Mann angesammelt haben, schnell weggespült. Für einen Mann gibt es keine bessere Therapie als guten Sex. Manchmal braucht ein Paar Beratung oder eine Therapie, um erfüllte körperliche Liebe ausleben zu können, doch wenn es das erst einmal erreicht hat, hält guter Sex den Mann in Schwung und den Zauber leidenschaftlicher Liebe lebendig.

Ohne regelmäßigen guten Sex vergißt ein Mann sehr schnell, wie sehr er seine Partnerin liebt. Er mag sie vielleicht noch gern und ist freundlich oder anständig zu ihr, aber er fühlt sich nicht mehr so eng mit ihr verbunden wie zu Anfang.

Ohne guten Sex werden ihre kleinen Fehler in seinen Augen allmählich immer größer. Anders als eine Frau, die über ihre Gefühle sprechen muß, um liebevoll zu sein, wird ein Mann durch erfüllte Sexualität liebevoller.

Kommunikation ist elementar in jeder Beziehung und führt auch zu gutem Sex, aber wenn eine Frau in einer Beziehung lange Zeit keinen guten Sex erlebt, versteinert sie leicht unter der Last ihrer Verantwortungen. Sie fühlt sich dann nicht nur für sich selbst verantwortlich, sondern auch für ihn; sie vergißt ihr eigenes Verlangen nach sinnlicher und sexueller Erfüllung; und ohne die liebevolle Unterstützung ihres Partners glaubt sie, keine Zeit mehr für sich selbst zu finden.

6. JULI

Spieglein, Spieglein an der Wand

Wenn Sie versuchen, die Gefühle des Partners zu verändern, ist das ein sicheres Zeichen, daß sie etwas widerspiegeln, das Sie selbst nicht empfinden möchten. Bei Ihrem Partner gehen Sie gegen das an, was Sie in sich selbst unterdrücken.

Wenn Sie gegen Gefühle des Partners Widerstreben empfinden, kämpfen Sie wahrscheinlich gegen eben diese Gefühle in sich.

Wenn Ihr Partner, Ihr Kind, Eltern oder Freund ein Gefühl – Ärger, Angst, Trauer oder ein Bedürfnis – äußert und das bei Ihnen Verwirrung, Ärger oder Gegenwehr auslöst, dann haben sie wahrscheinlich etwas zum Ausdruck gebracht, das Sie in sich selbst verdrängen. Sie wehren sich gegen Ihr Gefühl, deswegen wehren Sie sich auch gegen ähnliche Gefühle Ihres Partners. Reagieren Sie aber bei der Gefühlsäußerung des anderen nicht mit Ärger oder Verstörtheit und sind auch fähig, ihn zu trösten, dann unterdrücken Sie dieses Gefühl selbst nicht. Mit dieser Einsicht können Sie sich von inneren Widerständen leiten lassen, um eigene unterdrückte Gefühle aufzuspüren und zu heilen.

7. JULI

Unsere emotionalen Bedürfnisse entdecken

Männer und Frauen sind sich im allgemeinen nicht bewußt, daß sie verschiedene emotionale Bedürfnisse haben. Deshalb wissen sie nicht instinktiv, wie sie einander unterstützen sollen. Männer geben in Beziehungen meist, was Männer sich wünschen, und Frauen geben, was Frauen sich wünschen. Am Ende sind beide unzufrieden und voller Aversionen gegeneinander.

Beide haben das Gefühl, immer nur zu geben und nichts dafür zu bekommen, und meinen deshalb, ihre Liebe würde nicht angenommen und geschätzt. In Wahrheit geben sie beide Liebe – nur nicht auf die gewünschte Art und Weise.

Männer und Frauen nehmen fälschlicherweise an, der andere hätte die gleichen Wünsche und Bedürfnisse.

Eine Frau drückt beispielsweise ihre Liebe dadurch aus, daß sie eine Menge besorgter Fragen stellt. Das kann einem Mann sehr lästig sein, denn er empfindet das leicht als Kontrolle und möchte mehr Freiraum. Das verstört wiederum sie, da sie selbst diese Art der Zuwendung gerne hätte.

Auf ähnliche Weise können auch Männer mit vermeintlich liebevollem Verhalten bewirken, daß die Frau sich mit ihren Problemen alleingelassen fühlt. Er meint, er könnte ihr dadurch helfen, daß er ihre Probleme kleiner macht, indem er zum Beispiel sagt: »Mach dir keine Sorgen, so schlimm ist das auch wieder nicht.« Oder er ignoriert sie ganz und möchte ihr damit die Möglichkeit geben, sich in ihre Höhle zurückzuziehen und in aller Ruhe zu sich selbst zu finden. Was er für Unterstützung hält, bewirkt, daß sie sich verächtlich behandelt, ungeliebt und unverstanden fühlt, denn wenn eine Frau sich über etwas aufregt, braucht sie einen verständnisvollen Zuhörer.

Ohne dieses Wissen über die verschiedenen emotionalen Bedürfnisse von Mann und Frau verstehen wir nicht, warum unsere Versuche zu helfen fehlschlagen.

8. JULI

Geistige Anziehungskraft für den Mann

Nachdem ein Mann erst nur zu Frauen Beziehungen knüpft, die körperlich und emotional anziehend auf ihn wirken, beginnt er dann, auch geistige Anziehung zu empfinden. Wenn eine Frau ihn fasziniert, möchte er nicht nur ihren Körper berühren, sondern auch ihr

Wesen. Er fühlt und will mehr als körperliche Anziehung und Freundschaft, denn er ist fasziniert von der Art, wie sie denkt, fühlt und wie sie ihr Leben führt.

Während sein »Blick« für Menschen wächst, findet ein Mann auch viele Frauen interessant, doch nur wenige sind für ihn etwas Besonderes. Nur wenige besitzen die Charakterzüge, die ihn am meisten anziehen. Sein feines Gespür dafür entwickelt ein Mann am ehesten dadurch, daß er nur Kontakt und Beziehungen mit Frauen sucht, die diese Wesensart besitzen. Rein körperliche Anziehungskraft oder gute Freundschaft genügen ihm dann nicht mehr. Eine Frau muß für ihn auch wirklich interessant sein.

In der Ehe kann ein Mann die geistige Anziehung steigern, indem er in einer romantischen Situation nicht sofort auf Sex drängt. Je mehr Zeit er in erregtem Zustand im Gespräch mit ihr verbringt, desto stärker wächst sein Interesse für die Partnerin und ihre Art zu denken. Das gleiche erreicht er, wenn sie sich am hellichten Tage lieben und anschließend reden.

9. JULI

Wie sie ihn unwissentlich abschreckt

Nach einem Mißerfolg benötigt ein Mann Zeit, um alles zu überdenken und seine Fehler einzusehen. Leider fühlt sich eine Frau in solchen Momenten oft zu Kommentaren veranlaßt, wie etwa »Ich hab's dir ja gesagt« oder »Du hättest doch nur…« oder »Du weißt doch, daß…«, »oder »Wie konntest du nur...« oder »Warum hast du nicht…« oder »Du hättest nie…« oder »Ich weiß, daß es dir schlecht geht.« (Du tust mir so leid.)

Sie irrt sich, wenn sie meint, diese Art von Bemerkungen könnte ihm helfen, seine Fehler zu erkennen. Tatsächlich regen sie nur seinen Widerstand und seine Selbstgerechtigkeit an. Ein Mann lernt nur dann aus seinen Fehlern, wenn er nicht getadelt und deswegen zurückgewiesen wird. Er braucht die richtige Unterstützung, um sich selbst zu korrigieren.

Solche Bemerkungen sind deswegen so unangebracht, weil sie ihm zu helfen versuchen, sich besser zu fühlen oder es besser zu machen, obwohl er nicht darum gebeten hat. Am hilfreichsten wäre die Frage: »Was ist passiert?« Das hilft ihm, die Sache objektiv zu betrachten und dadurch sein Gleichgewicht wiederzufinden.

10. JULI

Er will Sex, sie will reden

Ein Mann, der die positive Einstellung seiner Partnerin zu Sex kennt, wird immer wieder auf sie zugehen und sie »anmachen«. Fühlt er sich aber immer wieder abgewiesen oder muß er sie stets erst überreden, versucht er es schließlich gar nicht mehr, verliert allmählich das Interesse und wird sexuell passiv.

Seine Leidenschaft wird hingegen immer wieder neu entfacht, wenn er jederzeit den ersten Schritt tun darf. So wie eine Frau das Gefühl braucht, daß ihr der Partner positiv zuhört, wenn sie ihre Gefühle äußert, muß er das Gefühl haben können, daß ihm keine Abfuhr zuteil wird, wenn er Lust auf Sex hat.

Wenn ein Mann für ein Gespräch nicht in Stimmung ist, sollte er das freundlich sagen, zum Beispiel: »Ich möchte deine Gefühle verstehen, aber zuerst brauche ich etwas Zeit für mich; reden wir später darüber.« Bemüht sich ein Mann, zunächst sein Interesse am Empfinden der Partnerin zu zeigen, um später wieder auf sie zuzugehen und mit ihr zu sprechen, dann fühlt sie sich geliebt.

Ähnlich sollte es sein, wenn ihr nicht nach Sex zumute ist. Wenn sie ihm behutsam klarmacht, daß sie eigentlich gerne Sex mit ihm hat, fühlt er sich auch geliebt. Auch wenn sie gerade keine Lust hat, hört ein Mann es gerne, daß sie bald wieder für ihn da ist und der Sex mit ihm ihr Freude bereitet.

Mit dieser Erkenntnis reagiert eine Frau automatisch sensibler auf seine Sinnlichkeit und ist motivierter, ihn fühlen zu lassen, daß sie empfänglich für ihn ist. So wie ein gutes Gespräch eine Frau offen für guten Sex macht, macht allein das Versprechen eines schönen Liebesabenteuers einen Mann liebevoller in der Beziehung.

11. JULI

Wir brauchen eindeutige Signale

Eine Frau braucht eindeutige Signale, um zu erkennen, wann ein Mann ansprechbar ist und wann er seine Ruhe haben will. Ebenso muß ein Mann wissen, wann sie für Problemlösungen offen ist und wann sie einfach nur einen Zuhörer braucht.

So wie es einem Mann schwerfällt zu glauben, daß sie sich besser fühlt, wenn sie ihren negativen Gefühlen Luft machen darf, fällt es auch einer Frau schwer zu glauben, daß er sie liebt, obwohl er sich zurückzieht und sie nicht beachtet.

Bevor eine Frau anfängt, einem Mann alles mögliche zu erzählen oder Fragen zu stellen, muß sie sich vergewissern, ob er sich nicht in seine Höhle zurückgezogen hat, denn wenn er nicht ansprechbar ist, sollte sie ihr Bedürfnis zurückhalten. Wenn sie auf diese Weise Rücksicht auf ihn nimmt, wird er weniger Zeit in seiner Höhle verbringen und in ihrer Partnerschaft liebevoller sein.

Durch diesen Prozeß des immer besser Aufeinander-Eingehens und immer verständnisvolleren gegenseitigen Unterstützens können zwei Partner ihre Beziehung entscheidend verbessern.

12. JULI

Warum er eine Beziehung wünscht

Männer und Frauen gehen Beziehungen aus unterschiedlichen Gründen ein. Ein Mann entwickelt am stärksten Interesse an einer Beziehung, wenn er das Gefühl hat, er hat etwas zu geben. Wenn er mit sich und seiner Arbeit zufrieden ist, möchte er das mit einer Frau teilen. Je mehr ein Mann von sich hält, wenn er mit einer Frau zusammen ist, um so mehr fühlt er sich zu ihr hingezogen.

Wenn eine Frau erreichen möchte, daß ein Mann sich zu ihr hingezogen fühlt, könnte sie ihn bei irgend etwas um Rat fragen. Ein Mann ist stolz auf sich, wenn er sich bei einer Frau nützlich machen kann, und dann empfindet er auch mehr für sie. Je mehr sich eine

Frau für das interessiert, was ein Mann ihr bieten kann, desto mehr interessiert er sich für sie.

Wenn sie ihn nun um Hilfe bittet, ist ihre Reaktion sehr wichtig. Wenn ihr seine Antwort nicht gefällt, muß sie sehr darauf achten, daß er sein Gesicht wahren kann. Er muß zumindest die Botschaft bekommen, daß sie seinen Versuch zu helfen schätzt. Ein anderer Mann würde das instinktiv richtig machen, eine Frau aber nicht.

Ein anderer Mann würde instinktiv einen Kommentar folgender Art abgeben: »Eine gute Idee. Darauf wäre ich nicht gekommen. Danke. Das hilft mir sehr.« Oder: »Das ist ein sehr gutes Argument. Das bringt mich der Lösung näher.« Oder: »Das klingt sinnvoll. Ich bin froh, daß ich mit dir geredet habe. Andere Ansichten helfen doch immer, die Dinge zu klären. Vielen Dank.«

13. JULI

Behutsames Vortasten

Ein gutes Liebesleben heißt nicht, daß man jedesmal ein Feuerwerk erlebt, sondern daß beide Partner stets darauf bedacht sind, die Bedürfnisse des anderen nicht zu vergessen. Im Idealfall haben beide jedesmal das Gefühl, daß sie bekommen, was sie brauchen.

Ein Mann vergißt oft, was eine Frau braucht, um beim Sex Erfüllung zu finden. Anfänglich geht er beim Sex noch langsamer vor, weil er nicht weiß, was sie mag, oder sich nicht sicher ist, ob sie seine Berührungen zuläßt. Sobald sie aber regelmäßig Sex haben, wird er schnell und schneller. Er erkennt nicht, daß sie gerade seine behutsamen Bewegungen und sein langsames Vortasten erregend findet. Auch wenn ein Mann über diese Unterschiede gelesen hat, vergißt er sie im Rausch der Leidenschaft leicht, da er selbst anders empfindet.

14. JULI

Mentale Monogamie

Männer lernen weder, warum Monogamie wichtig ist, noch wie man monogam ist. Dabei gibt es eine einfache Methode: Sobald ein Mann merkt, daß eine andere Frau ihn erregt, sollte er sich einfach vorstellen, Sex mit seiner Frau zu haben, oder sich ein besonders aufregendes Sexerlebnis mit seiner Frau ins Gedächtnis rufen.

Auf diese Weise richtet er seine sexuelle Energie jedes Mal bewußt auf seine Partnerin. Wenn er das etwa fünf bis acht Jahre lang beherzigt, fühlt er sich noch stärker zu seiner Frau hingezogen und lernt, seine sexuellen Energien zu beherrschen. Dadurch kommt ihm nicht nur seine Frau in Leidenschaft näher, er erringt auch mehr Macht und Erfolg in seinem Leben.

15. JULI

Psychologische Unterschiede

Mann und Frau unterscheiden sich nicht nur anatomisch und biologisch, sondern vor allem auch psychologisch. Allgemein ergeben Beobachtungen, daß Frauen im Vergleich zu Männern eher intuitiv vorgehen, stärker an Liebe und Beziehungen interessiert sind und anders auf Streß reagieren. Daher äußern sie auch andere Klagen und Probleme in einer Beziehung. Es wäre absurd, zu behaupten, daß diese Unterschiede allein kulturell bedingt seien und durch Prägungen in der Kindheit entstünden.

Selbstverständlich wirkt sich kulturelle und familiäre Konditionierung darauf aus, wie sich die Geschlechter unterscheiden, für unsere primären Unterschiede aber sind sie nicht verantwortlich. Praktisch gesehen, werden diese sozusagen durch unsere Gene vorprogrammiert, und die Umgebung und die Familie üben dann auf das aufwachsende Kind weiteren Einfluß aus.

Es ist unmöglich, ein stereotypes Raster anzugeben, das für jeden Mann und jede Frau paßt. Deshalb sollten wir uns darum bemühen, uns selbst zu stärken. Wenn wir unsere inneren Möglichkeiten erkennen und vervollkommnen, finden wir eine Antwort auf die Frage nach dem großen Unterschied. Wenn wir aber unsere primären Eigenschaften und Wesenszüge verleugnen, wird uns dieser Weg verwehrt.

16. JULI

Die Autotür öffnen

Mit romantischen Ritualen oder Gewohnheiten können wir unsere tiefsten Gefühle zum Ausdruck bringen. Eines dieser Rituale besteht im Öffnen der Autotür. Besonders für den Mann ist das ein Weg, seine Liebe zu zeigen. Wenn eine Frau seine Geste zu würdigen weiß, öffnet sie ihm ihr Herz, und er fühlt sich ihr näher.

Geht ein Paar miteinander aus, sollte er zur rechten Autoseite gehen und ihr die Tür öffnen – auch wenn der Wagen automatisch alle Türen öffnet. Wenn er das vergißt, kann sie ihn beim nächsten Mal erinnern, indem sie sich in seinen Arm einhängt, so daß er sie wie selbstverständlich zu ihrer Tür begleitet.

Auch wenn er nicht vergißt, die Autotür für sie zu öffnen, hat diese sehr weibliche Art, sich an ihren Mann anzuschmiegen und den Arm um ihn zu legen, noch niemandem geschadet.

17. JULI

Gewohnheiten bringen Gefühle zum Verstummen

Sicherlich kennen auch Sie das Gefühl, regelrecht im Würgegriff negativer Gefühle zu sein. Als Erwachsene haben wir gelernt, mit diesen Gefühlen umzugehen, indem wir ihnen ausweichen. Durch die Macht der Gewohnheit ersticken wir den Aufschrei unserer Gefühle und unbefriedigten Bedürfnisse. Ein Glas Wein läßt uns den Schmerz eine Zeitlang vergessen, aber er kommt immer wieder hoch. Paradoxerweise werden unsere negativen Gefühle gerade dadurch, daß wir sie zu umgehen suchen, bestimmend für unser Leben.

Indem wir uns um unsere innersten Gefühle kümmern, können wir ihren Würgegriff lockern.

Unser Bewußtsein als Erwachsene kann unterschwellig von verdrängten Kindheitsgefühlen beherrscht werden und liebevolle Kommunikation verhindern. Mit diesen scheinbar irrationalen Gefühlen aus unserer Vergangenheit, die anscheinend gerade dann an die Oberfläche kommen, wenn wir unseren gesunden Menschenverstand am nötigsten brauchen, werden wir nur fertig, wenn es uns gelingt, ihnen zuzuhören.

Das Geheimnis im Umgang mit diesen problematischen Gefühlen liegt darin, zuerst unsere negativen Gefühle niederzuschreiben, bis wir die darunter versteckten positiven Gefühle sehen. Je liebevoller wir uns unseren Partnern mitteilen können, desto besser wird unsere Beziehung. Gelingt es Ihnen, Ihre auch negativen Gefühle in liebevoller Art und Weise mitzuteilen, erleichtern Sie es Ihrem Partner, Ihnen zuzuhören und Sie zu unterstützen.

18. JULI

Wie ein Mann seine Leidenschaft beherrscht

Wenn ein Mann seine Leidenschaft empfinden und beherrschen kann, kann sich die Frau entspannen, ihre Hemmungen ablegen und ihre eigene Leidenschaft empfinden. Wenn ein Mann diese Kontrolle über sich hat, verhilft er nicht nur seiner Partnerin zu höheren Ebenen der Erfüllung, sondern erlebt auch selbst sexuelle Freuden und Liebe auf einer höheren Ebene.

Kontrolle über sich zu haben heißt, daß er jederzeit zum Orgasmus kommen könnte, weil die Leidenschaft so stark ist, er sich aber zurückhält, um die Lust seiner Partnerin zu steigern. Wenn ein Mann dazu nicht in der Lage ist, kann er diese Kontrolle erwerben und den Druck verringern, indem er am Tag vorher in der Dusche seine sexuelle Energie freisetzt. Danach kann er sich automatisch besser kontrollieren.

Eine andere Methode, eine anhaltende Erektion halten zu können, ist das Trainieren der Beckenbodenmuskulatur. Sie können Ihre Beckenbodenmuskulatur fühlen, wenn Sie beim Urinieren den Strahl bewußt unterbrechen. Trainieren Sie diese Muskeln, indem Sie sie dreimal täglich jeweils zehnmal hintereinander kontrahieren. Je kräftiger diese Muskulatur wird, um so leichter fällt Ihnen die Selbstkontrolle beim Sex.

19. JULI

Geistige Körperchemie für den Mann

Wenn ein Mann nur zu Frauen Beziehungen hat, die körperlich, emotional und geistig anziehend auf ihn wirken, beginnt er schließlich, seine Fähigkeit zu seelischer Anziehung zu entdecken.

Wenn man alle drei Ebenen der Anziehung kennt,
öffnet sich die Tür zur seelischen Anziehung.

Seine Liebe erkennt, daß dieser Partner zwar nicht perfekt ist, für ihn aber der perfekte Partner ist. Seine Liebe hilft ihm, das Gute im anderen zu erkennen, und motiviert ihn, diesem Menschen Rückhalt zu geben. Mit wachsender Liebe kann er erkennen, ob dies der richtige Partner für ihn ist. Für diese Entscheidung gibt es kein Anforderungsprofil, das man einfach abchecken kann; es ist keine Sache des Verstandes, sondern der Seele.

20. JULI

Negative Gefühle heilen

Es ist schwer, die negativen Gefühle eines anderen zu verstehen und zu akzeptieren, wenn die eigenen negativen Gefühle nicht angehört und unterstützt wurden. Je mehr wir in der Lage sind, die eigenen verdrängten Gefühle aus der Kindheit zu heilen, desto leichter fällt es uns, die Gefühle unseres Partners anzuhören, ohne uns dabei gekränkt, frustriert, ungeduldig oder beleidigt zu fühlen.

Je mehr es Ihnen widerstrebt, Ihren inneren Schmerz zu fühlen, desto mehr widerstrebt es Ihnen auch, die Gefühle anderer zu verstehen. Wenn Sie ungeduldig und intolerant darauf reagieren, daß andere ihre kindlichen Gefühle ausdrücken, ist das ein Zeichen dafür, wie Sie sich selbst behandeln.

Um unser Herz zu heilen, müssen wir für uns »Eltern« sein.

Wir müssen akzeptieren, daß es ein emotionales Wesen in uns gibt, das sich aufregt, obwohl uns unser rationaler Erwachsenenverstand sagt, daß es keinen Grund dazu gibt. Wir müssen diesen emotionalen Teil unseres Wesens isolieren und uns liebevoll um ihn kümmern. Wir müssen uns fragen: »Was ist los? Bist du verletzt? Wie fühlst du dich? Was hat dich so geärgert? Worüber bist du wütend? Was macht dich traurig? Wovor hast du Angst? Was willst du?«

Indem wir einfühlsam auf unsere Gefühle eingehen, werden unsere negativen Gefühle auf wundersame Weise geheilt, und wir werden fähig, auf wesentlich liebevollere und respektvollere Art auf die Dinge zu reagieren. Wenn wir unsere kindlichen Gefühle verstehen, ebnen wir uns selbst den Weg dazu, alles was wir tun, liebevoller zu tun.

21. JULI

Wenn ein Mann keine Avancen mehr macht

Einer der Hauptgründe, warum ein Paar keinen Sex mehr hat, ist die zunehmende Untätigkeit des Mannes, der nicht mehr die Initiative ergreift, oder aber, daß die Frau zu sehr die Initiative an sich reißt. Wenn ihr alles überlassen bleibt, wird sie allmählich immer frustrierter, und er verliert allmählich das Interesse an Sex mit ihr.

Frauen verstehen im allgemeinen nicht, daß ein Mann passiver wird, wenn sie stärker nach ihm verlangt als er nach ihr. Ein bißchen

Anmache ist ganz gut, damit er weiß, wann sie sein Werben gern hätte. Reißt sie aber die Initiative vollständig an sich, dann verliert er das Interesse, ohne selbst den Grund dafür zu kennen.

Wenn stets die Frau die Initiative zum Sex ergreift, wird der Mann passiv und verliert das Interesse.

Wenn eine Frau in Beziehung auf Sex die Zügel zu sehr in die Hand nimmt, verliert der Mann nach und nach seine Motivation. Sie stärkt ihre maskuline, treibende Seite, er tendiert zu sehr zu seiner femininen, passiven Seite. Durch dieses Ungleichgewicht erlischt die Leidenschaft in einer Ehe allmählich.

Die meisten Männer ahnen nicht, daß allzuviel Selbstsicherheit und sexuelle Aggressivität einer Frau sie letztendlich vertreibt. Anfänglich gefällt dem Mann eine solch selbstsichere Frau, weil er dann keine Zurückweisung befürchten muß, doch mit der Zeit erlischt seine Leidenschaft, und er versteht nicht, warum er sich nicht mehr zu ihr hingezogen fühlt oder plötzlich eine andere Frau attraktiver findet.

Es ist kein Problem, wenn sie hin und wieder die Initiative ergreift. Es wird jedoch zum Problem, wenn sie das immer öfter tut, denn dann wird er passiver und verliert das Interesse.

22. JULI

Handtaschen und Brieftaschen

Am deutlichsten zeigt sich der Kontrast, wie Marsianer und Venusierinnen der Welt gegenübertreten, wenn wir die Handtasche einer Frau mit der Brieftasche eines Mannes vergleichen. Venusierinnen schleppen oft große, schwere Taschen mit schönen Verzierungen und in leuchtenden Farben mit sich herum, während Marsianer leichte, in schlichtem Schwarz oder Braun gehaltene Brieftaschen bevorzugen, in denen nur die notwendigsten Dinge Platz finden: Führerschein, Kreditkarten und Geldscheine.

Man weiß nie, was man in der Handtasche einer Frau alles findet. Sogar sie selbst weiß das nicht so genau. Aber eines steht fest: Sie hat alles bei sich, was sie eventuell brauchen könnte, und auch alles, was andere eventuell brauchen könnten.

Für eine Frau ist die Handtasche ihre Schmusedecke, ein getreuer Begleiter und ein wichtiger Teil ihrer selbst. Von der Größe ihrer Handtasche läßt sich auf ihre Bewußtseinsweite schließen. Sie ist überall für jeden Notfall gerüstet.

Interessanterweise läßt sie diese Handtasche zu Hause, wenn sie zu einem großen Ball ausgeführt wird, und trägt dann nur ein schickes Täschchen mit dem Allernotwendigsten. Sie weiß, daß diese Nacht ihr gehört, daß ihr Mann sich um sie kümmert und sie für niemanden verantwortlich sein muß. Sie fühlt sich so bewundert und behütet, daß sie die Sicherheit ihrer Tasche nicht braucht.

23. JULI

Auf Geduld liegt der Segen Gottes

Wenn unsere Herzen offen sind, haben wir Geduld mit uns selbst und mit unserem Partner. Überkommt uns plötzlich Ungeduld, dann ist das wieder ein Zeichen, daß Kindheitsgefühle unseren Blick trüben.

Als Erwachsene haben wir gelernt, daß wir Geduld haben müssen, bis unsere Wünsche in Erfüllung gehen. Geduld ist eine Kunst und ein Zeichen von Reife. Ungeduldig sein heißt, die Dinge nicht mehr realistisch zu sehen und mehr zu verlangen, als möglich ist.

Anstatt sich über Fortschritte zu freuen, sind wir frustriert, daß alles nicht schnell genug passiert. Mit jedem Rückschlag vergessen wir unsere Fortschritte wieder.

Wenn eine Frau ungeduldig wird, verlangt sie von ihrem Partner sofortige und beständige Veränderung, anstatt zu sehen, daß er sich in einem steten Entwicklungsprozeß bemüht, ihr die nötige Unterstützung zu geben. Anstatt zu resignieren oder mehr von ihm zu verlangen, sollte sie sich mehr darauf konzentrieren, ihre eigene Einstellung zu ändern. Öffnen Sie Ihr Herz und beten Sie um Geduld. Um Geduld zu bitten erinnert uns daran, daß das Leben sich nach Gottes Zeitrechnung abspielt, nicht nach unserer.

24. JULI

Romantische Ausflüge

Wie schon erwähnt, besteht eine der einfachsten und besten Methoden, Leidenschaft neu zu entfachen, darin, dem eigenen Heim zu entfliehen. Ein Tapetenwechsel muß manchmal sein. Lassen Sie für eine Weile das tägliche Einerlei hinter sich. Je schöner die neue Umgebung, desto besser.

Sie sollten wenigstens einmal im Monat für eine Nacht aus Ihren vier Wänden kommen. Fahren Sie in einen Urlaubsort, in die nächste Stadt oder wenigstens in ein Hotel in der Nähe. Manchmal wirkt es Wunder, nur einmal in einem fremden Bett zu schlafen.

Für Frauen ist dieser Tapetenwechsel besonders wichtig, denn er befreit sie von der ständigen Verantwortung für Haushalt und Familie. Und eine schöne Umgebung erweckt auch ihre eigene innere Schönheit zu neuem Leben.

25. JULI

Ursache und Wirkung

Wenn wir offen oder insgeheim ein Urteil über einen Menschen fällen, tendiert er dazu, sich diesem Urteil anzupassen. Beurteilen wir ihn als lieblos, kann er momentan lieblos reagieren. Werfen wir ihm Gleichgültigkeit vor, reagiert er vielleicht auch mit Gleichgültigkeit.

Je mehr Ihnen ein Mensch bedeutet, um so mehr können seine Beurteilungen Sie beeinflussen oder provozieren. Sind Sie von jemandem abhängig, stehen Sie auch stärker unter dem Einfluß seines Denkens und Fühlens. Ein Mensch, mit dem Sie eine sexuelle Beziehung haben, besitzt ebenfalls größeren Einfluß auf Ihr Verhalten.

26. JULI

Drehbuch, Regie und Hauptrolle: Er

Wenn ein Mann eine Frau ausführt, ist das eine gute Gelegenheit für sie, dafür zu sorgen, daß auch er sich als etwas Besonderes fühlt. Wenn sie sich über das, was er ihr bietet, freut, fühlt er sich ihr näher.

Wenn er mit ihr ins Kino geht und ihr der Film gefällt, hält sich ein Teil seines Ichs dies selbst zugute. Er hat das Gefühl, als habe er selbst das Drehbuch geschrieben, Regie geführt und die Hauptrolle gespielt. Natürlich weiß er, daß das nicht stimmt, aber gefühlsmäßig empfindet er es so.

Um die Romantik der Situation zu bewahren, sollte die Frau Rücksicht auf diese Gefühle nehmen; sie muß es ihm ja nicht auch noch unter die Nase reiben, wenn ihr der Film nicht gefallen hat. Für den Mann ist eben die romantische Verliebtheit am größten, wenn er das Gefühl hat, daß er sie glücklich machen kann.

27. JULI

Zeit der Heilung

Wenn wir uns zurückgewiesen oder ausgeschlossen fühlen, tut uns das im Herzen weh. Auch wenn diese Verletzung nicht sichtbar ist wie eine Prellung oder eine Schnittwunde, ist sie doch ebenso wirklich und braucht Zeit, um zu heilen. Während dieser Zeit sollten wir nicht von uns erwarten, so liebevoll wie sonst zu sein. Es ist eine Zeit, in der wir mehr empfangen und uns selbst mehr gönnen sollten. Wenn unsere inneren Wunden geheilt sind, sind wir wieder in der Lage, unser Innerstes mitzuteilen.

28. JULI

Der Mann und die Gewalt

Die wohl negativste Form, auf Verletzung zu reagieren, ist die Rache. Wenn ein Mann seine inneren Wunden nicht heilen kann, versucht er, jemand anderen seinen Schmerz fühlen zu lassen. Dies ist ein elementarer Aspekt der männlichen Psyche. Gewalt ist in der Regel der Drang der männlichen Psyche, den eigenen Schmerz zu verringern und sich besser zu fühlen. Wenn ein Mann etwas oder jemanden attackiert, sagt er damit unbewußt: »Das hast du mir auch angetan.« Je mehr Männer lernen zu kommunizieren, desto mehr schwindet diese Neigung zu Gewalt.

Auf primitive Art kann ein von Schmerz überwältigter Mann diesen Schmerz objektiv erleben und sich so von ihm befreien, indem er ihn anderen bereitet. Das bedeutet, daß ein Mann, wenn er den Schmerz eines anderen Menschen sieht oder hört, darin seinen eigenen Schmerz erkennt.

Wenn Männer lernen, ihren Schmerz in Worte zu fassen, schwindet ihre Gewalttätigkeit.

Die Neigung, eigenen Schmerz durch Zurückschlagen zu lindern, ist der Keim aller Gewalt und aller Kriege. Wenn Männer jedoch lernen, ihren Schmerz mitzuteilen, schwindet ihre Gewalttätigkeit. Dies setzt allerdings voraus, daß sie ihren Schmerz bewußt empfinden.

Dieser Prozeß wird am besten dadurch eingeleitet, daß der Mann lernt, die schmerzlichen Gefühle einer Frau anzuhören. Wenn er dazu fähig ist, kann er leichter mit seinen eigenen Gefühlen umgehen. Das läßt sich auch in Selbsthilfegruppen erlernen, in denen auch andere ihre Gefühle mitteilen, so daß der Mann sich des eigenen inneren Schmerzes bewußter wird.

29. JULI

Warum sich die Gefühle eines Mannes ändern

Wird ein Paar zu schnell miteinander intim, hat ein Mann Schwierigkeiten zu erkennen, wieviel sie ihm bedeutet; manchmal muß sie sich dazu erst zurückziehen und aufhören, sich um ihn zu bemühen. Oft ist es auch der Mann, der sich zurückzieht und – sofern die Frau ihn losläßt – mit um so größerem Verlangen und um so größerer Liebe wieder zu ihr zurückkehrt.

Diese Reaktion verwirrt Frauen immer. Sobald er zurückkommt, meint sie, es sei zu spät. Sie kann sich ihm nicht wieder zuwenden, weil sie nicht nachvollziehen kann, daß seine wiederentdeckte Liebe echt ist. Sie fühlt sich verletzt und befürchtet, noch einmal verletzt zu werden. Wenn sie nicht versteht, auf welche Weise sie dazu beigetragen hat, kann sie sich nie sicher sein, daß so etwas nicht wieder geschieht.

Wenn sie das Verhalten des Mannes aber versteht, sieht sie sich nicht als Opfer seiner Gefühlslaunen, sondern ist sich sicher, daß sie die Kraft hat, die richtigen Bedingungen für ihre Liebe zu schaffen; so kann sie sich auf die Liebe des Partners verlassen.

30. JULI

Vorbereitung

Um unsere Fähigkeit zu erkennen, das selbst zu erschaffen, was wir benötigen, müssen wir erkennen: Wenn wir nichts bekommen, haben wir nichts gegeben, oder anders formuliert, haben wir nicht das gegeben, was der Partner braucht. Um in einer Beziehung mehr zu bekommen, müssen wir lernen, nicht das zu geben, was wir brauchen, sondern das, was unser Partner braucht. Gelingt uns dies, dann bekommen wir für den Rückhalt, den wir geben, sofort von ihm den Rückhalt, den wir brauchen.

Wenn Frauen zuviel geben und zuwenig empfangen, sollten sie nicht die Schuld beim Partner suchen, sondern darüber nachdenken, ob sie ihm das gegeben haben, was er wirklich braucht. Einem Mann ist es lieber, wenn eine Frau weniger gibt und dabei glücklich ist, als eine Frau, die zuviel gibt und ihm Vorwürfe macht. Wenn eine Frau glücklich ist, ist sie in der Lage, dem Mann die Anerkennung und Wertschätzung zu geben, nach der er sich sehnt.

31. JULI

Männer und Gefühle

Damit ein Mann lernt, ohne Risiko seinen Schmerz mitteilen zu können, muß er anderen zuhören, denen ähnliches widerfahren ist. Erst wenn er anderen zuhört, die ihren Schmerz mitteilen, ist ein Mann fähig, seinen eigenen Schmerz zu fühlen, ihn in Worte zu fassen und zu heilen, ohne nach Rache zu dürsten. Dadurch kann er auch einer Frau mit mehr Mitgefühl und Verständnis zuhören, wenn sie über ihren Schmerz spricht.

Hier muß betont werden, daß ein Mann, der nicht zu Mitgefühl fähig ist, deswegen keineswegs seiner Partnerin gegenüber gleichgültig ist. Wenn ein Mann abwesend wirkt, meint die Frau, daß ihn ihr Schmerz nicht bekümmert. In Wahrheit bekümmert er ihn sehr wohl, doch zieht er sich zurück, weil es ihm widerstrebt, seinen eigenen Schmerz zu fühlen. Sein scheinbares Widerstreben gegenüber der Frau ist nicht ein Zeichen seiner Gleichgültigkeit, sondern bedeutet, daß er seine eigenen Gefühle nicht richtig empfinden kann. Indem Männer lernen, ihren eigenen Schmerz zu empfinden und mitzuteilen, befreien sie sich von ihrem automatischen Widerstreben dagegen, Gefühle anzuhören oder selbst in Worte zu fassen.

AUGUST

Erschaffen, Erreichen, Kraft besitzen

Liebe gibt uns Kraft, und in diesem Zustand ist der Mensch fähig, die wundervollsten Dinge zu erschaffen und zu erreichen.

Wenn eine Frau die Hilfe eines Mannes annimmt, schenkt sie ihm die Kraft, sein Bestes zu geben. Ein Mann fühlt die Kraft in sich, wenn er Vertrauen, Wertschätzung, Bewunderung und Zuneigung einer Frau besitzt und Ermutigung von ihr bekommt.

Ein Mann kann einer Frau Kraft schenken, indem er einen Hort der Sicherheit für sie erzeugt, in dem sie all ihre Träume und Wünsche verwirklichen kann. Sie fühlt die Kraft in sich, wenn ihr ein Mann Verständnis und Respekt entgegenbringt, ihr Sicherheit schenkt und zeigt, daß sie ihm viel bedeutet.

Oft sind wir wegen negativer Urteile über uns selbst nicht in der Lage, unserem Partner diese Kraft zu schenken. Diese negativen Urteile hindern uns, alles Schöne in unserem Leben wirklich zu genießen, sie können sogar eine Beziehung ruinieren.

Um uns diese Kraft selbst zu schenken, müssen wir erst unsere negativen Urteile über andere abbauen. Indem wir andere lieben, finden wir die Liebe zu uns selbst, und indem wir uns selbst lieben, gewinnen wir die Fähigkeit, andere zu lieben. Das heißt, indem wir anderen Kraft schenken, schenken wir sie auch uns selbst.

1. AUGUST

Die Macht der Liebe

Wenn unsere Herzen offen sind und wir unseren Partner lieben und respektieren, dann können wir zu ihm halten, auch wenn er nicht so vollkommen ist, wie wir vielleicht zuerst glaubten. Unsere geistige Körperchemie gibt uns die Kraft, um manchmal die in uns aufsteigenden Zweifel, Kritik, Ansprüche und Vorurteile zu überwinden. Auch wenn wir uns kurze Zeit verschließen, finden wir auf dem festen Fundament vieler liebevoller und positiver Erlebnisse leichter wieder zu unserer Liebe zurück.

Durch diese wiederholte Rückkehr zu Ihrer Liebe bekommen Sie schließlich das nötige Selbstvertrauen und die Sicherheit, den richtigen Lebenspartner zu finden. Anstatt wie viele Paare Machtkämpfe auszutragen, sind Sie aufgrund dieser geistigen Körperchemie in der Lage, den richtigen Kompromiß zu finden, sich wenn nötig zu entschuldigen und Ihrem Partner zu verzeihen, daß er nicht vollkommen ist.

2. AUGUST

Die Kunst, einem Mann Kraft zu geben

So wie Männer die Kunst erlernen müssen, einer Frau zuzuhören, um ihre primären Liebesbedürfnisse zu erfüllen, müssen Frauen die Kunst erlernen, einem Mann Kraft zu geben. Wenn eine Frau die Hilfe eines Mannes annimmt, schenkt sie ihm die Kraft, sein Bestes zu geben. Ein Mann fühlt die Kraft in sich, wenn er Vertrauen, Wertschätzung, Bewunderung und Zuneigung einer Frau besitzt und Ermutigung von ihr erhält.

Jeder Versuch, ihn zu ändern, zerstört das liebevolle Vertrauen, die Wertschätzung, Bewunderung und Ermutigung, die seine ursprünglichen Bedürfnisse darstellen.

Das Geheimnis, einem Mann Kraft zu geben, liegt darin, ihn niemals ändern oder verbessern zu wollen. Sicherlich möchten Sie das manchmal – aber tun Sie es lieber nicht. Nur wenn er direkt und ausdrücklich um Rat fragt, ist er bereit, Hilfe anzunehmen, um sich zu ändern. Für den einen oder anderen bleibt der Ausweg, zu Gott zu beten, um seinem Partner zu helfen. Beide Partner werden mit dieser Lösung glücklicher sein.

3. AUGUST

Wie wir uns gegenseitig beeinflussen

Wenn Mann und Frau in der Lage sind, die Unterschiede zwischen sich in einem neuen und besseren Licht zu betrachten, wenn einer die Sprache des anderen verstehen lernt und beide die neuen Beziehungstechniken anwenden, können sie gemeinsam erreichen, daß jeder sein Bestes gibt und so jeder größere Erfüllung findet.

Ein Mann fühlt sich erfüllt, wenn er spürt, daß er seiner Partnerin Rückhalt gibt; sie dagegen empfindet Erfüllung, weil sie eine blühende Beziehung voller Zuneigung erschaffen hat. Beide sprechen zwar noch immer verschiedene Sprachen, aber die Harmonie wächst in dem Maße, wie sie lernen, entscheidende Botschaften richtig zu übermitteln und zu übersetzen.

Wenn eine Frau Verständnis für das Verhalten des Mannes zeigt und ausdrücken kann, daß sie ihn akzeptiert, ändert er sich mit der Zeit und wird rücksichtsvoller. Ihre Haltung des Nicht-Forderns lockt ihn wie mit Magnetkraft hervor und in die Beziehung hinein.

Wenn er ihre Gefühle richtig versteht und abtaucht und ausweicht, kann er ihr mit viel größerem Verständnis und Mitgefühl zuhören. Tief in ihrem Inneren spürt sie, daß er sie sieht, hört, versteht und ihr Rückhalt gibt, und das beflügelt die weibliche Seite ihrer Seele, so daß sie ihm ihrerseits liebevoller entgegenkommen kann. Je mehr Verständnis er für sie hat, desto mehr Anteil nimmt er auch an dem, was sie bewegt.

Anfangs mögen diese Techniken unnatürlich erscheinen, sie werden aber mit der Zeit zur Gewohnheit. Im Grunde stellen sie nur eine Weiterentwicklung der sozialen und sprachlichen Fertigkeiten dar, die wir bereits seit Jahrhunderten beherrschen.

4. AUGUST

Was Männer brauchen

Ein Mann fühlt sich wohl und voller Kraft, wenn eine Frau ihn akzeptiert, liebt und ihm vertraut. Für ihn ist Sex deshalb so wichtig, weil eine Frau ihm in der Erregung buchstäblich Megadosen dessen verabreicht, was er am meisten braucht.

Wenn eine Frau sich nach Sex mit einem Mann sehnt, ist das ein Zeichen des größten Vertrauens. Sie liefert sich ihm dann nicht nur nackt und bloß aus, sondern läßt auch zu, daß er in ihren Körper und in ihr Wesen eindringt. Begehrt sie ihn auf diese Weise, dann fühlt er sich wahrhaft akzeptiert. Wenn jede seiner Berührungen lustvolle Reaktionen bei ihr auslöst, erkennt er ganz unmittelbar, wie viel er ihr bedeutet.

Wie ein Verdurstender in der Wüste
kann sich ein Mann beim Sex endlich entspannen
und in der Oase seiner Gefühle vom Quell trinken.

Selbst nach einem anstrengenden Tag kann es wie ein Jungbrunnen auf ihn wirken, wenn seine Frau ihm liebevollen Rückhalt gibt und die körperliche Liebe mit ihm genießt. Dabei liegt es nicht einfach am Sex, wenn er sich besser fühlt, sondern daran, daß er wieder Gefühle empfinden und ihre Liebe in sich hineinlassen kann. Er ist wieder ein ganzer Mensch. Wie ein Verdurstender in der Wüste kann sich der Mann beim Sex endlich entspannen und in der Oase seiner Gefühle vom Quell trinken.

5. AUGUST

Vorurteile abbauen

In dem Maße, wie wir lernen, unsere Unterschiede zu verstehen und uns gegenseitig unsere Gefühle, Gedanken und Wünsche mitzuteilen, lassen wir unsere Vorurteile fallen, die uns lange daran hinderten, unsere Begabungen voll auszuleben und alles Schöne in unserem Leben wirklich zu genießen.

Vorurteile und Kritik sind im allgemeinen
ein Zeichen von mangelndem Selbstwertgefühl.

Wenn wir das Gefühl haben, daß wir nicht gut genug sind, fangen wir auch an zu glauben, daß alles, was wir haben – Liebe, Geld, Zeit usw. –, nicht genug ist; daß Freunde oder die Familie nicht genügen; negative Urteile beginnen, unsere Beziehungen zu ruinieren.

Erst wenn wir die Unterschiede zwischen Menschen verstehen und schätzen, wenn wir andere Menschen akzeptieren und respektieren können, fangen wir automatisch an, auch uns selbst zu akzeptieren. Das ist das eigentliche Geheimnis beim Abbauen von Vorurteilen: Indem wir andere lieben, finden wir die Liebe zu uns selbst, und indem wir uns selbst lieben, werden wir fähig, andere zu lieben. Unser Selbstbewußtsein und Selbstwertgefühl steigen, wenn wir liebevolle Beziehungen aufbauen. Es ist ein schrittweises Zusammenwachsen in Liebe.

6. AUGUST

Wenn die Zeit vergeht
und er keine Uhr trägt

Für Frauen hat die Ehe den gleichen Stellenwert wie für Männer der Sex. Wenn eine Frau einem Mann sagen würde, daß er nur bis zur Gürtellinie gehen darf, dann hätte er das Gefühl, daß etwas fehlt. Er möchte beim Sex bis ans Ende gehen. Ebenso möchte eine Frau gefühlsmäßig bis zum Ende gehen und heiraten. Es ist das alte Lied – eine Frau möchte heiraten, und der Mann will diesen Schritt nicht tun.

Glücklicherweise gibt es eine Alternative dazu, ihm ein Ultimatum zu stellen oder auf die Erfüllung des eigenen Wunsches zu verzichten: Eine Frau kann einfach um eine Stufe zurückgehen. Statt auf Stufe fünf – Verlobung – zu beharren und vom Partner den nächsten Schritt zu verlangen, kann sie zu Stufe vier – Intimität – zurückkehren und ihm ihre Gefühle ohne versteckte Drohungen und Vorwürfe sagen. Männer fühlen sich gleich viel besser, wenn sie nicht als das Problem, sondern als die Lösung betrachtet werden.

Sie könnte zum Beispiel sagen: »Ich möchte, daß du weißt, warum ich mich manchmal zurückziehe. Ich bin in unserer Beziehung so glücklich, daß ich mir manchmal wünsche, wir würden heiraten und eine Familie gründen. Ich weiß nicht, wie du darüber denkst, aber ich möchte dich jedenfalls nicht zu etwas drängen, was du nicht willst. Ich weiß nicht, ob du auch gerne heiraten würdest, deshalb ist ein Teil von mir nicht sicher, ob diese Beziehung richtig für mich ist. Jedenfalls wollte ich dir nur erklären, daß ich mich manchmal zurückziehe, wenn ein Haufen Gefühle auf mich einstürmt. Danke, daß du zugehört hast.« Diese Art von forderungsfreier Botschaft ist ehrlich und bewegt ihn dazu, seine Motive zu erforschen und den nächsten Schritt zu tun, wenn er dazu bereit ist.

7. AUGUST

Bitten oder nicht bitten, das ist hier die Frage

Früher reparierte man ein klapperndes Teil, heute wird es ausgetauscht. Wenn eine Frau einen Mann immer wieder um etwas bittet, faßt er das leicht als Nörgelei auf. Männer hassen das, und Frauen hassen es ebenfalls. Wenn eine Frau nicht weiß, wie sie ihren Mann dazu bringen soll, ihr zuzuhören, bleiben ihr nur zwei Möglichkeiten: Sie kann zur Märtyrerin werden und sich mit dem zufriedengeben, was sie bekommt, oder sie besteht auf ihren Forderungen und nörgelt weiter.

Beides funktioniert nicht. Wenn sie die Liebe und die Hilfe bekommen will, die sie braucht, muß sie sich auf das Wichtigste konzentrieren; sie bittet ihn nur, ihr zuzuhören, ohne sich unter Druck gesetzt zu fühlen. Wenn er dann nach und nach ihre Gefühle versteht, kann sie dazu übergehen, ihn um mehr Hilfe zu bitten.

8. AUGUST

Krank sein

Man kann Krankheiten als Ausdruck unbewältigter psychologischer Schmerzen interpretieren. Manchmal bestraft sich das Ich durch eine körperliche Krankheit. So gesehen drückt sich die dunkle Seite unserer weiblichen Seite in einer Krankheit aus. So wie die männliche Seite äußerlich bestraft, bestraft die weibliche Seite von innen.

Im positiven Sinne ist unsere männliche Seite dafür zuständig, anderen zu dienen, während unsere weibliche Seite für Selbstheilung und Fortentwicklung der Persönlichkeit zuständig ist. Wenn wir unserer weiblichen Seite Gehör schenken, heilen wir unsere Tendenz zum Krankwerden und Leiden. Sehr häufig werden gute und liebevolle Menschen krank, weil sie nie bereit sind, selbst Hilfe zu empfangen. Wer gut im Geben ist, ist manchmal unfähig zu nehmen. Wenn jemand nur gibt und nie nimmt, fordert der Körper schließlich seinen Tribut.

9. AUGUST

Frauen geben, was Frauen sich wünschen

Wenn eine Frau einem Mann gibt, dann öffnet er sich ihr, um mehr zu empfangen, wenn aber ein Mann einer Frau gibt, öffnet sie sich ihm, um mehr zu geben. Ohne diese Einsicht über unsere verschiedenen Reaktionen gibt eine Frau automatisch das, was sie sich selbst wünscht, und meint, dadurch wäre der Mann stärker an ihr interessiert.

Sollte ein Mann ihr gegenüber aufmerksam sein, würde ihr Interesse an ihm auf jeden Fall zunehmen. Wenn er ihr ihre Wünsche und Bedürfnisse von den Augen abliest und alles tut, um sie zu erfüllen, ist sie im siebten Himmel. Umgekehrt ist das nicht so. Ist eine Frau einem Mann gegenüber aufmerksam, erhöht das sein Interesse an sich selbst. Und wenn eine Frau für einen Mann alles tut, entspannt er sich und fragt sich, was er getan hat, um so etwas Wunderbares zu verdienen.

10. AUGUST

Unterschiedliche Interessen erzeugen Anziehungskraft

Leider glauben Singles oft, daß ihr Seelengefährte alle ihre Interessen teilen müßte, und suchen deshalb nach einem Partner mit gleichen Interessen. Sie ahnen nicht, daß es viel mehr Möglichkeiten gibt, seinem Seelengefährten zu begegnen.

Die Körperchemie ist stärker,
wenn Ihr Partner andere Interessen hat.

Natürlich kann man einen Seelengefährten finden, der unsere Interessen teilt, aber ebensogut kann er auch zu den Menschen gehören, die andere Interessen haben als wir. Eine glückliche Ehe ist nicht auf gemeinsame Interessen angewiesen; unterschiedliche Interessen beflügeln sogar eine dauerhafte Anziehungskraft. Harmonie und gegenseitiger Respekt entstehen auf Grundlage gemeinsamer Werte und guter Kommunikation.

11. AUGUST

Eins werden

Eine echte Beziehung entsteht aus dem Wissen und Akzeptieren unserer Unterschiede. Von dieser hohen Warte des Verständnisses aus sind wir auch in der Lage, zu erkennen, worin wir uns gleichen. Aus der Erkenntnis dessen, worin wir uns gleichen, erwachsen positive

Einstellungen wie Einfühlungsvermögen, Verständnis, Toleranz, bis zum Eins-Werden. Aus der Erkenntnis unserer Unterschiede erwachsen gegenseitige Anziehung, Wertschätzung, Interesse, Respekt und Erregung.

In dem Maße, wie wir aus tiefstem Herzen empfundenes, ehrliches Verständnis füreinander entwickeln, verlieren wir unsere Vorurteile, die uns voneinander trennen. Wir sehen, daß nicht unsere Unterschiede uns trennen, sondern Vorurteile über diese Unterschiede – Vorurteile, geboren aus Unverständnis.

12. AUGUST

Liebe ausdrücken

Wenn Männer und Frauen in Beziehungen versagen, liegt das nicht an mangelnder Liebe. Wir alle werden mit Liebe im Herzen geboren. Wir leiden in unseren Partnerschaften darunter, daß wir nicht wissen, wie wir dem anderen unsere Liebe ausdrücken können. Es fehlt uns an Beziehungstechniken.

Manchmal kommt unsere Liebe nicht zum Ausdruck, weil sie tief im Innersten vergraben ist. Um uns gegen Schmerz zu schützen, errichten wir einen Schutzwall um uns und sperren damit auch die Liebe aus.

Viel zu viele Menschen sind in sich selbst gefangen. Sie wissen nicht, wie sie zu ihrer Liebe finden, um sie dem anderen mitzuteilen. Wir versäumen in unserem Leben unendlich viele Gelegenheiten zu lieben, wenn man uns die Grundkenntnisse des Miteinander-Kommunizierens und liebevollen Umgangs nicht lehrt.

13. AUGUST

Die Macht des Interesses

Das Interesse eines Mannes an einer Frau kann nur dann wachsen, wenn es ein aktives Interesse ist. Wenn er hingegen nur passives Interesse empfindet, schwindet es langsam.

Zeigt ein Mann aktives Interesse an einer Frau, dann kann sie prüfen, ob ihre Reaktion auf sein Werben ein echtes Gefühl darstellt. Dieses echte Gefühl macht sie für den Richtigen um so attraktiver. Mit dieser Einsicht kann die Phase des Sich-Kennenlernens die beste Gelegenheit sein, die Möglichkeiten einer Beziehung auszuloten und Spaß dabei zu haben.

Sobald eine Frau aktives Interesse an einem Mann zeigt, weckt das sein passives Interesse. Er genießt zwar ihr Interesse, ihre Wärme und Zuneigung, doch hebt es nicht sein Interesse an ihr. Ein Mann mit passivem Interesse gibt einfach nicht sein Bestes. Nach einer Weile interessiert er sich dann für eine andere Frau, die vielleicht das Beste in ihm hervorlockt.

Das gleiche gilt auch in einer Ehe. Wenn der Mann zu passiv ist, wird die Frau aktiver, bis sich schließlich ihre Liebe zu ihm in Abneigung verwandelt. Andererseits kann auch eine Frau, die sich zu aktiv in die Beziehungsarbeit stürzt, den Mann dadurch in die Passivität treiben. Er wird sein Interesse an ihr und der Beziehung verlieren. Mit dieser Einsicht können wir daran arbeiten, das Gleichgewicht für eine liebevolle und dauerhafte Beziehung zu finden.

14. AUGUST

Liebe und Unterordnung

Viele verwechseln Liebe mit Unterordnung und denken: »Wenn sie mich liebt, tut sie, was ich möchte« oder »Ich tue es aus Liebe zu dir, obwohl ich es eigentlich nicht will.« Dies ist ein sicherer Weg, die Liebe in Ihrer Beziehung zu zerstören, wenn Sie Ihre eigenen Wünsche und Bedürfnisse aufgeben, um vom Partner geliebt zu werden, denn Sie machen sich damit zu einem Niemand; und einen Niemand kann man nicht lieben.

Durch Kompromisse bringen wir im Namen der Liebe
Opfer, ohne uns selbst zu opfern.

Einen Menschen zu lieben heißt nicht, ihn für wichtiger zu halten als sich selbst. Es gibt nichts Langweiligeres als eine Beziehung mit einem Partner ohne Selbstwertgefühl. Wenn Sie glauben, daß Sie Ihren Partner beeindrucken, indem Sie ihn behandeln, als sei er besser als Sie, ist das ein Irrtum. Wenn Ihnen Ihr Partner mehr bedeutet als Sie selbst, denkt er vielleicht eines Tages genauso.

15. AUGUST

Negative Einstellung zu sich selbst

Frauen verletzen sich selbst oft am schlimmsten, und zwar durch eine negative Einstellung zu sich selbst. Sie fühlen sich wertlos, hilflos und entwickeln daraus Selbstmitleid. Damit blockieren sie ihre Kraft, mehr aus ihrem Leben zu machen, und geben indirekt anderen die Schuld.

In ihrem Selbstmitleid denken sie zum Beispiel: »Niemand hält etwas von mir; keiner weiß, wie hart ich arbeite und welche Opfer ich bringe.« Wenn sie sich selbst nur für bemitleidenswert hält, blockiert sie ihre innere Kraft und Fähigkeit zum Glücklichsein.

Frauen müssen lernen, ihr Verletztsein und ihren Schmerz zu fühlen und zu äußern, ohne sich von Selbstmitleid oder Abneigungen auf den falschen Weg führen zu lassen; dann wird ihnen auch das Mitgefühl zuteil, das sie brauchen. Genau umgekehrt müssen Männer lernen, ihren Schmerz mit anderen zu teilen und den Schmerz des anderen zu verstehen; dann verlieren sie ihre Neigung, gemein oder gewalttätig zu reagieren.

16. AUGUST

Sagen Sie nie: »Das finde ich falsch.«

Manchmal meinen Frauen, sie würden nur gehört, wenn sie widersprechen. Natürlich können Sie widersprechen, aber formulieren Sie dies nicht wie einen Schlag ins Gesicht. Sagen Sie lieber etwas wie: »Ich sehe das etwas anders...« oder: »Ich betrachte die Sache eher so...«

Das sind freundliche Worte, die in einem Mann nicht nur Interesse an dem wecken, was sie zu sagen hat, sondern auch an ihr selbst. Sie drückt damit aus: »Es ist etwas dran, was du sagst, und ich möchte noch etwas anderes dazu sagen.« Anstatt seinen Standpunkt verteidigen zu müssen, wird er neugierig, was sie dazu zu sagen hat.

Ein Mann fühlt sich zu einer Frau hingezogen, die in der Lage ist, ihren Standpunkt freundlich auszudrücken. Eine Frau sollte einem Mann natürlich nicht recht geben, nur um lieb und nett zu erscheinen. Das ist ein sicherer Weg, um die gegenseitige Anziehungskraft zu zerstören. Wenn sie lernt, auf eine weibliche, weiche Art zu widersprechen, erleichtert ihr das, Grenzen zu setzen und einen anderen Standpunkt aufrechtzuerhalten, ohne Angst, die Liebe zu verlieren.

17. AUGUST

Heilung des Groll-Virus

Unter Groll kann man leiden wie unter einer Erkältung oder Grippe. Wenn eine Frau unter Groll leidet, neigt sie dazu, die Leistungen eines Mannes nicht mehr anzuerkennen, weil sie genau Buch führt und viel mehr leistet als er.

Wenn ihre Buchführung vierzig zu zehn Punkte für sie erreicht hat, fängt sie an, ihm das sehr übel zu nehmen. Es geschieht etwas mit einer Frau, wenn sie das Gefühl hat, mehr gegeben zu haben, als sie bekommt. Unbewußt zieht sie seine zehn Punkte von ihren vierzig ab, so daß in ihrer Beziehung ein Punktestand von 30 zu 0 übrigbleibt. Rechnerisch mag das stimmen und ist nachvollziehbar, aber eine Beziehung funktioniert nicht nach Adam Riese.

Mit ihren Rechenkünsten kommt sie für ihn zu dem Ergebnis Null – aber er ist keine Null, und er hat auch nicht null gegeben, sondern zehn. Wenn er nach Hause kommt, ist in ihrem Blick oder in ihrer Stimme eine Kälte, die ihm zu verstehen gibt, daß er eine Null ist. Sie ignoriert, was er für sie getan hat, und tut so, als hätte er ihr nichts gegeben.

Wenn es erst so weit gekommen ist, fühlt sich der Mann normalerweise in der Beziehung nicht mehr anerkannt und verliert jede Motivation, noch etwas zu tun. Er hat sich mit dem Groll-Virus angesteckt. Das nimmt sie ihm noch mehr übel, und die Situation wird immer schlimmer.

Eine Frau, die unter dem Groll-Virus leidet, ignoriert, was ein Mann für sie getan hat.

Dieses Problem kann nur gelöst werden, wenn beide es voll und ganz verstehen. Er braucht Anerkennung, und sie braucht seine Hilfe. Andernfalls kann diese Krankheit tödlich sein.

Um diesen Groll abzubauen, muß sie Verantwortung dafür übernehmen, daß sie selbst dazu beigetragen hat. Sie muß sich behandeln, als hätte sie einen Schnupfen oder eine Grippe, und muß sich davor zurückhalten, zuviel zu geben. Dadurch erlaubt sie es dem Partner, sich mehr um sie zu kümmern.

Ein Mann kann seinen eigenen Groll loswerden, indem er sich klarmacht, daß sie eine Zeitlang nehmen muß, bevor sie wieder geben kann. Daran sollte er immer denken, wenn er ihr kleine Liebesbeweise und Aufmerksamkeiten schenkt. Zunächst sollte er auch nicht erwarten, daß sie ihm die Anerkennung zeigt, die er eigentlich verdient. Das Ganze wird ihm leichter fallen, wenn er sich eingesteht, daß er für ihre Grippe verantwortlich ist, weil er nicht die kleinen Hilfestellungen leistete, die sie brauchte.

Mit dieser Einsicht können beide das Gleichgewicht schnell wiederherstellen, wenn er sich darauf konzentriert, ihr mehr zu geben, und sie sich eine Pause gönnt, anstatt immer nur zu geben, und statt dessen eine Weile dankbar und voller Liebe seine Fürsorge entgegennimmt.

18. AUGUST

Durch Zuhören lernen

Je besser wir unsere unterschiedlichen Reaktionen auf Streß verstehen lernen, desto mehr Hoffnung besteht nicht nur für unsere Beziehungen, sondern auch für die Welt. Wenn Männer lernen, auf die

Gefühle der Frauen zu hören, lernen sie ihre eigenen Gefühle besser kennen; und sie begegnen Frauen mit mehr Mitgefühl, Verständnis und Respekt. Frauen, die das fühlen, können sich besser mitteilen, sie erfahren zunehmend Liebe, Vertrauen und Verzeihung und können ihre Verletzungen voll Dankbarkeit und mit wachsender innerer Kraft heilen.

Indem wir lernen, in Streßsituationen selbst auf uns zu achten, anstatt uns von unserem Partner abhängig zu machen, müssen wir nicht mehr andere für uns verantwortlich machen. Nur so lernen wir das wunderbare Gefühl der Eigenverantwortlichkeit kennen – gepaart mit dem Selbstvertrauen, daß wir unseren Lieben auch in Streßsituationen Rückhalt geben können.

19. AUGUST

Wann und wie die Wut herauslassen

Niedergeschlagenheit ist ein Zeichen, daß Sie sich unbewußt Vorwürfe machen. Ein Wutanfall hilft Ihnen, die Gefühle an die Oberfläche zu bringen und so Ihre innere Liebe und Kraft wieder zu befreien.

Das Wutablassen besteht aus drei Phasen:

1. Sprechen Sie Ihren Ärger und Ihre Selbstvorwürfe aus. (Sprechen Sie sich dabei mit »du« an.)
2. Sprechen Sie aus, was Sie wollen. (Sagen Sie: »Ich will...«)
3. Treffen Sie positive, liebevolle, hilfreiche Feststellungen.

Sie können dabei ohne Gesprächspartner sogar noch wirkungsvoller vorgehen. Wenn Sie diese Übung aber mit Partner machen, stellen Sie sich vor, er wäre Sie, und beginnen Sie, Ihre Wut und Ihre Beschuldigungen auszudrücken, wobei Ihr Partner dann jeden Satz wiederholt.

Wie wirkungsvoll und belebend dieses Methode sein kann, müssen Sie selbst erfahren, es läßt sich nicht beschreiben. Wenn Sie sich das nächste Mal besser, lebendiger, stärker fühlen wollen, suchen Sie sich wieder etwas, das Sie wütend auf sich macht. Wenn Sie schließlich den Ärger losgeworden sind und Ihre Liebe wiederentdecken, fühlen Sie sich viel besser.

Wenn Sie sich gerade in einer Situation befinden, in der es unpassend ist, solche Gefühle laut auszudrücken, schreiben Sie sie doch einfach nieder. Manche Menschen benutzen einen Kassettenrekorder, um ihr Wutablassen aufzunehmen. Später hören sie sich das Band an und wiederholen jeden einzelnen Satz. Denken Sie beim Aufnehmen daran, nach jedem Satz Zeit zu lassen, damit Sie ihn später wiederholen können.

20. AUGUST

Eine Zeit für Hoffnung

Vielleicht zum ersten Mal in der Geschichte haben wir ein Stadium erreicht, in dem Liebe bewältigt werden kann. In diesen Zeiten der Jahrtausendwende besteht große Hoffnung für menschliche Beziehungen und die Welt. Bisher war auf unserem Planeten das Überleben der Hauptzweck. Langsam aber sicher ist nun die Liebe immer wichtiger geworden und kann in uns allen eine treibende Kraft werden. Die allgemeine Unzufriedenheit in der Beziehung zwischen Mann und Frau ist ein Symptom, daß die Welt mehr verlangt. Der Schmerz von Nationen ist unser Schmerz, wenn wir unsere Liebe nicht mit jemandem teilen können.

Wir wenden uns nicht länger von unseren tiefen Gefühlen ab. Wir sehnen uns aus tiefstem Herzen nach Liebe. Die Veränderung hat bereits begonnen – die Liebe ist schon in uns, wir kommen mit ihr zur Welt, doch ist sie eine Kunst, die wir noch erlernen müssen. Und in dem Maße, wie wir lernen, andere zu lieben, ebnen wir den Weg in eine bessere, liebevollere Welt. Wenn wir in Liebe leben lernen, besteht Hoffnung für unsere Welt.

21. AUGUST

Ihr Bestes zum Vorschein bringen

Jeder Mann hat die Kraft, das Beste in einer Frau hervorzubringen, aber nur wenige wissen das. Wenn ein Mann sich durch die Augen einer Frau betrachten könnte, würde er sehen, was ihn für sie unwiderstehlich macht. Aber es ist fast unmöglich, daß ein Mann sich selbst so sieht. Er kann sich nicht vorstellen, daß er schon hat, was eine Frau am meisten begehrt.

Man könnte meinen, daß ein Mann für eine Frau besonders attraktiv ist, wenn er Persönlichkeit hat oder besonders begabt, gutaussehend, freundlich, witzig, stark, unterhaltsam, reich, erfolgreich, klug oder interessant ist. Was ihn aber für eine Frau wirklich attraktiv macht, ist seine Fähigkeit, ihr das Gefühl zu geben, ganz Frau zu sein. Wenn er ihr gegenüber aufmerksam, interessiert und fürsorglich ist, kann sie schnell den Kopf verlieren und den Traummann in ihm sehen.

22. AUGUST

Die Kraft zu verzeihen

Zu verstehen, wie wir ein bestimmtes Verhalten provoziert haben, heißt nicht, daß wir dieses Verhalten verurteilen oder entschuldigen sollten. Es hilft uns nur zu verstehen, warum unser Partner so reagiert; es öffnet uns eine Tür zu einem vorurteilsfreien Begreifen seines Verhaltens. Vorurteile bewirken vorübergehendes Fehlverhalten, Abneigungen aber bewirken ein dauerhaftes Fehlverhalten. Ein Mann, der den Gefühlen seiner Frau ablehnend gegenübersteht, kann damit bewirken, daß sie dauernd überempfindlich reagiert. Wenn eine Frau wegen der Gleichgültigkeit ihres Mannes eine Abneigung entwickelt, kann das dazu führen, daß er nur noch gleichgültig ist.

Abneigung bedeutet, daß wir an unseren negativen Urteilen festhalten. Wenn wir nicht fähig sind, unsere Vorurteile abzubauen, wirken sie stets provozierender. Auch wenn Sie glauben, Sie könnten Ihre Abneigungen gut verbergen, sie zeigen sich doch in all Ihren Handlungen, Reaktionen, in Ihrer Wortwahl und Körpersprache, in Ihrem Blick und in Ihrem Tonfall.

Wie gut Sie auch Ihre Abneigung zu verbergen glauben, sie zeigt sich, ob Sie es merken oder nicht.

Wenn Sie ohne Vorurteil einen Menschen einmal negativ beurteilen, kann sich dieses Urteil schon wenige Minuten später in ein positives wandeln. Wenn Sie aber Abneigung verspüren, halten Sie bewußt oder unbewußt an diesem Vorurteil fest.

Liebe kann nicht in einer Beziehung gedeihen, die voller Abneigungen ist. Sie müssen sich davon befreien und verstehen lernen, wie Sie selbst die Reaktionen des Partners auslösen. Mit mehr Verständnis für den Partner und einer besseren Verständigung fällt es Ihnen dann leichter zu verzeihen.

23. AUGUST

Wenn Sie sich selbst lieben können

Wenn Sie sich nicht nur im stillen Kämmerlein selbst mögen, sondern auch dann, wenn Sie mit anderen Menschen beisammen sind, nur dann sind Sie in der Lage, Ihre inneren Gaben und Talente ohne Angst und Vorbehalte zum Ausdruck zu bringen. Je mehr Sie sich selbst lieben, desto mehr können Sie aus sich herausgehen. Das wiederum erleichtert es anderen Menschen, Ihr wahres Wesen zu schätzen und nicht ein Trugbild, das Sie vorgaukeln. Je mehr andere Sie lieben, desto mehr können Sie sich selbst lieben. Es ist ein »Engelskreis« von wachsender Liebe und echtem Sich-selbst-Ausdrücken.

Wenn Sie sich aber selbst nicht lieben und sich hinter einer Maske verstecken, wird daraus ein Teufelskreis von schwindender Liebe und falscher Selbst-Äußerung.

Sie wissen auch andere mehr zu schätzen, wenn Sie sich selbst mehr lieben. Dann wird die Welt anders. Für jeden von uns ist die Welt wie ein großer Spiegel, der uns ein Abbild unserer selbst zeigt. Jeder sieht die Welt durch seine eigene Brille, und diese Sicht hängt davon ab, wie man über sich selber denkt.

24. AUGUST

Wie sie auf ihn eingeht

Es bedeutet einem Mann sehr viel, wenn er erkennt, daß er im Leben einer Frau eine entscheidende Rolle spielt. Er lebt auf, wenn er fühlt, daß er in einer Beziehung gebraucht und geschätzt wird. Wenn eine Frau empfänglich für die kleinen Dinge ist, die er ihr entgegenbringt, bestärkt das seine Zuneigung und sein Interesse an ihr.

Eine Frau ist für Männer dann besonders attraktiv, wenn sie gelernt hat, ihnen mit den drei Attributen der Weiblichkeit zu begegnen: selbstbewußt, sensibel und dankbar empfangend.

25. AUGUST

Eine gesunde Beziehung

Wir müssen manchmal wieder daran erinnert werden, daß wir uns in einer echten Liebesbeziehung im Partner wiedererkennen. Mit diesem Gefühl der Verbundenheit und des Einsseins bekommen wir automatisch etwas zurück, wenn wir ein Bedürfnis des Partners erfüllen. Indem wir mit offenem Herzen geben, erleben wir das höchste Glück unseres Lebens.

Wenn Liebe nicht froh macht, sind wir verwirrt. Wenn sie schwierig oder anstrengend wird, erwarten wir vom Partner, daß er uns hilft. Viele Menschen verwechseln Liebe mit Anspruchsdenken. Wir stellen die Dinge auf den Kopf und glauben, geliebt zu werden bedeutet, daß unsere Bedürfnisse erfüllt werden. In Wahrheit empfinden wir als Erwachsene die größte Liebe, wenn unsere Liebe angenommen wird.

26. AUGUST

Abneigungen abbauen

Sie mögen sich nach Liebe sehnen – Sie mögen es auch mit aller Kraft versuchen –, aber Ihre Liebe wird nie rein sein, wenn Sie nicht frei von Abneigungen sind. Wenn wir frei von Abneigungen sind, fällt es uns leicht zu lieben. Wenn wir uns aber sehr bemühen müssen zu lieben, bedeutet das gewöhnlich, daß wir unsere Abneigungen unterdrücken.

Eine positive Haltung, die nicht mühelos und wie von selbst kommt, ist künstlich. Wenn wir Abneigungen hegen, können wir das vor dem anderen einfach nicht verbergen, und er wird auf der Hut sein, um sich vor uns zu schützen.

Mit diesem Wissen können wir uns in einer Beziehung verantwortlicher verhalten und erkennen, wie sehr unsere versteckten oder ausdrücklichen negativen Urteile tatsächlich schuld daran sind, daß uns Hilfe oft nur widerstrebend oder gar nicht gegeben wird.

27. AUGUST

Abwechslung schaffen

Es ist wichtig, immer wieder einmal etwas Besonderes zu planen. Ein Mann darf nicht vergessen, daß sich eine Frau mit der häuslichen Verantwortung leicht zuviel aufbürdet und sich zu selten Zeit für sich selbst nimmt. Wenn er besondere Gelegenheiten ergreift, um sie die Alltagsroutine vergessen zu lassen, kann sie aufatmen und neue Kräfte tanken.

Feste, Parties, Geschenke und Glückwunschkarten sind eine Erinnerung daran, wie die Zeit vergeht. Frauen legen großen Wert darauf und freuen sich sehr, wenn der Mann diesen Dingen Aufmerksamkeit schenkt. Es bedeutet ihr viel, wenn er an ihren Geburtstag, Hochzeitstag, Muttertag oder andere Feiertage denkt. An diesen Tagen sollte er sich etwas Besonderes für sie ausdenken, dann fühlt sie sich weniger unter den Alltagssorgen begraben und weiß, daß sie geliebt wird.

Routine ist bekanntlich der Tod jeder Leidenschaft. Auch wenn Sie sich in Ihrem Alltagstrott wohl fühlen, sollten Sie hin und wieder ausbrechen. Selbst mit irgend etwas Verrücktem können Sie unvergeßliche Augenblicke schaffen.

Letztendlich bleibt Leidenschaft in einer Beziehung nur durch wachsende Liebe lebendig. Zwei Menschen müssen zusammen leben, lachen, weinen und lernen, um einander mehr zu lieben und zu vertrauen – dann bleibt die Leidenschaft bestehen.

28. AUGUST

Worte der Bestätigung

Eine Frau braucht jeden Tag eine wie auch immer formulierte Bestätigung, daß sie geliebt wird. Man sagt zum Beispiel: »Ich liebe dich, ich liebe dich, ich liebe dich, ich liebe dich, ich liebe dich, ich liebe dich, ich liebe dich, ich liebe dich.« Es gibt im Grunde nur eine Art, das zu sagen, und doch muß es immer wieder gesagt werden.

Männer hören manchmal auf, »ich liebe dich« zu sagen, weil sie meinen, daß es eine Frau irgendwann langweilt, und sie etwas Neues, Originelleres sagen möchten; in Wirklichkeit kann sie es nicht oft genug hören, denn dabei fühlt sie seine Liebe. Er mag sie lieben, aber wenn er es ihr nicht sagt, kann sie es nicht fühlen. Ein Mann kann das vielleicht besser verstehen, wenn er diese drei Wörtchen mit den drei Wörtchen vergleicht, die er selbst nicht oft genug hören kann, wenn er für jemanden etwas getan hat: »Ich danke dir.«

Eine andere Antwort, durch die eine Frau sich bestätigt fühlt, lautet: »Ich verstehe dich.« Wenn ein Mann sie wirklich versteht, dann ist es hilfreich für sie, wenn er das laut sagt, denn dann weiß sie, daß er ihr Gehör geschenkt hat. Eine entsprechende Bestätigung, die ein Mann gern hört, lautet: »Das macht Sinn.« Wenn ein Mann diese Antwort erhält, fühlt er ihre Unterstützung.

29. AUGUST

Der Wert einer Frau

Ohne Verständnis für Männer glauben viele Frauen, sie müßten irgend etwas tun, um die Liebe und Aufmerksamkeit eines Mannes zu verdienen. Diese Frauen verstehen nicht, wie wertvoll es für den Mann ist, wenn sie einfach für das Interesse zeigen, was ein Mann ihnen anbietet, denn allein das gibt ihm schon etwas zurück.

Eine Frau blüht auf, wenn ein Mann etwas für sie tut, und entwickelt Interesse an ihm. Da sie so empfindet, glaubt sie, beim Mann sei es genauso. In Wirklichkeit aber beeindruckt einen Mann mehr, wie sie auf ihn reagiert, als das, was sie für ihn tut oder tun könnte.

Die wenigsten Frauen sind sich bewußt, was sie den Männern bedeuten. Ein Mann jubelt innerlich, wenn eine Frau für seine Versuche, sie zu beeindrucken und ihr Erfüllung zu schenken, offen und empfänglich ist – es ist ein Geschenk für ihn. Er ist froh um jede Gelegenheit, sie besser kennenzulernen, in engeren Kontakt mit ihr zu treten und sich in der Wärme ihrer Blicke zu sonnen. Ohne sie hat er nichts zu tun, dabei braucht er das; er braucht es, in einer Beziehung mit einer Frau erfolgreich zu sein, denn das schenkt seinem Leben mehr Erfüllung.

30. AUGUST

Ein Lebensziel finden

Jeder Mensch hat ein Ziel im Leben. Je besser wir unsere männlichen und weiblichen Energien verstehen und akzeptieren, desto näher kommen wir dem geheimen Schatz des Wissens, wer wir sind und wozu wir fähig sind. Um diese Schatztruhe zu öffnen, müssen wir die weiblichen und männlichen Energien in uns erkunden. Diese Entdeckungsreise führt uns zu einem höheren Verständnis, das uns die Tür zu größerem Selbstwertgefühl und Selbstbewußtsein, Vertrauen, Glück und Frieden öffnet.

31. AUGUST

Sich ändern und weiterentwickeln

Wenn man lange Zeit mit ein und derselben Person zusammenlebt, kann das langweilig werden, sofern man sich nicht immer wieder ändert. In der Ehe ist es für beide Partner wichtig, lebendig zu bleiben. So wie ein Lieblingslied abgedroschen wirkt, wenn man es sich hundertmal hintereinander anhört, wird auch ein Partner langweilig, wenn er sich nicht verändert und weiterentwickelt.

Körperliche Weiterentwicklung zeigt sich ganz selbstverständlich an unseren Kindern. Genauso müssen wir uns auch emotional, geistig und seelisch immer weiterentwickeln; wir dürfen uns selbst nicht zu sehr verleugnen oder aufopfern. Wenn eine Beziehung uns in unserer Weiterentwicklung einengt, schwindet mit der Zeit auch die Leidenschaft zwischen den Partnern.

Ihren Partner zu lieben, heißt nicht, daß Sie Ihre ganze Zeit mit ihm verbringen. Wenn man zuviel beisammen ist, verliert die Beziehung leicht ihren Reiz und ihre Geheimnisse. Wenn Sie dagegen auch andere Freunde treffen und andere Aktivitäten pflegen, können Sie immer wieder neue Impulse in die Partnerschaft einbringen. Eine gesunde Beziehung verlangt ein Gleichgewicht zwischen den Dingen, die man ohne den Partner tut, jenen, die man zusammen mit dem Partner und anderen Menschen tut, und schließlich jenen Dingen, die man in trauter Zweisamkeit mit seinem Partner tut.

SEPTEMBER

Wissen, Ausdruck, Gleichgewicht

September ist die Zeit, das Wissen und die Liebe zu ernten, die aus unserem gemeinsamen Leben erwachsen sind. Wir erkennen oft nicht, wie sehr wir gewachsen sind, bis wir darüber nachdenken, was wir alles durchgemacht haben. Nun können wir uns zurücklehnen, Abstand zum Alltag gewinnen und die Liebe genießen, die wir erschaffen haben.

Es ist ein steter Prozeß, herauszufinden, wieviel man geben sollte und wieviel man erbitten sollte, es gibt da keine scharfen Grenzen. Wenn wir das Gefühl haben, wir hätten zu viel gegeben, müssen wir unsere Grenzen neu ziehen und um den Rückhalt bitten, der uns so teuer ist.

Wenn es auch wichtig ist, den Rückhalt zu bekommen, den wir brauchen und verdienen, dürfen wir doch nie vergessen, daß unsere höchste Erfüllung darin liegt, Liebe zu geben. Es ist ein besonderes Glück, wahre Liebe zu empfinden. Zu leicht nehmen wir es dann für selbstverständlich und verlieren uns in kleinlichen Auseinandersetzungen. Mit Liebe im Herzen fällt es uns aber leicht, unserem Partner zu verzeihen und neu zu beginnen, wenn wir merken, daß sich ein Ungleichgewicht eingeschlichen hat.

Wenn die Unvollkommenheiten unseres Partners zum Vorschein kommen, vergessen wir oft, daß er sein Bestes gibt und uns wirklich liebt. Wenn wir uns seine Bemühungen vor Augen halten, wird uns wieder warm ums Herz, und wir sind glücklich über alles, was wir von ihm bekommen. Die Liebe, die wir für unseren Partner empfinden, tut nicht nur ihm wohl, sondern gibt auch unserem Leben einen Sinn.

1. SEPTEMBER

Was fühlen Sie wirklich?

Das Unterdrücken von Gefühlen ist ein Schutzmechanismus. In unserer Kindheit, als wir noch nicht in der Lage waren, unsere Gefühle auszudrücken und sie zu verarbeiten, versteckten wir sie tief in unserem Inneren und hofften, daß sie einfach verschwinden. Durch jahrelanges Unterdrücken unserer wahren Gefühle haben wir leider die ungesunde Gewohnheit angenommen, jedes unangenehme oder verwirrende Gefühl automatisch zu unterdrücken.

Wir gewöhnen uns daran, nur solche Gefühle wahrzunehmen, die weder uns noch andere bedrohen, um uns in Sicherheit wiegen zu können und angenommen zu fühlen. Dadurch entfernen wir uns von unseren wirklichen Gefühlen. Wir überlegen uns, was wir fühlen sollen, anstatt einfach und spontan aus dem Herzen heraus zu fühlen.

Es ist für unsere persönliche Entwicklung absolut lebenswichtig, diese verschütteten Gefühle ans Licht zu holen, sonst verlieren wir aus den Augen, wer wir wirklich sind und was wir eigentlich wollen. Wir meinen zwar, daß wir dieses und jenes wollen, aber es macht uns nicht glücklich, weil es nicht unsere wahren Sehnsüchte sind. Sobald wir Kontakt mit unseren wahren Gefühlen aufgenommen haben, wird unser Leben reicher und erfüllter, auch wenn es mehr Höhen und Tiefen birgt.

2. SEPTEMBER

Streßmanagement für Mann und Frau

Die gegensätzlichen Standpunkte Objektivität und Subjektivität sind zwei Arten, Streß abzubauen. Der männliche Weg besteht darin, das zu ändern oder auszuschalten, was Streß verursacht, während der weibliche Weg darin besteht, die eigene Einstellung dergestalt zu ändern, daß man nicht mehr gestreßt ist. Frauen neigen dazu, ihr Denken oder ihre Haltung, die Streß verursachen, zu ändern.

Wenn der männliche Weg, eine Situation durch anderes Verhalten zu verbessern, und der weibliche Weg, die Situation durch eine andere Einstellung – Verzeihen, Liebe, Dankbarkeit oder Toleranz – zu verbessern, zusammenkommen, ist das Ergebnis äußerst positiv.

3. SEPTEMBER

Die feminine Seite des Mannes

Ein Mann sollte nicht von einer Frau erwarten, daß sie seine femininen Bedürfnisse befriedigt. Sie sollte seine maskuline Seite fördern, nicht die feminine. Das tut sie, indem sie ihn lobt, ihn akzeptiert und ihm vertraut. Wenn er spürt, daß sie hinter ihm steht, gibt ihm das neue Energien, und er wird sensibler für ihre Bedürfnisse. Das ist eine Eigenschaft, die eine Frau an einem Mann zutiefst schätzt, und das gibt ihm das Gefühl, stark und zärtlich zugleich zu sein.

Sollte er sensibler sein als sie, kann es einige Jahre dauern, bis er sein Gleichgewicht gefunden hat und zu seiner männlichen Stärke in der Beziehung findet. Bis dahin sollte er sie nicht mit seiner Sensibilität belasten. Falls er sich zum Beispiel verletzt fühlt oder emotional unbefriedigt ist, sollte er mit einem Freund darüber sprechen und nicht in erster Linie bei ihr Rückhalt suchen, um seinen seelischen Ballast abzuladen.

4. SEPTEMBER

Wenn Marsianer schweigen

Die größte Herausforderung für eine Frau besteht darin, einen Mann richtig zu interpretieren und auch dann zu unterstützen, wenn er schweigt, denn Schweigen wird von einer Frau meist mißverstanden.

Es geschieht oft, daß ein Mann plötzlich aufhört zu kommunizieren und schweigsam wird. Auf der Venus wäre das undenkbar. Der erste Gedanke einer Frau wäre, daß der Mann vielleicht taub sei und deswegen nicht antworte.

Bevor Männer sprechen oder antworten, denken sie in Ruhe über das Gehörte nach. Sie überlegen sich für sich allein die zutreffendste oder passendste Antwort. Sie legen sich erst alles zurecht, bevor sie sich äußern. Dieser Prozeß kann einige Minuten, aber auch Jahre dauern. Und für Frauen ist es äußerst verwirrend, daß Männer manchmal überhaupt nicht reagieren, weil sie erst eine angemessene Antwort finden wollen.

Frauen müssen wissen, daß ein Mann, wenn er schweigt, nur signalisiert: » Ich weiß noch nicht, was ich sagen soll, aber ich denke darüber nach.« Wenn ein Mann über etwas nachgrübelt, hört er kaum noch, was um ihn herum passiert. Er nimmt vielleicht Geräusche wahr, aber er konzentriert sich auf seine Gedanken und kann in diesem Augenblick keine weiteren Informationen aufnehmen.

5. SEPTEMBER

Wie Frauen das Gleichgewicht verlieren

In Beziehungen neigt eine Frau leider dazu, allzu kompromißbereit zu sein und sich unterzuordnen, um die Harmonie zu wahren und Auseinandersetzungen zu vermeiden. Bewußt versucht sie, sich selbst zu ändern. Wenn sie allzu viele Male ihren Standpunkt aufgegeben hat, kommt Ärger in ihr hoch, weil ihr Partner es nicht ebenso macht. Auf einer unbewußteren Ebene wird sie versuchen, den Partner zu ändern, und damit wird jede Gesprächssituation so manipulativ, daß er sich abgestoßen fühlt. Er weist dann seine Partnerin entweder zurück oder er lehnt sich auf.

Eine Frau fängt an, einen Mann zu manipulieren, wenn ihre ursprünglichen Versuche fehlschlagen, das zu bekommen, was sie braucht. Ihr Problem ist, daß ihr niemand beigebracht hat, was sie an sich selbst ändern muß, um es zu bekommen. Sich selbst zu ändern bedeutet aber nicht, sich selbst aufzugeben; es bedeutet auch nicht, sich auf eine ganz bestimmte Weise zu verhalten. Sie soll auch nicht einfach ihr Verhalten oder ihre Ausdrucksweise ändern, sondern ihre Einstellung. Wenn sie Ärger und Mißtrauen abbaut, wird sie automatisch mehr von dem bekommen, was sie benötigt, und sie lernt, wie schön es ist, ihr wahres und liebevolles Ich zum Ausdruck zu bringen.

6. SEPTEMBER

Arbeit und Liebe

Wie gestreßt ein Mann auch von seinem Arbeitstag nach Hause kommt – wenn seine Partnerin mit ihm glücklich ist, ist auch er glücklich. Wenn er fühlt, daß sie Anerkennung für seine Bemühungen hegt, ist der Streß wie fortgeblasen.

Die Anerkennung einer Frau ist wie ein Reinigungsbad,
in dem sich der Schmutz seines Alltags auflöst.

Wenn hingegen eine Frau erschöpft nach Hause kommt, gibt es ihr nichts, wenn der Mann einfach glücklich ist. Natürlich ist es wunderbar, daß er versteht, wie schwer sie arbeitet, um die Familie mit zu ernähren, aber das verringert ihre Anspannung nicht. Wie schon gesagt, hat sie das Bedürfnis, zu kommunizieren und wohltuenden Rückhalt zu erhalten, erst dann fühlt sie sich besser.

Wenn wir verstehen und in Ehren halten, daß Männer Anerkennung brauchen und Frauen Kommunikation, haben wir das Wissen und die Kraft, eine Beziehung zu schaffen, die beiden Erfüllung bringt.

7. SEPTEMBER

Wenn Männer sich zurückziehen

Die psychische Eigenart von Männern, sich vollkommen in sich zurückzuziehen, ist für Frauen äußerst verwirrend. Eine Frau kann kaum verstehen, warum ein Mann, der eben noch aufmerksam und liebevoll war, plötzlich umschalten und sich völlig auf sich selbst konzentrieren kann. Da ihr dieses Verhalten fremd ist, nimmt sie es persönlich.

Eine Frau erkennt nicht, wie automatisch ein Mann alles um sich herum vergißt, wenn er sich auf eine Sache konzentriert. Solange er sich um sie bemüht, kümmert er sich nur um sie. Wenn er meint, ihre Bedürfnisse seien erfüllt, wendet er sich etwas anderem zu, genauso wie er es im Berufsleben hält, und richtet dann seine ganze Aufmerksamkeit darauf.

Wenn sie unter Streß stehen, neigen Männer um so mehr dazu, sich auf eine Sache zu konzentrieren und alles andere zu vergessen. In solchen Momenten wirken sie oft egoistisch oder gar narzißtisch, aber das sind sie nicht.

Männer konzentrieren sich vollkommen auf ihr Ziel und vergessen alles um sich herum.

Sie können leicht feststellen, daß Männer trotzdem Anteil nehmen, wenn Sie bemerken, daß die Ziele, die sie verfolgen, sehr altruistisch oder hilfreich für andere sind.

8. SEPTEMBER

Reife bedeutet mehr Weisheit

Je reifer wir werden, desto mehr Weisheit und Selbstbeherrschung besitzen wir. Wenn wir schlechte Angewohnheiten und Süchte haben, fühlen wir uns schließlich motiviert, unser Leben umzukrempeln. Wir suchen Unterstützung bei anderen, die dabei sind, ihr Leben in Ordnung zu bringen.

Selbsthilfegruppen bieten Gelegenheit, die Körperchemie zu erleben, die in einem gemeinsamen Reifeprozeß entsteht. Es gibt die verschiedensten Selbsthilfegruppen, wie etwa kirchliche Arbeitskreise, Gruppen für alleinerziehende Eltern, die Anonymen Alkoholiker usw. Sie alle bieten eine wunderbare Gelegenheit, neue Freunde zu gewinnen, die uns viele Türen öffnen, um Seelengefährten zu finden.

9. SEPTEMBER

Wenn einer Frau alles zuviel wird

So wie ein Mann von einem einzigen Problem völlig in Anspruch genommen werden kann, wird es einer Frau leicht zuviel, wenn sie sich mit vielen Problemen gleichzeitig herumschlägt. Sie verliert dann zeitweilig ihre Fähigkeit, Prioritäten zu setzen, was alles noch schlimmer macht. Sie fühlt sich zu sehr verantwortlich, ja geradezu unter dem Zwang, sich um alles zu kümmern, und fühlt sich gleichzeitig außerstande, es zu schaffen. Oder wie eine alte Redensart sagt, einer Frau geht nie die Arbeit aus.

Versteht ein Mann diese weibliche Schwäche nicht, reagiert er frustriert. Er hat das Gefühl, ihm würde die Schuld für ihr Unglücklichsein zugeschoben, und er verteidigt sich dann, indem er sie wegen ihrer Überreiztheit kritisiert und ihr vorwirft, sie »mache aus jeder Mücke einen Elefanten«.

Männer müssen erkennen, daß eine Frau in diesem Zustand gar nicht die Absicht hat, sie zu beschuldigen; sie versucht nur, über ihre Probleme zu reden, damit sie sich wieder besser fühlt. In solchen Momenten braucht eine Frau einen Zuhörer – nicht jemanden, der sie kritisiert.

So müssen sich Mann und Frau in Streßsituationen auf verschiedene Art und Weise helfen. Frauen fühlen sich besser, wenn sie über ihre Probleme sprechen können und einen Zuhörer haben, Männer fühlen sich besser, wenn man sie in Ruhe läßt, damit sie sich auf ihre Probleme konzentrieren und eine Lösung finden können.

10. SEPTEMBER

»Du brauchst nichts zu sagen«

Die wohl wichtigste und wirkungsvollste Beruhigung, die eine Frau einem Mann geben kann, um ihn aufs Zuhören vorzubereiten, lautet: »Du brauchst nichts zu sagen.« Sie ist deshalb wichtig, weil sie ihn von der Notwendigkeit befreit, sich zu verteidigen, und sie erinnert ihn auf behutsame Weise daran, daß sie nicht von ihm erwartet, ihre Probleme zu lösen.

Normalerweise würde eine Frau so etwas niemals sagen, denn einer anderen Frau gegenüber wäre es eine Grobheit zu sagen: »Du brauchst nichts zu sagen.« Auf der Venus gehört es zum guten Ton, daß Frau zuerst die andere zu Wort kommen läßt und dann selbst spricht. Die unausgesprochene Übereinkunft lautet: »Wenn ich dir fünf Minuten lang zuhöre, hörst du mir auch fünf Minuten lang zu.«

Bei einem Mann ist das anders. Wenn sie zu ihm sagt: »Du brauchst nichts zu sagen«, empfindet er das nicht als grob, sondern ist ganz im Gegenteil erleichtert.

11. SEPTEMBER

Gefühle sind Freunde

Jeder Mensch hat die Fähigkeit, Gefühle zu empfinden, wenn sie uns auch oft nicht gefallen; aber jedes Gefühl zielt auf etwas ab und bleibt bestehen, bis dieses Ziel verwirklicht ist. Gefühle sind wie Boten unseres Unterbewußtseins an unser Bewußtsein.

Und dies sind die Botschaften, die Ihnen die vier heilenden Gefühle bringen:

1. Wenn Sie Ärger empfinden, bedeutet dies, daß etwas geschehen ist, was Sie nicht wollen. Eine Änderung oder Korrektur ist nötig.
2. Wenn Sie Trauer empfinden, bedeutet dies, daß Sie etwas verloren haben oder vermissen, was Sie brauchen oder sich wünschten. Die Fähigkeit zum Akzeptieren ist nötig.
3. Wenn Sie Angst empfinden, warnt Sie das vor einem Fehlschlag, Verlust oder Schmerz. Sie brauchen Hilfe und Rückhalt.
4. Wenn Sie Kummer empfinden, bedeutet dies, daß Sie wünschen, etwas verändern zu können, es aber nicht in Ihrer Macht steht. Sie müssen vergessen lernen.

Sie können erst dann verstehen, was Ihre Gefühle Ihnen eigentlich sagen wollen, wenn Sie den Mut haben, sie herauszulassen und zu erforschen. Was unterdrückt wird, können Sie nie verstehen.

Ist es Ihnen je passiert, daß Sie allein dadurch, daß Sie einem Freund von einem Problem erzählt haben, die Lösung gefunden haben? Wenn Sie die ganze Wahrheit über Ihre Gefühle ausdrücken, erkennen Sie schließlich die Liebe und das Verständnis unter all Ihren negativen Emotionen.

12. SEPTEMBER

Gleichgewicht durch Anziehung

Im allgemeinen verbinden wir Weiblichkeit mit Wärme, Empfänglichkeit, Verletzbarkeit, Einfühlungsvermögen, Liebe und Nachgiebigkeit, Männlichkeit dagegen mit Rationalität, Aggressivität, Selbstsicherheit, kalter Vernunft, Zielorientiertheit und Entscheidungsfreude. Sofern ein Mann diese männlichen Züge besitzt, sucht er nach einem Ausgleich, indem er eine Frau liebt, die die entgegengesetzten weiblichen Wesenszüge zeigt.

Wenn ein Mann die femininen Wesenszüge
einer Frau liebt, akzeptiert er seine eigene
feminine Seite automatisch mehr.

Kommt er in Berührung mit ihrer Sanftheit, erweckt das seine eigene Sanftheit, dennoch bleibt er hart. Seine Kälte findet in ihrer Wärme einen Ausgleich, seine Aggressivität in ihrem Entgegenkommen, seine Selbstsicherheit in ihrer Verletzlichkeit, seine Stärke in ihrer Liebe usw. Durch diesen Prozeß wird er ein Ganzes. Durch seine Liebe zu ihr kann er seine eigenen femininen Züge erkennen. Umgekehrt kann sie, wenn sie ihn liebt, ihre maskuline Seite stärker empfinden.

Dieses Paradoxon wohnt jeder liebevollen und leidenschaftlichen Beziehung inne. Es sind die Unterschiede, die uns zueinander hinziehen. Und unser inneres Potential, einander zu gleichen, macht es uns möglich, aufeinander einzugehen, um Intimität, Kommunikation und Nähe zu erleben.

13. SEPTEMBER

Wenn eine Frau keine Venusierin sein darf

Wenn eine Frau gezwungen ist, so zu reden wie ein Mann, geht das gegen ihren Instinkt. Das führt so weit, daß sie schließlich nicht mehr in der Lage ist, mit Streß fertig zu werden, und entfremdet sie ihrer weiblichen Warmherzigkeit, Offenheit und liebevollen Art, so daß sie nicht mehr vertrauen und das Leben akzeptieren und genießen kann.

Es kann einem Mann sehr helfen, wenn er sich stets vor Augen hält, daß Frauen von Natur aus reden müssen, um ihre Gedanken zu ordnen, Prioritäten zu setzen und ihre Gefühle zu ergründen. Seit Urzeiten sind Frauen es gewöhnt, ihre Probleme tagsüber und nach getaner Hausarbeit mit anderen Frauen zu besprechen. Die Gespräche und die Freundschaften mit anderen Frauen vermittelten ihnen ein Gefühl der Sicherheit.

Wenn eine Frau diese Sicherheit hat, kann sie ihre Gedanken klarer und liebevoller ordnen. Wenn ein Mann ihr den nötigen Rückhalt dafür gibt, sich in ihrer eigenen Sprache auszudrücken, ist das für sie ein kostbares Geschenk.

14. SEPTEMBER

Anziehung bedarf der Gegensätze

Wenn zwei Partner einander nicht respektieren und ihre einander ergänzenden Unterschiede nicht anerkennen, verliert ihre Beziehung an Spannung; sie inspirieren einander nicht mehr. Ohne Polarität verliert sich die beiderseitige Anziehung.

Dies kann auf zweierlei Art geschehen. Entweder unterdrücken wir unser wahres Ich, um dem Partner zu gefallen, oder wir versuchen, den Partner nach unserem Idealbild umzumodeln. Beide Wege – Selbstunterdrückung wie Änderungsversuch – sabotieren die Beziehung.

Falls es uns gelingt, den Partner zu ändern, macht uns das vielleicht kurzfristig zufrieden, aber langfristig tötet es jede Leidenschaft. In einer guten Beziehung hilft jeder dem anderen, sein wahres Ich auszuleben und sich selbst treu zu bleiben. Wenn wir Kompromisse schließen, bekommen wir schließlich, was wir wollen, und bringen zum Ausdruck, wer wir sind.

15. SEPTEMBER

Geteilte Verantwortung

Gute Kommunikation erfordert ein Zusammenspiel beider Partner. Ein Mann muß sich darin üben zu verstehen, daß eine Frau ihm keine Vorwürfe macht, wenn sie über Probleme jammert, und daß sie sich nur ihre Frustrationen von der Seele redet, um sie loszuwerden. Eine Frau kann daran arbeiten, ihm zu zeigen, daß sie trotz ihres Gejammeres Anerkennung für ihn empfindet.

Eine Frau denkt oft nicht daran, einem Mann ihre Anerkennung auszudrücken, da sie davon ausgeht, er wüßte schon, wie sehr sie es schätzt, daß er ihr zuhört. Er weiß es aber nicht. Wenn sie über Probleme spricht, braucht er die Beruhigung, daß sie ihn immer noch liebt und schätzt.

Männer fühlen sich bei Problemen frustriert, sofern sie nicht etwas dagegen tun können. Wenn eine Frau einem Mann ihre Anerkennung ausdrückt, hilft sie ihm zu verstehen, daß sein Zuhören für sie schon die halbe Lösung des Problems ist.

Um ihrem Partner zu helfen, muß eine Frau keineswegs ihre Gefühle unterdrücken oder ändern, sondern sie muß sie in einer Weise ausdrücken, daß er sich nicht angegriffen oder beschuldigt fühlt. Schon kleine Veränderungen können einen großen Unterschied bewirken.

16. SEPTEMBER

Wie sie ihn dazu bringt, einfach nur zuzuhören

Wenn eine Frau sagt: »Du verstehst das nicht«, meint sie eigentlich nur: »Du begreifst nicht, daß ich im Moment keine Lösung hören will.«

Er glaubt dagegen, sie fände seine Lösung nicht gut, und fängt an, sich mit ihr darüber zu streiten, obwohl sie ihm doch eigentlich nur etwas erzählen wollte.

Wenn ein Mann seine Lösungen unterbreitet, sie dagegen nur reden will, liegt es an ihr, ihn so daran zu hindern, daß er sein Gesicht wahren kann. So könnte sie sagen: »Das ist eine gute Idee. Laß mich nur erst ausreden, und dann sehen wir schon, was wir tun können.« Wenn sie dann über ihr Anliegen gesprochen hat, sollte sie sagen: »Danke fürs Zuhören. Ich mußte das einfach loswerden. Jetzt fühle ich mich viel besser.« Und dann geht sie wie selbstverständlich weg, als ob sie etwas anderes zu tun hätte.

17. SEPTEMBER

Kommunikation, Intimität und Romantik

Kommunikation ist unbedingt notwendig, um Intimität und Romantik lebendig zu erhalten, nicht minder wichtig aber ist ein Gespür für den richtigen Zeitpunkt. Romantik ist nur dann dauerhaft gewährleistet, wenn man zum richtigen Zeitpunkt so mit dem Partner spricht, daß es ihn nicht beleidigt, verletzt oder verärgert. Wenn etwas Wichtiges zu besprechen ist, müssen wir den Zeitpunkt dazu sorgfältig wählen. Am besten teilen wir uns solche Dinge erst dann mit, wenn wir unserem Partner zuvor genügend Gelegenheit gegeben haben, sich unserer Liebe und Unterstützung sicher zu sein.

Ein reichhaltiges Repertoire romantischer Rituale gibt Männern und Frauen den nötigen emotionalen Rückhalt, um in allen wichtigen Dingen ehrlicher zueinander zu sein. Wenn sich ein Mann respektiert und anerkannt weiß, fällt es ihm leichter, die Gefühle und Bedürfnisse einer Frau anzuhören und liebevoll auf sie einzugehen. Fehlt ihm dieses Gefühl der Anerkennung und spricht sie über ihre Probleme, hört er aus ihren Worten nur heraus, daß er zuwenig tut.

Für Männer bedeutet es eine neue Herausforderung, den Gefühlsäußerungen einer Frau zuzuhören. Das wurde früher nicht von ihnen erwartet. Wenn eine Frau sich über etwas ärgerte, brachte er die Sache in Ordnung, damit sie zufrieden war. Eine Frau, die emotionales Mitgefühl brauchte, redete nicht mit einem Mann, sondern wandte sich an eine andere Frau. Bis vor kurzem wollten Frauen mit Männern nicht einmal über ihre Gefühle sprechen.

Die Fähigkeit, dem anderen zuzuhören, ermöglicht eine größere Intimität zwischen Mann und Frau als je zuvor. In dem Maße, wie sich Männer und Frauen durch bessere Kommunikation näher kommen, steigen die Chancen von dauerhafter romantischer Liebe.

18. SEPTEMBER

Wie Männer werten

Wenn eine Frau einem Mann für das, was er tut, Anerkennung schenkt, bekommt er bereits den größten Teil der Liebe, die er braucht. Ein Mann benötigt mehr Anerkennung als Unterstützung. Er liebt es, wenn eine Frau sich gleichberechtigt an seinen alltäglichen Arbeiten beteiligt, aber es wird bedeutungslos für ihn, wenn sie ihm nicht genügend Anerkennung schenkt.

Umgekehrt kann auch eine Frau die großen Dinge, die ein Mann für sie tut, nicht wertschätzen, wenn er darüber die kleinen vergißt. Indem er viele kleine Dinge für sie tut, erfüllt er ihr Bedürfnis nach Fürsorge, Verständnis und Respekt.

Das liebevolle Eingehen einer Frau auf das Verhalten eines Mannes ist für ihn ein Quell der Liebe. Sein Liebesreservoir wird nicht unbedingt dadurch aufgefüllt, daß sie etwas für ihn tut, sondern wie sie auf ihn reagiert oder welche Gefühle sie ihm entgegenbringt.

Männer brauchen Anerkennung, wenn sie Rückhalt geben,
Frauen brauchen seinen Rückhalt.

Ein Mann muß seine Liebe in seinem Verhalten zeigen, damit erfüllt er das unmittelbare Bedürfnis seiner Partnerin nach Liebe. Dadurch können sich beide Herzen öffnen. Das Herz eines Mannes öffnet sich, wenn er sieht, daß er einer Frau Erfüllung schenkt.

Eine Frau muß auf ihre liebevolle Einstellung und Gefühle achten, denn damit erfüllt sie das unmittelbare Bedürfnis ihres Partners nach

Liebe. Wenn eine Frau in der Lage ist, ihre liebevolle Haltung und ihr Gefühl für einen Mann zum Ausdruck zu bringen, fühlt er sich motiviert, mehr zu geben. Dadurch wiederum kann sie ihr Herz weiter öffnen. Das Herz einer Frau öffnet sich, wenn sie all den Rückhalt erfährt, den sie braucht.

19. SEPTEMBER

Unsere innersten Qualitäten

Wenn Mann und Frau sich zueinander hingezogen fühlen, entsteht eine Spannung. Beide suchen miteinander zu verschmelzen. Sie nähern sich einander an, verbringen Zeit miteinander, kommunizieren, teilen Dinge, berühren sich und haben Sex, und dadurch lösen sie die Spannung und erleben Glück und Seligkeit, Frieden, Inspiration, Freiheit, Vertrauen und Erfüllung.

Diese wunderbaren Gefühle entstehen, wenn unsere inneren Qualitäten erwachen und wir uns als Ganzes fühlen. Bedauerlicherweise sind diese Glücksgefühle nicht von Dauer. Wir erahnen nur, wie wir uns fühlen könnten, wenn wir unser Gleichgewicht und unser ganzes Selbst gefunden hätten. Um uns als Ganzes zu erleben, müssen wir uns dieser potentiell vorhandenen Qualitäten erst bewußt werden.

Sobald wir diesen hervordrängenden Qualitäten Widerstand entgegensetzen, verlieren wir das Glück und erleben vielleicht sogar das Gegenteil. Wenn wir lernen, unseren Partner auch in schwierigen Zeiten zu lieben, erschließen wir uns den Weg, die Ganzheit unseres Wesens zu erfahren.

20. SEPTEMBER

Wenn Männer viel reden und fühlen

Manche Männer sind bereits in Fühlung mit ihren Gefühlen. Sie sind sehr offen und gesprächsbereit. Solche Männer können unwissentlich eine Beziehung sabotieren. Eine Frau muß zunächst das Gefühl haben, daß der Mann für sie da ist; dann erst kann sie auch für ihn da sein, ohne sich zu verlieren. Wenn ein Mann eine Frau mehr braucht als sie ihn, kann das abstoßend auf die Frau wirken. Ein Mann muß darauf achten, daß er nie mehr redet als die Frau, dann sorgt er für das richtige Gleichgewicht in der Beziehung.

21. SEPTEMBER

Der Herbst der Liebe

Wenn wir im Sommer den Garten gepflegt haben, können wir im Herbst reiche Ernte einfahren, die Früchte unserer harten Arbeit. Der Herbst ist die goldene Jahreszeit, reich und voller Erfüllung. Wir erleben eine gereifte Liebe, die sowohl die Unvollkommenheiten des Partners als auch die eigenen kennt. Es ist eine Zeit des Dankens und des Teilens. Nun können wir uns entspannen und die Liebe, die wir erschaffen haben, aus vollem Herzen genießen.

22. SEPTEMBER

Wie sie ihn kränkt

So wie Männer mit den besten Absichten versuchen, Frauen »auf den rechten Weg zu bringen«, meinen Frauen fälschlicherweise, einen Mann »verbessern« zu müssen, wenn er lediglich darüber sprechen möchte, was ihn belastet. Ein, zwei störende Bemerkungen genügen da, um ihn zum Verstummen zu bringen. In solchen Augenblicken hat eine Frau in der Regel keine Vorstellung davon, wie sie ihn verletzt hat. Sie erkennt nicht, daß jeder Versuch, ihm zu helfen oder ihn zu verbessern, ihn kränkt.

Diesen Fehler begehen Frauen sehr oft und haben keine Ahnung, wie sehr sie ihre Männer kränken. Männer haben auch eine feminine Seite, und auch sie müssen von Zeit zu Zeit ihre Gedanken und Gefühle mitteilen, um sich zu erleichtern. In solchen Augenblicken passiert es leicht, daß eine Frau ihren Mann dazu treibt, sich vor ihr zu verschließen. Wenn das einige Male geschieht, wird er aufhören, sich ihr mitzuteilen, auch wenn er das Bedürfnis danach hat.

23. SEPTEMBER

Gespräche beflügeln die Romantik

Heute finden Frauen kaum noch Zeit füreinander. Mehr oder weniger haben alle viel zuviel zu tun. In Ermangelung des Rückhalts, den andere Frauen bieten können, und bedingt durch die Notwendigkeit, am Arbeitsplatz zweckbestimmt miteinander reden zu müssen, dürstet es Frauen nach der Arbeit nicht nur danach, ihre Gefühle mitzuteilen, ja sie sind geradezu ausgedörrt. Dieses neue Dilemma bietet allerdings auch wunderbare Gelegenheiten für mehr Romantik.

Männer brauchen Anerkennung und das Gefühl, gebraucht zu werden, das ist ihr wichtigster emotionaler Treibstoff. Allerdings ergibt sich ein Problem, wenn Frauen sich selbst versorgen und schützen können: Im wahrsten Sinne des Wortes werden Männer dann arbeitslos; sie verlieren den Job, auf den sie seit Jahrtausenden das Monopol hatten.

Bei Frauen kristallisiert sich ein noch nie dagewesenes Bedürfnis heraus: Sie brauchen einen Mann, um mit ihm zu sprechen, einen Partner, der teilnahmsvoll zuhört. Die heutigen Frauen haben am Ende ihres Arbeitstages das Bedürfnis, sich mitzuteilen und Gehör zu finden, und damit ist der neue Job des Mannes definiert. Diese neue Art, ihr Rückhalt zu geben, schafft eine neue Nähe zwischen Mann und Frau, eine neue Grundlage für dauerhafte Anziehung und Leidenschaft.

24. SEPTEMBER

»Du hörst mir überhaupt nicht zu«

Eine von Frauen oft verwendete Bemerkung, die auf einen Mann lähmend wirkt, lautet: »Du hörst mir überhaupt nicht zu.« Wenn sie das sagt, ist er frustriert, weil er gewöhnlich doch irgendwie zuhört oder sich zumindest darum bemüht. Selbst wenn er tatsächlich nicht zugehört hat, geht ihm diese Bemerkung auf die Nerven, weil er sie als Kind zu oft von seiner Mutter hören mußte.

Wenn er als Erwachsener mit einer solchen Bemerkung konfrontiert wird, hat er das Gefühl, von seiner Partnerin wie ein Kind behandelt zu werden. Das ist für ihn nicht nur demütigend, sondern auch ein Anzeichen dafür, daß sie ihn beherrschen möchte. Er glaubt, sie wolle ihm Vorwürfe machen, während sie eigentlich nur möchte, daß er zuhört.

Genausowenig wie eine Frau einen Mann bemuttern möchte, möchte ein Mann bemuttert werden.

Wenn eine Frau sagt: »Du hörst mir überhaupt nicht zu«, dann im allgemeinen deswegen, weil er ihr nicht seine volle Aufmerksamkeit schenkt. Er hört ihr nicht mit ganzem Herzen zu, obwohl sie seine uneingeschränkte Aufmerksamkeit möchte. Eigentlich sollte die Frau sich so ausdrücken: »Würdest du mir jetzt bitte einmal gut zuhören?«

Für einen Mann liegen zwischen diesen beiden Aussagen Welten. Mit dem zweiten Satz kann er umgehen, aber der erste stößt ihn absolut ab.

Wenn er nur mit halbem Ohr zuhört, zerstreut ist oder sie nicht ansieht, wenn sie spricht, glaubt sie oft, er höre ihr nicht zu, und spricht deshalb lauter. Eine Frau erhebt ihre Stimme, um auszudrücken: »Du hörst mir nicht zu.« Das Ergebnis ist allerdings das gleiche: Letzten Endes hört er dann noch weniger zu. Wer seine Kinder anschreit, erzieht sie ebenfalls dazu, nicht mehr hinzuhören.

Negative Kritik führt nie zum erwünschten Ziel. Die meisten Frauen kennen nur noch den Ausweg, sich aufzuregen und aus dem Zimmer zu stürzen. Aber obwohl die Situation für sie trostlos erscheint, gibt es eine Hoffnung. Mit neuen Methoden des Kommunizierens kann eine Frau schnell erreichen, was sie will.

25. SEPTEMBER

Männer wollen Lösungen, Frauen müssen sich mitteilen

Männer wollen Probleme auf der Stelle lösen. Ein Mann mit einem Problem begibt sich sofort in seine Höhle und macht sich auf die Suche nach einer Lösung des Problems. Wenn er eine Methode gefunden oder einen Arbeitsplan aufgestellt hat, fühlt er sich besser. Ist es ihm nicht möglich, zu einer Lösung zu kommen, verläßt er seine Höhle, sucht einen Mann seines Vertrauens auf und bespricht sein Problem.

Ein Mann, der sein Problem mit einem anderen Mann bespricht, sucht nach einer anderen Meinung, die ihm bei seiner Problemlösung behilflich sein kann. Kommt er zu einem guten Lösungsvorschlag, fühlt er sich sofort besser. Wenn eine Frau, die sich geärgert hat, zu sprechen beginnt, nimmt ein Mann automatisch an, sie sei an einer Problemlösung interessiert. Nichts sagt ihm, daß sie eigentlich nur für eine Weile einen Zuhörer haben will. Also versucht er, ihre Probleme zu lösen, aber dadurch fühlt sie sich wiederum bevormundet und frustriert.

Das vorrangige Bedürfnis einer verärgerten Frau
ist es, in ihrem Ärger akzeptiert zu werden.

Sie braucht einen Mann, der ihren Gefühlen zuhört, ohne gleich etwas reparieren zu wollen. Indem sie ihre Gefühle einfach ungeordnet mitteilt, findet sie Erleichterung. Das Gefühl, daß ihr alles zuviel wird, schwindet, auch wenn ihre Probleme nach wie vor bestehen.

Ein Mann, dem dieser Unterschied klar ist, kann sich entspannen, wenn eine Frau sich mitteilt. Anstatt sich für die Lösung ihrer Probleme verantwortlich zu fühlen, kann er sich allein darauf konzentrieren, ihr Bedürfnis nach einem aufmerksamen Zuhörer zu erfüllen, damit sie sich besser fühlt.

26. SEPTEMBER

Warum wir streiten

Männer und Frauen streiten sich normalerweise über Geld, Sex, Entscheidungen, Terminplanung, Werte, Kindererziehung und Haushaltspflichten. Diese Diskussionen und Verhandlungen entwickeln sich oft zu unangenehmen Streitigkeiten, weil wir uns nicht geliebt fühlen, deswegen emotional verletzt reagieren und dann kaum noch fähig sind, liebevoll zu bleiben.

Da Frauen nicht vom Mars kommen, erkennen sie nicht instinktiv, was ein Mann braucht, um mit einer Meinungsverschiedenheit umgehen zu können. Widersprüchliche Ideen, Gefühle und Bedürfnisse sind eine große Herausforderung für einen Mann. Je näher er einer Frau steht, desto schwieriger ist es für ihn, mit Differenzen und Meinungsverschiedenheiten umzugehen. Wenn sie etwas, das er für sie getan hat, nicht mag, nimmt er es sehr schnell zu persönlich und denkt, sie mag ihn nicht mehr.

Wir streiten nie um die wahren Gründe.

Ein Mann kann am besten mit Differenzen und Meinungsverschiedenheiten umgehen, wenn seine emotionalen Grundbedürfnisse erfüllt sind. Wenn man ihm die Liebe entzieht, die er braucht, geht er in die Defensive, und seine dunkle Seite kommt zum Vorschein. Instinktiv zieht er sein Schwert. Oberflächlich sieht es so aus, als streite er über eine Sache – etwa Geld, Verantwortung usw. –, der wahre Grund ist aber, daß er sich nicht geliebt fühlt.

Alle diese schmerzlichen Gefühle und Bedürfnisse haben ihre Berechtigung; normalerweise werden sie nur nicht direkt vorgetragen und behandelt. Statt dessen stauen sie sich im Inneren an und brechen während eines Streits mit aller Macht hervor. Manchmal werden sie direkt angesprochen, aber üblicherweise kommen sie einfach hoch und drücken sich in Mimik, Gestik und Tonfall aus.

Männer und Frauen müssen ihre besonderen Empfindlichkeiten

verstehen und lernen, damit umzugehen. Sie sprechen das wahre Problem an, wenn Sie versuchen, so zu kommunizieren, daß Sie die emotionalen Bedürfnisse Ihres Partners erfüllen. Dann kann aus einem Streit ein für beide Seiten hilfreiches Gespräch werden, das tatsächlich Differenzen und Meinungsverschiedenheiten löst.

27. SEPTEMBER

Die Bedeutung des Blickkontakts

Wenn Frauen sich über etwas aufregen, möchten sie, daß man das sieht. Im Gegensatz zu einem Mann möchten sie nicht in Ruhe gelassen oder ignoriert werden. Das erste, was ein Mann dann tun sollte, ist, davon Notiz zu nehmen. Wenn sie merkt, daß er sie ansieht, kann sie sich selbst besser erkennen und ihre Gefühle erforschen.

Ein Mann hat die grundlegende Angewohnheit, beim Zuhören wegzusehen, um besser über das Gesagte nachdenken zu können. Frauen verstehen das nicht, denn wenn sie unter ihresgleichen über ihre Gefühle sprechen, bestätigen sie sich gegenseitig durch Blickkontakt.

Wenn ein Mann einer Frau einfach in die Augen starrt, während sie über ihre Gefühle spricht, schaltet er ab und entfernt sich in Gedanken von ihr. Wenn er nicht weiß, daß eine Frau mehr Blickkontakt braucht als er, wendet er seinen Blick ab, um konzentrierter darüber nachdenken zu können, was sie meint oder was er dazu sagen soll.

Ein Mann schaltet ab, wenn er Blickkontakt hält.

Blickkontakt will gelernt sein – ein Mann hilft damit nicht nur seiner Partnerin, sondern auch sich selbst, denn er hindert sich daran, ihr sofort einen Lösungsvorschlag für ihr Problem anzubieten. Er soll aber nicht nur daran denken, Blickkontakt zu halten, sondern auch darauf, dabei nicht abzuschalten.

Dazu sollte er sie auf besondere Weise ansehen. Er darf nicht starren, sondern sollte ihr erst zwei, drei Sekunden in die Augen blicken.

Wenn er normalerweise seinen Blick abwenden würde, sollte er ihre Nasenspitze ansehen, dann ihre Lippen, ihr Kinn und schließlich das ganze Gesicht – und dann wieder von vorne beginnen.

Dieses Vorgehen zwingt ihn, stets in ihre Richtung zu blicken, ohne dabei abzuschalten. Es kann auch entspannend sein, denn er hat etwas zu tun, anstatt passiv herumzusitzen.

28. SEPTEMBER

Wie Männer das Gleichgewicht verlieren

Ein Mann geht eine Beziehung zunächst objektiv an, um später subjektiv zu werden. Zu Beginn einer Beziehung versucht er zum Beispiel, die Lage zu verbessern und seine Partnerin glücklich zu machen, wenn sie ihm unglücklich erscheint. Seine Strategie ist die des Objektwechsels: Ist sie unglücklich, versucht er, sie glücklich zu machen, indem er ihre Bedürfnisse zu erfüllen sucht.

Männer sind dann besonders positiv, wenn sie eine objektive Haltung einnehmen.

Wenn er das Gefühl hat, daß er nichts mehr bewirken kann, verliert er sein inneres Gleichgewicht, wird übermäßig subjektiv und ändert seine Haltung. Oft wird er dann selbstgerecht, trotzig, griesgrämig, boshaft, rachsüchtig, intolerant und besserwisserisch. Er verliert sein Selbstvertrauen und nimmt keine Risiken mehr auf sich. Vielleicht entwickelt er sogar negative Verhaltensmuster, um sich durch emotionale Ausbrüche und Krawall durchzusetzen. Wenn er seine objektive Haltung einmal aufgegeben hat, fällt es ihm sehr schwer, seine negative Verfassung wieder abzuschütteln.

Da ein Mann dem Wesen nach objektiv ist, kann er sich in einer solchen Situation am besten selbst helfen, indem er Probleme, die außerhalb seiner selbst liegen, erkennt und löst. Ein Mann kann zum Beispiel wieder liebevoller und einfühlsamer werden, indem er sich vor Augen führt, wie andere durch das, was er tut oder läßt, verletzt oder beeinflußt werden. Wenn ein Mann sieht, wie sich ein Problem lösen läßt, ist er unverzüglich vom Würgegriff seiner negativen Emotionen befreit. Automatisch wird er motivierter, sein Verhalten so zu ändern, daß er das Problem lösen kann. Und damit kann er auch seine positiven Gefühle wieder empfinden.

29. SEPTEMBER

Wie sich eine Frau anpaßt

Um mit Streß fertig zu werden, kann eine Frau sich auf sehr natürliche Weise ändern. Eigentlich ändert sie sich dabei gar nicht, sondern wird noch mehr sie selbst. Da sie ihrem Wesen nach subjektiv ist, besteht ihre Änderung darin, daß sie ihre Gefühle, Gedanken und Wünsche mitteilt, ohne sich entwürdigt zu fühlen. Das gelingt ihr aber nur, wenn man ihr mit Liebe, Verständnis und Respekt zuhört. Diese äußerst wichtigen Aspekte der Liebe bieten ihr Rückhalt und helfen ihr, ihr Gleichgewicht zu finden.

Wenn sie ihre Gefühle für sich behält, verliert sie allmählich die Fühlung mit sich selbst. Ihr Denken wird oberflächlich und unflexibel. Sie kann nicht mehr liebevoll und gewandt mit den Anstrengungen des Lebens, ihrer Arbeit und mit Beziehungen umgehen. Wenn sie versucht, durch ihr Verhalten und ihre Sprache die Liebe anderer zu gewinnen, verzehrt sie sich selbst. Wenn sie damit keinen Erfolg hat, wird sie versuchen, andere zu ändern, um die Liebe zu bekommen, die sie braucht. Damit verliert sie ihre Fähigkeit, Streßsituationen zu bewältigen. Sie ist nicht mehr in der Lage, eine wahrhaft liebevolle und positive Haltung einzunehmen.

In Streßsituationen fällt es Frauen ohne Selbstvertrauen leicht, ihr Verhalten und ihre Ausdrucksweise anderen anzupassen. Dagegen fällt es ihr ungleich schwerer, ihre Gefühle zu ändern oder zu sublimieren. Sie erweckt vielleicht nach außen den Anschein einer liebevollen Person, aber tief in ihrem Inneren tut sich ein Abgrund von Abneigungen, Mißtrauen und Unzufriedenheit auf. Diese negativen Gefühle schwächen ihre Identität und ihre Beziehungsfähigkeit.

Mit der Erkenntnis, wie sie ihre negativen Gefühle durch Kommunikation oder Gesprächstherapie wiederfinden und umwandeln kann, kann es ihr aber gelingen, dieses selbstzerstörerische Verhaltensmuster aufzubrechen und zu ihrem liebevollen Selbst zurückzufinden.

30. SEPTEMBER

Seien Sie anderer Meinung, ohne ihn zu mißbilligen

Viele schmerzliche Streitgespräche entstehen nicht, weil zwei Menschen verschiedener Meinung sind, sondern weil entweder der Mann das Gefühl hat, daß die Frau seinen Standpunkt mißbilligt, oder die Frau die Art ablehnt, wie er mit ihr redet. Oftmals weist sie ihn zurück, weil er ihren Standpunkt nicht anerkennt oder nicht liebevoll mit ihr spricht. Wenn Männer und Frauen lernen, einander anzuerkennen und zu schätzen, müssen sie nicht streiten, sondern können ihre Differenzen ausdiskutieren.

So wie Frauen das Bedürfnis haben, gewürdigt zu werden, brauchen Männer Anerkennung. Je mehr ein Mann eine Frau liebt, desto mehr braucht er ihre Anerkennung. Entweder sendet sie ihm die Botschaft, daß sie ihn schätzt, oder aber er vertraut darauf, daß er ihre Anerkennung gewinnen kann. In jedem Falle ist ihre Anerkennung schon spürbar.

Frauen merken im allgemeinen nicht, wie sie jemandem ihre Anerkennung entziehen. Wenn sie es tun, fühlen sie sich dazu berechtigt. Ein Grund für diese mangelnde Sensibilität liegt darin, daß Frauen sich nicht bewußt sind, welch großen Stellenwert Anerkennung für Männer hat.

Wenn eine Frau ihm ihre Anerkennung entzieht,
schmerzt das einen Mann sehr.

Eine Frau kann lernen, mit dem Verhalten eines Mannes nicht einverstanden zu sein und dabei dennoch Anerkennung für seine Person zu hegen. Damit ein Mann sich geliebt fühlt, muß sie ihn so anerkennen, wie er ist, selbst wenn sie mit seinem Verhalten nicht einverstanden ist. Im allgemeinen wird eine Frau einen Mann nicht anerkennen, wenn sie mit seinem Verhalten nicht einverstanden ist und ihn ändern möchte. Es gibt sicherlich viele Momente, in denen sie ihm mehr oder weniger Anerkennung schenkt, aber wenn sie ihn mißbilligt, tut ihm das sehr weh.

Die meisten Männer scheuen sich, zuzugeben, wie sehr sie die Anerkennung einer Frau brauchen. Sie reißen sich fast ein Bein aus, um zu beweisen, daß es ihnen egal ist. Warum aber werden sie sofort kühl und distanziert und gehen in die Defensive, wenn sie die Anerkennung einer Frau verlieren? Nur deshalb, weil es weh tut, wenn man das, was man wirklich braucht, nicht bekommt.

Wenn eine Frau enttäuscht ist, kann ein Mann damit umgehen, wenn diese aber in mißbilligendem oder zurückweisendem Ton ausgedrückt wird, fühlt er sich verletzt. Wenn Frauen einen Mann wegen seines Verhaltens zur Rede stellen, tun sie das oft in einem mißbilligenden Tonfall, weil sie meinen, ihm auf diese Weise eine Lektion erteilen zu können. Das funktioniert aber nicht. Es erzeugt nur Angst und Widerstand, und er ist allmählich immer weniger bereit, sich zu ändern.

Einem Mann Anerkennung zu zollen bedeutet, die guten Gründe für seine Taten zu sehen. Selbst wenn er verantwortungslos, faul oder respektlos ist, kann eine Frau das Gute in ihm finden und erkennen, wenn sie ihn liebt. Anerkennung heißt, die liebevollen Absichten oder das Gute hinter dem Äußeren eines Menschen zu entdecken.

OKTOBER

Anziehung, Flirt, Respekt

Anziehung, Flirten und Respekt sind drei komplexe Vorgänge, die uns zusammenführen oder auseinandertreiben.

Anziehung können wir nicht steuern. Wir können nur davon ausgehen, daß wir eine Menge lernen und entdecken werden, wenn Anziehungskraft besteht. Da wir von Menschen angezogen werden, die anders sind als wir, ist die Grundlage für eine gute Beziehung die Anerkennung dessen, daß die Menschen verschieden sind.

Die schelmischen Reaktionen einer Frau auf das Werben eines Mannes empfindet er als sehr aufregend, denn der Mann nützt jede Gelegenheit, das Glücklichsein einer Frau als seine eigene Leistung zu verbuchen, schmeichelt dies doch seiner Fähigkeit, Frauen tatsächlich glücklich zu machen. Mit seinem Werben erfolgreich zu sein, bereitet ihm ebensoviel Vergnügen wie einer Frau das Bemühen des Mannes, der ihr gefällt und der sein Bestes gibt, um sie glücklich zu machen.

Und schließlich bedeutet Respekt für den Partner, ihn darin zu unterstützen, sich selbst und seiner Individualität treu zu bleiben. Durch Respekt werden die Bedürfnisse, Wünsche, Werte und Rechte des anderen gewürdigt. Respekt bedeutet, Vereinbarungen einzuhalten und Ehrenversprechen zu wahren. Es bedeutet, dem anderen die gleiche und manchmal eine höhere Bedeutung zuzumessen. Respekt erkennt an, daß ein Mensch Unterstützung verdient, ohne daß er sie sich erst verdienen muß.

Wir können zwar Anziehung nicht steuern, doch können wir alles Erforderliche tun, um sie zu erhalten. Um den Zauber der Liebe und Anziehung lebendig zu halten, müssen wir aktiv Gelegenheiten für romantisches Zusammensein schaffen und die emotionalen Bedürfnisse unseres Partners beständig erfüllen. Um der Romantik willen dürfen Frauen nicht aufhören, mit ihrem Partner zu flirten, und die Männer müssen ihre Partnerin weiterhin umwerben. Wenn diese romantische Liebe ein ewiges Feuer werden soll, müssen wir jeden Tag daran denken, unseren Partner zu ehren und zu lieben.

1. OKTOBER

Die wahre Herausforderung der Liebe

Gegensätze ziehen sich an. Wir fühlen uns zu jemandem hingezogen, der anders ist als wir. Die Herausforderung an uns lautet, diese Unterschiede zu verstehen, zu akzeptieren und zu schätzen, dann werden sie zu einem natürlichen Bestandteil unseres Selbst.

Das ist wahrhaftig eine Herausforderung, denn dieser Prozeß ist nicht immer einfach. Wenn wir starke Sympathie für jemanden empfinden, deutet das darauf hin, daß es viele Unterschiede in Einklang zu bringen und viele Konflikte durchzustehen gilt. Das Gefühl der Anziehung kann von uns nicht bewußt gesteuert werden. Sicher ist nur: Wo Anziehung herrscht, warten stets viele Lektionen auf uns, sind viele Entdeckungen zu machen. Da wir uns zu Menschen hingezogen fühlen, die anders sind als wir, ist die Erkenntnis der Verschiedenartigkeit aller Menschen eine Grundvoraussetzung für eine erfüllte Beziehung.

2. OKTOBER

Anziehung

Das Gefühl, voneinander angezogen zu werden, überfällt zwei Menschen ohne ihr Zutun. Um diese Anziehung in einer Beziehung aber zu erhalten, müssen sie die Fähigkeit erlernen, dem anderen Geschlecht gegenüber nicht nur die Anziehungskraft zu wahren, sondern auch Rückhalt zu geben. Es genügt nicht, einfach nur zu sagen: »Hier bin ich; nimm mich, wie ich bin.« Die Alchemie, eine liebevolle Beziehung zu erschaffen, beruht auf einem sorgfältig abgestimmten Gleichgewicht von Geben und Nehmen.

Oft genügt die Erwartung, daß wir in einer Beziehung bekommen, was wir brauchen oder uns wünschen, um die Anziehung aufrechtzuerhalten. Ohne eindeutige Signale, daß diese Bedürfnisse auch befriedigt werden, schwindet die Anziehungskraft sehr schnell. Sehr leicht mißversteht man das Verhalten und die Reaktionen des Partners und fühlt sich abgeschreckt, weil man so unterschiedlich denkt und fühlt. Eine der größten Herausforderungen zu Beginn einer Beziehung liegt darin, das Gefühl der Anziehung aufrechtzuerhalten und es im Prozeß des Kennenlernens wachsen zu lassen.

3. OKTOBER

Frauen und körperliche Anziehungskraft

Wenn eine Frau ihr Urteilsvermögen einsetzt und nur noch mit solchen Männern Beziehungen eingeht, zu denen sie sich geistig und emotional hingezogen fühlt, beginnt sie, ihr körperliches Interesse an ihrem Partner zu entdecken. Sie möchte nicht nur von seinem Herzen und seinem Verstand angerührt, sondern auch körperlich berührt werden. Wenn nun ein Mann ihre Hand ergreift, den Arm um sie legt oder sie küßt, empfindet sie starke körperliche Anziehung.

Erst wenn eine Frau bereits auf geistiger und emotionaler Ebene Zuneigung verspürt, entsteht auch körperliche Anziehungskraft. Nur wenige Männer können ihr in dieser Phase auf allen drei Ebenen entgegenkommen. Es gibt viele Männer, die ihr anziehend erscheinen, aber nur wenige können auch ihren Geist und ihre Seele stimulieren. Wenn sie in ihren Beziehungen an diesem Standard festhält, schärft sie in Zukunft ihr Unterscheidungsvermögen.

4. OKTOBER

Männer und körperliche Anziehungskraft

Wenn ein Mann seiner Seelengefährtin begegnet, dann ist fast immer von Anfang an ein Funke körperlicher Anziehungskraft vorhanden. Wenn das nicht der Fall ist, könnte es einfach daran liegen, daß er nicht weiß, wie wichtig es ist, auf ein bestimmtes Niveau zu achten. Er folgt einfach nur seinem körperlichen Empfinden und lernt nicht, etwas wählerischer zu sein. Es kann passieren, daß ein Mann vorübergehend die Fähigkeit verliert, körperliches Interesse an einer Frau zu empfinden, die seine Seelengefährtin werden könnte, und sich bewußt um Frauen bemüht, von denen er genau weiß, daß sie nicht seinem Typ entsprechen.

Je mehr ein Mann sein Interesse auf Frauen richtet, die er nicht lieben kann, um so weniger kann er sich zu einer Frau hingezogen fühlen, die er lieben könnte. Indem er aus Erfahrung lernt, zwischen den Frauen zu unterscheiden, zu denen er sich hingezogen fühlt, kann er schließlich die für ihn richtige erkennen.

Körperliche Anziehung ist die erste und elementarste Ebene, die Männer durchlaufen. Normalerweise ist sie jungen Männern vorbehalten, die ihre ersten Erfahrungen machen. Auch ein gereifter Mann kann auf diese Stufe zurückfallen, wenn er sich gerade von einer gescheiterten Beziehung erholt. Ein hungriger Mann ißt alles, was auf den Tisch kommt.

Körperliche Anziehung ist die Grundlage, auf der ein Mann seine erste Auswahl trifft, aber sie ist nicht vom Verstand geleitet. Eine Frau sollte bedenken, daß ein Mann sich spontan zu ihr hingezogen fühlen kann, selbst wenn er kaum mehr von ihr kennt als ihr Äußeres. Es hat noch nichts damit zu tun, wer sie ist, und bedeutet auch keineswegs, daß er sie besser kennenlernen oder eine Beziehung mit ihr eingehen möchte. Er möchte nur mehr sehen, mehr berühren und mehr fühlen.

5. OKTOBER

Unnötige Zurückweisung

Oftmals wäre eine Frau durchaus in der Laune für körperliche Liebe, aber der Mann erkennt das einfach nicht. Er fühlt sich schließlich zurückgewiesen, obwohl ihr wirklich nach Sex zumute ist.

Manchmal stellt ein Mann einer Frau Fragen wie zum Beispiel: »Möchtest du mit mir schlafen?« oder: »Ist dir nach Sex zumute?« oder »Hast du Lust auf Sex?«

Wenn sie antwortet: »Ich bin mir nicht sicher« oder »Ich weiß nicht genau«, versteht er das häufig falsch und schließt daraus, daß sie nicht will. Für ihn klingt das nach höflicher Ablehnung, obwohl sie ja nur gesagt hat, daß sie sich noch nicht sicher ist. Für Männer ist das nur schwer zu verstehen. Ein Mann gibt auf die Frage, ob er Sex will, immer eine eindeutige Antwort, denn im allgemeinen weiß ein Mann genau, ob er Sex will oder nicht.

Wenn eine Frau sich unschlüssig ist, ob sie will oder nicht, braucht sie etwas Zeit, Zuwendung und ein Gespräch, um es herauszufinden. Wenn ein Mann das versteht, fühlt er sich nicht vor den Kopf gestoßen und kann abwarten.

6. OKTOBER

Was Sie in einer Beziehung erwarten können

Wenn man sich immer im richtigen Moment und auf die richtige Art und Weise an sie wendet, tun Männer gerne mehr. Nach einigen Monaten guter Gespräche, ohne Forderungen und mit einer großen Portion Anerkennung wird jeder Mann freiwillig mehr tun. Bloß seine Vorstellung, was dieses »Mehr« bedeutet, unterscheidet sich stark von der einer Frau.

Es ist unrealistisch, von heute auf morgen von einem Mann zu erwarten, daß er die Hälfte aller Hausarbeit erledigt, wenn er gewöhnt war, viel weniger zu tun. Genauso unwahrscheinlich ist es, daß ein eher stiller Typ von einem Tag auf den anderen beginnt, seine Gefühle mitzuteilen.

So wie Frauen anfangen zu akzeptieren, daß sie um mehr bitten können und es auch bekommen, und dabei auf Nörgeleien oder Klagen zu verzichten, widerstrebt es ihnen nicht mehr, einem Mann seine tägliche Dosis Anerkennung zukommen zu lassen. Sie übernehmen die volle Verantwortung, ihre Bedürfnisse zu äußern – voller Vertrauen, daß sie auch erfüllt werden. Sie erwartet nicht vom Mann, daß er ihre Bedürfnisse instinktiv kennt, sondern erkennt geduldig und beständig an, was er ihr bereits gibt, und bittet schrittweise um mehr.

7. OKTOBER

Erwartungen zurechtrücken

So wie eine Frau ihre Erwartung zurechtrücken muß, ein Mann würde ihren Gefühlsäußerungen immer zuhören und bei allen Hausarbeiten mithelfen, muß ein Mann seine Erwartung zurechtrücken, eine Frau müßte immer liebevoll und freundlich mit ihm sprechen, keine Ansprüche an ihn stellen und glücklich sein, wenn er nach Hause kommt. Kurz: Frauen müssen die Erwartung aufgeben, daß Männer alles tun, was sie von ihnen verlangen, und Männer müssen die Erwartung aufgeben, daß Frauen stets liebevoll und glücklich sind.

Wenn ein Mann die neuen Kommunikationsmethoden anwendet und sich nicht davon beunruhigen läßt, wenn eine Frau ihren Unmut äußert, kann er ihre Verstimmung dazu nutzen, um zu erkennen, wie er sie glücklicher machen kann. Wenn eine Frau nicht den Rückhalt erhält, den sie braucht, kann sie das als Möglichkeit betrachten, eigenverantwortlich zu handeln, um das Gewünschte zu erlangen. Sie kann darin eine Gelegenheit sehen, ihre Kraft zum Ausdruck zu bringen, aber in einer femininen Art. Das ist im allgemeinen etwas, das ihr ihre Mutter nicht beibringen konnte.

Wenn eine Frau unglücklich ist und über Probleme spricht, braucht ein Mann dabei keine Schuldgefühle zu empfinden. Umgekehrt kann er Verständnis dafür zeigen, daß sie sich mitteilen muß. Wenn sie behauptet, in ihrer Beziehung fehle es an irgend etwas, wird ihm klar, daß nicht er zuwenig getan hat, auch wenn es so klingt, sondern daß ihre feminine Seite in der heutigen Welt nicht genügend Unterstützung findet. Anstatt sich zu verteidigen, kann er sein Verständnis und Mitgefühl zum Ausdruck bringen. Dabei klärt sich auch, was eigentlich von ihm erwartet wird.

Wenn eine Frau von ihrem Partner enttäuscht ist, sollte sie das nicht persönlich nehmen, sondern ebenfalls die Sache umdrehen und erkennen, daß er es eigentlich gut meint und ihr mehr helfen möchte, aber in kleinen Schritten. Indem sie ihre Erwartungen zurechtrückt, kann sie wieder in Kontakt mit ihrer wunderbaren weiblichen Seite kommen, die nicht nach Vollkommenheit strebt, sondern danach, das

Leben zu nehmen und zu lieben, so wie es ist. Sie erkennt dann, daß er es nicht persönlich meint, sondern von seinem Vater nie gelernt hat, die neuen Bedürfnisse einer Frau von heute zu befriedigen.

8. OKTOBER

In der Erwartung leben

Sehr oft begeht eine Frau den Fehler, sich vorzustellen, was ein Mann ihr alles geben wird, wenn sie ihn nur liebt. In gewissem Sinne lebt sie in der Erwartung seiner Liebe, und das steigert ihre Liebe noch.

Wenn eine Frau in der Erwartung der Liebe eines Mannes lebt, weil sie glaubt, daß sie bekommen wird, was sie braucht, gibt sie gerne einen »Vorschuß«. Je mehr sie vorab gibt, desto glücklicher ist sie, da sie ja davon ausgeht, das alles wieder zurückzubekommen.

Wenn eine Frau vorab gibt, und nicht als Erwiderung auf das, was ihr ein Mann gibt, kann das sein Interesse verringern.

Wenn eine Frau sich für einen Mann verführerisch macht, ihm alle Bedürfnisse erfüllt und sich nach seinen Wünschen richtet und nun meint, er würde dasselbe für sie tun, irrt sie sich. Manchen Frauen wurde gelehrt, daß sie die Liebe eines Mannes gewinnen, indem sie alles bewundern, was er tut, stets für ihn da sind und über alle seine Witze lachen. Umgekehrt könnte das vielleicht funktionieren, aber wenn eine Frau sich so verhält, verringert sie damit unwissentlich ihre Anziehungskraft.

Aber auch Männer leben manchmal mit einer falschen Erwartung. Ein Mann kann sich in eine Frau verlieben und glauben, daß er der Richtige für sie ist und ihr das höchste Glück schenken kann. Weil er das alles voraussetzt, verhält er sich, als wäre sie vollkommen und als könne er ihr Glück garantieren. Wenn ein Mann aber zu aufdringlich wird und zu schnell zuviel verspricht, kann der Schuß nach hinten losgehen und die Frau verprellen; sie verschließt sich dann.

Wenn sich Mann und Frau Zeit lassen, um gemeinsam die fünf Phasen des Kennenlernens zu durchleben, und wenn sie auch nach der Heirat ihre Gefühle füreinander bewahren, verringern sie die Gefahr, einer Illusion aufzusitzen und in einer falschen Erwartung zu leben.

9. OKTOBER

Frauen und seelische Anziehungskraft

Aufgrund ihrer wachsenden Menschenkenntnis erkennt eine Frau schließlich auch seelische Anziehungskraft. Sie kann sich in einen Mann verlieben, der sie auf allen vier Ebenen der Anziehung anspricht. Wenn ihr Herz offen ist, erreicht sie Ebene vier, die Ebene der seelischen Anziehung.

Sie kann so manchen Mann liebenswert finden, ohne deswegen gleich anzunehmen, er sei der Richtige für sie. Sie könnte diesen Mann mehr oder weniger lieben, aber mit der Zeit lernt sie zu erkennen, wer der ideale Seelengefährte für sie ist. Mit offenem Herzen kann sie schließlich auch das Gute in ihrem Partner sehen, obwohl er weder perfekt ist, noch alle ihre Bedürfnisse erfüllen kann.

Mit wachsender Liebe kann sie erkennen, ob er der Richtige für sie ist – nicht weil er der perfekte Partner sein könnte, sondern weil sie in sich selbst eine bedingungslose Liebe verspürt, die weiß: »Das ist der Mensch, der mir bestimmt ist.« Zu dieser Erkenntnis gelangt sie nicht durch das Vergleichen möglicher Kandidaten. Sie fühlt es tief in ihrer Seele.

Das Paar muß sich wie jedes andere auch den üblichen Herausforderungen stellen, jedoch besteht eine tiefe seelische Verbindung zwischen beiden, die ihnen hilft, die in jeder Beziehung unvermeidlichen Konflikte, Frustrationen und Enttäuschungen zu überwinden.

10. OKTOBER

Den Richtigen anziehen

Unabhängige und selbständige Frauen in den Dreißigern und Vierzigern fragen mich oft, was sie tun sollten, um einen Mann anzuziehen.

Ich frage sie dann meistens, warum sie überhaupt einen Mann brauchen. Diese Frage überrascht sie immer, und sie antworten zum Beispiel: »Nun ja, ich weiß nicht, ob ich wirklich einen Mann brauche« oder »Ich glaube, eigentlich brauche ich keinen Mann, aber ich hätte gerne einen.«

Wenn diese Frauen wirklich eine dauerhafte Beziehung aufbauen wollen, müssen sie sich zuerst einmal ihrer femininen Seite öffnen, die sich nicht dafür schämt zu sagen: »Ich brauche einen Mann.«

Wenn eine Frau das Bedürfnis nach einem Mann hat, zieht ihn das an. Wenn sie aber verzweifelt nach einem Mann Ausschau hält, schreckt ihn das ab. Auf diese Weise zieht sie sicherlich nicht den für sie Richtigen an.

Es ist schwer, Bedürfnis und Bedürftigkeit zu unterscheiden, denn viele Frauen verleugnen völlig ihre Bedürfnisse.

Wenn eine Frau sich Zeit läßt, um ihre feminine Seite zu stärken, ohne von einem Mann abhängig zu sein, geschieht etwas Wunderbares. Sie spürt ihre Sehnsucht nach einem Mann und vertraut darauf, daß sie ihn zur richtigen Zeit am richtigen Ort findet. Diese Offenheit kann sie gewinnen, wenn sie in Freundschaften mit anderen Frauen und ohne Mann Erfüllung sucht, aber offen dafür bleibt, den Rückhalt eines Mannes zu empfangen.

11. OKTOBER

Wie Männer Intimität erleben

Wir müssen immer daran denken, daß ein Mann sich gefühlsmäßig an eine Frau bindet, indem er etwas für sie tut. Immer wenn er ihr Erfüllung geben kann, fühlt er sich ihr näher. Eine Frau dagegen fühlt sich ihrem Partner besonders nah, wenn sie von ihm Liebe und Rückhalt empfängt. Dies ist ein wichtiger Unterschied. Wenn eine Frau nicht zur Ruhe kommen kann und es einem Mann nicht ermöglicht, ihre feminine Seite zu stärken, wird es ihr schwerfallen, überhaupt eine Verbindung herzustellen.

Ein einfaches Beispiel der neuen Beziehungstechnik des Zur-Ruhe-Kommens kann den Unterschied verdeutlichen: Ein Mann und eine Frau gehen auf eine Tür zu. Eine Frau, die zuviel tut, beschleunigt nun ihren Schritt, öffnet die Tür und wartet, daß der Mann hindurchgeht. Sie geben anderen, was sie selbst gern hätten und verstärken dadurch ihre Neigung, zu geben statt zu nehmen.

Um ihre feminine Seite zu stärken, sollte eine Frau sich daran halten, ihren Schritt zu verlangsamen, damit er die Tür zuerst erreicht und sie ihr aufhalten kann, dann hindurchgehen und sich bei ihm bedanken. Wenn sie ihn die Tür für sich öffnen läßt, gibt sie ihm Gelegenheit, ihr seinen Rückhalt zu beweisen.

12. OKTOBER

Sehr attraktive Frauen und ihr Ärger

Je attraktiver eine Frau ist, desto mehr ärgert sie sich über Männer. Ständig wird sie von Männern umworben, die kein tieferes Interesse an ihr haben. Zuerst fühlt sie sich durch diese Aufmerksamkeiten noch geschmeichelt, doch nach mehreren Enttäuschungen ärgert sie sich nur noch darüber.

Diese Frauen ärgern sich mit Recht. Sie gingen gutgläubig auf die Avancen eines Mannes ein und fühlten sich dann enttäuscht oder betrogen, wenn dem Mann nichts an einer weiteren Beziehung lag. Sie fühlten sich durch seinen plötzlichen Sinneswandel hinters Licht geführt. Allerdings sehen diese Frauen nicht, daß sie selber ein Teil des Problems sind, weil sie nicht wissen, worin sich Männer und Frauen unterscheiden.

Ein Mann kann Lust auf Sex haben, ohne noch zu wissen, ob er eine Beziehung will. Dadurch unterscheidet er sich von den meisten Frauen. Wenn eine Frau ein starkes Verlangen nach Sex verspürt, wünscht sie sich auch eine Beziehung mit dem betreffenden Mann. Wenn er nun Sex will, meint sie fälschlicherweise, er wolle auch eine Beziehung. Viele Männer aber entscheiden sich erst nach dem Sex, ob sie Interesse an einer Beziehung haben.

Auch wenn der Sex großartig war, kann er sich gegen eine Beziehung entscheiden. Wenn eine Frau diesen Unterschied nicht versteht, fühlt sie sich betrogen und ausgenützt. Um zu verhindern, daß sie auf solche Weise verletzt wird, muß eine Frau darauf achten, nach dem Sex von einem Mann nicht zuviel zu erwarten. Wenn noch keine Beziehung besteht, ist es unrealistisch von ihr, eine solche zu erwarten, nur weil sie eine bereitwillige Sexpartnerin war.

13. OKTOBER

Freundschaft, Selbständigkeit und Spaß

Freundschaft ist eine seichte Angelegenheit, wenn wir unsere Gefühle unterdrücken. Wenn einer der beiden Partner bereit ist, sich zugunsten der Beziehung selbst zu verleugnen, werden beide stets gut miteinander auskommen – aber die Leidenschaft erlischt.

Verstehen Sie nicht falsch: Oft geben sich Frauen selbst auf, um dem Partner entgegenzukommen, aber auch Männer opfern einen großen Teil von sich. Viele Männer halten sich zurück, weil sie Konflikte scheuen. Auch ein Paar, das sich sehr liebt, entscheidet sich manchmal für die Freundschaft und gegen die Gefühle, wenn sie keine guten Kommunikationstechniken besitzen. Beiden ist nicht klar, daß sie nicht nur negative Gefühle unterdrücken, sondern auch ihre Fähigkeit zu Gefühlen im allgemeinen. Wenn eine Frau einen Mann liebt, ihn aber nicht um das bittet, was sie braucht, schadet sie der Beziehung, anstatt sie zu fördern. Ein Mann kann in einer Beziehung nur glücklich sein, wenn er ihre Bedürfnisse wirklich befriedigt. Wenn sie ihm Erfüllung vorspielt, glaubt er, er sei ebenfalls erfüllt, aber er weiß nicht, was ihm eigentlich entgeht.

Ein Mann kann in einer Beziehung nur glücklich sein, wenn er die Bedürfnisse der Frau wirklich befriedigt.

Um in einer Beziehung in wirklicher Freundschaft miteinander leben zu können, muß man den Balanceakt zwischen Selbständigkeit und Abhängigkeit beherrschen. Die Grundlage dafür, Leidenschaft zu empfinden, ist unsere Sehnsucht nach unserem Partner. Wenn wir aber nicht zugleich auch selbständig sind, fühlen wir uns in Zeiten, in denen unser Partner uns nur wenig geben kann, hilflos und machen das unserem Partner auch noch zum Vorwurf.

Wenn wir aber gelernt haben, für uns selbst verantwortlich zu sein, können wir uns selbst Rückhalt gewähren, wenn unser Partner dazu nicht in der Lage ist. Der wahre Beweis einer Liebe ist es, wenn wir dem Partner ein guter Freund sein und geben können, ohne dafür von ihm etwas zu erwarten. Das fällt uns leichter, wenn wir immer wieder erleben, daß der Partner auch für uns da ist. Wenn wir darauf vertrauen, daß unsere Bedürfnisse zu einem späteren Zeitpunkt befriedigt werden, verlangen wir weniger, wenn unser Partner nicht dazu in der Lage ist.

14. OKTOBER

Frauen lieben guten Sex

Guter Sex erfordert eine positive Einstellung zur Sexualität. Um sich weiterhin zu seiner Partnerin hingezogen zu fühlen, muß ein Mann spüren, daß ihr ebensoviel an körperlicher Liebe liegt wie ihm. Oftmals fühlt sich ein Mann sexuell frustriert, weil er irrtümlich davon ausgeht, seine Partnerin sei weniger an Sex interessiert als er. Man läßt sich leicht entmutigen, wenn man nicht weiß, wie verschieden Männer und Frauen Sexualität erleben.

Frauen lieben guten Sex genauso wie Männer. Es gibt jedoch einen Unterschied: Sie sehnt sich erst dann nach Sex, wenn ihre Sehnsucht nach Liebe zufriedengestellt ist. Genauer gesagt, muß sie erst das Gefühl haben, daß sie geliebt wird und für ihn etwas Besonderes ist. Wenn ihr Herz also offen ist, öffnet sich auch das Zentrum ihrer sexuellen Begierde, und sie begehrt ihn mindestens ebensosehr, wie er sie begehrt. Für sie ist Liebe wichtiger als Sex, aber sobald ihr Bedürfnis nach Liebe erfüllt ist, sehnt sie sich plötzlich sehr nach Sex.

15. OKTOBER

Wie sie ein Gespräch mit einem Mann beginnt

Je mehr sich eine Frau anstrengt, mit einem Mann ein Gespräch zu beginnen, desto mehr widersetzt er sich. Der direkte Versuch, ihn zum Reden zu bringen, ist aber keine gute Methode, besonders wenn er sich gerade in sich zurückzieht. Anstatt zu überlegen, wie sie ihn zum Reden verleiten könnte, sollte eine Frau sich fragen, wie sie zu ihrem Partner mehr Nähe und bessere Gespräche herstellen kann.

Wenn eine Frau in einer Beziehung das Bedürfnis nach mehr Gesprächen hat – und das haben die meisten Frauen –, sollte sie die Initiative dazu mit dem gereiften Bewußtsein ergreifen, das akzeptiert und auch erwartet, daß er manchmal zu Gesprächen bereit ist und sich zu anderen Zeiten instinktiv zurückzieht.

Ist er gesprächsbereit, dann sollte sie ihm nicht zwei Dutzend Fragen stellen oder von ihm verlangen, daß er redet, sondern sollte ihn wissen lassen, daß sie es schätzt, auch wenn er ihr nur zuhört. Wenn sie ihm zu Anfang klarmacht, daß sie in keiner Weise von ihm fordert zu reden, ermutigt sie ihn damit, mehr zuzuhören.

Ohne diese Anerkennung und Ermutigung verliert ein Mann das Interesse, weil er meint, sein Zuhören sei doch »nichts«. Er erkennt nicht, wie wertvoll es für eine Frau ist. Frauen wissen instinktiv, wie wichtig Zuhören ist. Dies aber von einem Mann zu verlangen, der darin noch keine Übung hat, hieße, von ihm zu erwarten, sich wie eine Frau zu verhalten. Glücklicherweise lernt ein Mann den Wert solcher Gespräche zu respektieren, wenn sie ihm ihre Anerkennung für sein Zuhören schenkt.

16. OKTOBER

Männer erobern, Frauen flirten

Wenn eine Frau eine Beziehung zu einem Mann eingehen möchte, sollte sie abwarten, bis er um sie zu werben beginnt. Wenn sie empfänglich und offen für sein Werben ist, zeigt sie das, indem sie flirtet. Wenn eine Frau mit einem Mann flirtet, drückt sie damit das Gefühl aus, daß er vielleicht der Mann ist, der sie glücklich machen könnte; daß er vielleicht der tolle Typ ist, nach dem sie schon ein Leben lang sucht; daß er vielleicht fähig ist, ihre Bedürfnisse zu erfüllen; daß er vielleicht der Mann ist, mit dem sie etwas Besonderes erleben möchte, oder daß sie ihn vielleicht einfach nur interessant oder amüsant findet.

Flirten ist wie ein Einkaufsbummel. Eine Frau genießt es zu prüfen, was ihr gefällt und was nicht. Flirten besagt: »Ich sehe mich um, und was ich sehe, gefällt mir. Vielleicht könntest du derjenige sein, der mich glücklich macht.«

Wenn eine Frau auf das Werben eines Mannes mit einem Flirt antwortet, ist das für ihn eine äußerst aufregende Erfahrung, weil er immer nach einer Gelegenheit sucht, um sich zu bestätigen, daß er eine Frau glücklich machen kann.

17. OKTOBER

»Männer wollen immer nur das eine«

Frauen sind im allgemeinen der Ansicht, daß Männer immer nur das eine wollen: Sex. In Wahrheit aber sehnen sich Männer nach Liebe, und zwar ebensosehr wie Frauen; bevor sie aber ihr Herz für die Liebe einer Partnerin öffnen können, brauchen Männer sexuelle Erregung. Eine Frau muß sich geliebt fühlen, um sich auf Sex einzulassen, beim Mann dagegen führt die Liebe über den Sex.

Als allgemeine Richtlinie kann folgendes gelten: Eine Frau sehnt sich erst dann nach Sex, wenn ihre seelischen Bedürfnisse befriedigt sind. Die meisten seelischen Bedürfnisse des Mannes werden hingegen durch die körperliche Liebe befriedigt.

Das ist für Frauen schwer nachzuvollziehen. Der wahre Grund dafür, daß es Männer mit dem Sex immer so eilig haben, liegt darin, daß sich ein Mann erst durch die körperliche Liebe seiner Empfindungen bewußt werden kann. Den ganzen Tag lang geht ein Mann derart in seiner Arbeit auf, daß sein Liebesempfinden in den Hintergrund gedrängt wird. Durch Sex kann er wieder fühlen. Sex bringt ihn dazu, sein Herz zu öffnen. Durch Sex kann ein Mann Liebe geben und nehmen.

Sobald eine Frau diesen Unterschied versteht, sieht sie Sex mit anderen Augen. Sie hält das männliche Verlangen nach Sex nicht mehr für etwas Rohes, von der Liebe Abgetrenntes, sondern kann erkennen, daß ein Mann auf diesem Weg zur Liebe finden kann. Damit ändern sich auch ihre Gefühle gegenüber Männern und deren vermeintlicher Fixierung auf Sex.

18. OKTOBER

Wenn eine Frau ihr Herz öffnet

Ein Mann sollte sich nicht entmutigt fühlen, wenn eine Frau sich nicht sofort körperlich von ihm angezogen fühlt. Er darf nicht vergessen, daß eine Frau wie ein Ofen ist, der sich langsam erwärmt. Wenn sie zunächst nur Freundschaft möchte, bedeutet das nicht, daß er keine Chance hätte. Gerade Frauen, die ihren Seelengefährten gefunden haben, sagen oft, daß sie zunächst nur Freunde waren und die Liebe später kam. Die Männer fügen meist hinzu, daß auf ihrer Seite schon immer körperliche Anziehung vorhanden war.

19. OKTOBER

Wenn Liebe scheitert

Liebe scheitert häufig nur daran, daß die Menschen instinktiv nur das geben, was sie selbst wollen. Da das grundlegende Liebesbedürfnis einer Frau das nach Fürsorge und Verständnis ist, läßt sie ihrem Mann eine Menge Fürsorge und Verständnis zukommen. Ein Mann interpretiert ihre liebevolle Fürsorge aber oft als einen Mangel an Vertrauen ihm gegenüber. Dabei ist sein Grundbedürfnis das nach Vertrauen, nicht das nach Fürsorge.

Wenn er nicht positiv auf ihre Fürsorge reagiert, kann sie nicht verstehen, warum er ihre Art und Weise, ihm Rückhalt zu geben, nicht anerkennt. Seine Methode, Liebe zu beweisen, ist ja eine ganz andere, und zwar eine, die an ihren Bedürfnissen vorbeigeht. Auf diese Weise geraten beide in einen Teufelskreis, der es ihnen unmöglich macht, die gegenseitigen Bedürfnisse zu befriedigen.

Viele Menschen geben eine Beziehung einfach auf, sobald sie ihnen zu schwierig erscheint. Dabei können Beziehungen einfacher werden, wenn wir die Grundbedürfnisse unseres Partners verstehen. Wir müssen nicht mehr, sondern nur das Richtige geben, das den Grundbedürfnissen des Partners entspricht, dann ist es für uns nicht mehr ein Kampf gegen Windmühlenflügel.

20. OKTOBER

Wenn Männer zuviel reden

Die beste Strategie, die volle Aufmerksamkeit eines Mannes zu gewinnen, besteht darin, ihn von dem Gefühl zu erlösen, er müsse mehr reden. Wenn Sie ihm von vornherein klarmachen, daß er nicht sprechen muß, ermöglichen Sie es ihm, zu entspannen und zuzuhören, anstatt sich Gedanken darüber zu machen, was er als nächstes sagen sollte. Schließlich sind Sie es ja, die ein Gespräch sucht.

An diesem Punkt ist das richtige Verständnis von höchster Wichtigkeit. Ein Mann hat vielleicht seine Höhle verlassen und ist offen für ein Gespräch, hat aber von sich aus keinen Grund für ein Gespräch. Wenn eine Frau spürt, daß er nichts zu sagen hat, ist es ihr unangenehm, selbst weiterzusprechen und ihn zum Zuhören zu bewegen.

Es kommt ihr grob vor zu sagen: »Naja, auch wenn du nicht reden möchtest, so habe ich doch eine Menge zu sagen. Würdest du mir zuhören? Du brauchst selbst nichts zu sagen.« Sie weiß nicht, daß er eine solche Aussage nicht als grob empfindet, sondern als direkt und anspruchsfrei. Männer lieben diese Art von Unterstützung.

Sobald ein Mann auf diese Weise vorbereitet worden ist, widersetzt er sich seiner Rolle als Zuhörer nicht mehr, da ihm ja klipp und klar gesagt wurde, daß er selbst nicht reden muß.

21. OKTOBER

Das weibliche Bedürfnis nach Respekt

In dem Maße, wie man sich in eine Beziehung einbringt, ist es auch wichtig, sein Selbstwertgefühl zu erhalten. Seinen Partner zu respektieren bedeutet keineswegs, ihn zu manipulieren oder zu ändern, sondern ihn darin zu unterstützen, sich selbst und seiner Individualität treu zu bleiben. Durch Respekt werden die Bedürfnisse, Wünsche, Werte und Rechte des anderen geehrt. Respekt bedeutet, Vereinbarungen einzuhalten und Ehrenversprechen zu wahren. Es bedeutet, dem anderen die gleiche und manchmal eine höhere Bedeutung zuzumessen.

Das Bedürfnis, respektiert zu werden, ist das Bedürfnis, auch in einer Partnerschaft man selbst zu bleiben. Wenn ein Mensch sich respektiert fühlt, dann hat er nicht das Gefühl, er müsse sich seine Rechte erst verdienen; er fühlt sich nicht wertlos. Das Bedürfnis nach Respekt ist ein Bedürfnis nach Fairneß und nach Anerkennung der eigenen Person. Respekt erkennt an, daß ein Mensch Unterstützung verdient, ohne daß er sie sich erst verdienen muß.

22. OKTOBER

Wir öffnen unsere Herzen

Sobald wir spüren, daß wir nicht die Liebe erfahren, die wir brauchen, und deshalb unseren Partner beschuldigen, ist das ein deutliches Zeichen dafür, daß wir etwas brauchen, das uns der Partner im Augenblick nicht geben kann.

Wenn unsere Herzen verschlossen sind, müssen wir eigenverantwortlich handeln und uns selbst helfen. Dadurch lösen wir uns davon, die Ursache des Problems in unserem Partner zu suchen, und können nun die Situation von einem besseren Standpunkt aus betrachten. Wir können uns selber Rückhalt und Unterstützung geben, um dann wieder in unsere Beziehung zurückzufinden. Auf diese Weise wird es uns möglich, wieder mehr zu geben, anstatt zuviel zu fordern.

Schuldzuweisungen führen auf den Holzweg.

Wenn unsere Herzen verschlossen sind, sollten wir uns bemühen, nicht in negativen Gefühlen zu schwelgen oder lieblos zu reagieren, sondern wir sollten diese schwere Zeit nutzen, um uns selbst zu heilen. Wir sollten nicht von unserem Partner verlangen, sich zu ändern, sondern uns darauf konzentrieren, uns selbst zu verändern. Wenn wir wieder offen sind und verzeihen können, können wir uns erneut auf das Ausgangsproblem konzentrieren, das uns so aufgeregt hat.

23. OKTOBER

Grenzen setzen und verstehen

Eine Frau muß erkennen, wieviel sie geben kann, ohne ihrem Partner etwas übelzunehmen. Anstatt von ihrem Partner zu erwarten, daß er »den Punktestand ausgleicht«, sollte sie darauf bedacht sein, den Gleichstand zu bewahren, indem sie das Maß ihres eigenen Engagements richtig einschätzt. Sie muß sich ihre Energien wie ein Marathonläufer einteilen, damit sie nicht vorzeitig ihre Kraftreserven aufbraucht.

Es ist völlig in Ordnung und sogar gesund,
sich beim Geben manchmal zurückzuhalten.

Wenn ein Mann an Grenzen stößt, wird er dadurch motiviert, mehr zu geben. Indem er Grenzen anerkennt, wird er automatisch dazu gebracht, den Nutzen seiner Verhaltensmuster zu hinterfragen und sich an Veränderungen zu wagen. Wenn eine Frau erst einmal verstanden hat, daß sie Grenzen setzen muß, damit ihr gegeben wird, kann sie ihrem Partner vergeben und neue Wege finden, ihn um den nötigen Rückhalt zu bitten und ihn auch zu bekommen. Eine Frau, die Grenzen setzen kann, lernt nach und nach, sich zu entspannen und mehr zu empfangen.

24. OKTOBER

Wie eine Frau etwas Besonderes wird

Eine Frau merkt, daß sie etwas Besonderes für einen Mann ist, wenn er sich körperlich von ihr angezogen fühlt. Eine Frau sollte sich dessen aber bewußt bleiben, daß das nichts Besonderes bedeutet, denn ein Mann kann sich zu vielen Frauen körperlich hingezogen fühlen. Sicherlich ist dies ein guter Anfang, aber mehr auch nicht. Sie kann im Augenblick in seinen Augen die Frau seiner Träume sein. In diesem Fall verhält er sich so, als ob er wirklich in sie verliebt sei, aber das kann sich erst im Laufe der Zeit erweisen, wenn er Gelegenheit hatte, sie wirklich kennenzulernen.

Eine Frau wird für einen Mann zu etwas Besonderem, wenn er feststellt, daß er sich von ihr nicht nur körperlich angezogen fühlt, sondern daß er sie mag. Viele Frauen sind für ihn körperlich attraktiv, aber nur mit wenigen kann er Freundschaft schließen. Eine Frau wird für ihn erst wirklich zu etwas Besonderem, wenn er sich auch geistig zu ihr hingezogen fühlt. Es gibt nur wenige Frauen, auf die seine Körperchemie auf allen drei Ebenen reagiert.

Er empfindet sie noch stärker als etwas Besonderes, wenn er sie als einen unvollkommenen, aber liebenswerten Menschen sieht. Selbst in schwierigen Zeiten kann er das Gute in ihr erkennen und seine Liebe zu ihr fühlen. Diese bedingungslose Liebe macht sie zu etwas sehr Besonderem. Und aus dieser äußerst kleinen Gruppe besonderer Frauen sucht seine Seele eine einzige heraus, mit der er sein Leben verbringen will. Das ist dann die Frau, die für einen Mann einzigartig ist.

25. OKTOBER

Die Macht der Berührung

Wenn ein Mann die Hände ausstreckt, um eine Frau zu berühren oder Händchen zu halten, ist das für eine Frau wunderschön. Normalerweise halten Männer Händchen, solange sie sich um eine Frau bemühen, aber irgendwann lassen sie es bleiben. Das ist sehr schade, denn eine Frau liebt es, wenn ein Mann diese Art von Kontakt zu ihr sucht. Sie fühlt sich nicht geliebt, wenn er sie nur beim Sex berühren möchte.

Wenn ein Mann möchte, daß seine Partnerin empfänglich für Sex ist, sollte er sie mehrmals am Tag liebevoll berühren, ohne daß er Sex im Sinn hat. Er kann Händchen halten, seinen Arm um sie legen oder sie streicheln – ohne sexuelle Hintergedanken. Wenn er sie nur noch beim Sex berührt, fühlt sie sich mißbraucht oder für selbstverständlich gehalten.

Eine Frau möchte oft und auf verschiedenste Weise berührt werden.

Wenn er ihre Hand hält, sollte er auch bei der Sache bleiben. Oft vergißt ein Mann, was er gerade tut, und sie hält dann eine schlaffe, leblose Hand in der ihren. Wenn er seine Aufmerksamkeit auf etwas anderes richtet, kann er ihre Hand ruhig loslassen; sie will ja nicht ununterbrochen Händchen halten. Es ist einfach schön für sie, einen Augenblick lang auf diese Weise Kontakt zu spüren.

Einander zu berühren ist nicht nur eine phantastische Methode, mit dem anderen Kontakt aufzunehmen und einander zu spüren, sondern hilft uns auch in schwierigen Zeiten, die eigenen Abneigungen zu vergessen und sich wieder in Liebe zu begegnen.

26. OKTOBER

Männer lieben Frauen, die lächeln

Das Geheimnis der Frau, auf einen Mann anziehend zu wirken, besteht darin, in ihrer Haltung Dankbarkeit zum Ausdruck zu bringen. Wenn eine Frau die alltäglichen Segnungen des Lebens dankbar annimmt, wird sie immer attraktiver. Wenn sie sich Zeit dafür nimmt, dankbar für ihr erfülltes Leben zu sein, schenkt sie damit einem Mann das Vertrauen, sie glücklich machen zu können. Einige Augenblicke der Dankbarkeit täglich motivieren nicht nur ihren Partner, mehr zu geben, sondern helfen der Frau auch, ihr wahres Selbst zu finden.

27. OKTOBER

Emotionale Anziehungskraft

Die Körperchemie der Emotionen hat viel mit der Persönlichkeit zu tun. Persönlichkeit ist, wie man sich auf die Welt und andere Menschen bezieht. Oft fühlen sich gegensätzliche Persönlichkeiten zueinander hingezogen. Manche Männer bevorzugen Frauen mit Esprit und Verve, anderen dagegen ist eine gefestigtere, ruhigere Persönlichkeit lieber. Die Möglichkeiten gehen ins Unendliche. Wir können uns zu jemandem hingezogen fühlen, der uns ähnelt, aber normalerweise fühlen wir uns stärker von jemandem angezogen, der sich von uns unterscheidet.

Eine gefestigte Persönlichkeit mit einem strukturierten Leben fühlt sich zu einem Menschen hingezogen, der Veränderungen und Aufregungen liebt. Ein draufgängerischer, extrovertierter Mensch kann an einer scheuen, introvertierten Person Gefallen finden. Selbstsichere Charaktere fühlen sich oft zu einem zuvorkommenden, hilfsbereiten Menschen hingezogen. Ein flatterhafter Mensch fühlt sich vielleicht von einer eher gesetzten Person angezogen.

Eine schillernde Persönlichkeit ist nicht unbedingt attraktiver als irgend jemand anderes. Unsere Körperchemie hängt davon ab, wie ein anderer unsere Persönlichkeit ergänzt. Und je mehr wir unsere Menschenkenntnis entwickeln, desto mehr fühlen wir uns zu Menschen hingezogen, mit denen wir gute Freunde sein könnten.

28. OKTOBER

Uns an unsere Unterschiede erinnern

Sowohl Mann wie Frau gewinnen viel, wenn sie stets daran denken, wie verschieden wir uns sehen. Eine Beziehung zu verbessern kostet uns nicht mehr Energie, als wir sowieso schon verschwenden und muß auch nicht besonders schwierig sein. Beziehungen sind nur dann anstrengend, wenn wir nicht wissen, wie wir unsere Energien in Bahnen lenken sollen, die unser Partner anerkennen kann.

29. OKTOBER

Versuchungen

Jedesmal, wenn ein Mann in Versuchung gerät, mit anderen Frauen Sex zu haben, dann aber sein Treuegelöbnis hält, gewinnt seine Partnerin an Sicherheit und hat mehr Freude am Sex. Indem er sich nicht in Phantasien von anderen Frauen ergeht, gewinnt er die Kontrolle über seine sexuellen Energien, so daß er den Prozeß des Spannung-Lösens verlangsamen und für sie hinauszögern kann. Natürlich gehen ihm Gedanken und Bilder durch den Kopf, aber solange er sich seiner Partnerin bewußt bleibt, wächst nicht nur seine Leidenschaft, sondern auch seine Kontrolle ständig.

30. OKTOBER

Liebe, Romantik und Monogamie

Um wahrhaft Liebe geben und empfangen zu können, müssen wir bereit sein, die Verantwortung für unsere Handlungen und Reaktionen zu übernehmen. Wenn wir gar nicht wissen, welche Art von Liebe unser Partner braucht, kann es vorkommen, daß wir kostbare Gelegenheiten verpassen.

Frauen fühlen sich vor allem dann geliebt, wenn der Mann ihr emotional und auch körperlich Rückhalt gibt. Es kommt nicht so sehr darauf an, was er tut, sondern darauf, daß er es beständig tut. Eine Frau fühlt sich geliebt, wenn sie spürt, daß die Liebe eines Mannes zuverlässig ist.

Wenn ein Mann eine Frau nicht versteht, neigt er dazu, etwas Großes zu tun, um sie mit einem großen Wurf zufrieden zu machen, dann aber ignoriert er sie wochenlang. Da hilft nur eine gute Kommunikation, die die Grundlage für eine liebevolle Beziehung schafft – die Romantik ist dann »das Dessert«.

31. OKTOBER

Kluge Männer und Frauen

Männer verstehen im allgemeinen nicht, wie ihr Gummiband-Verhalten – sie ziehen sich zurück, um wieder heranzukommen – auf Frauen wirkt. Hat aber ein Mann diese neuen Einsichten darüber gewonnen, wie eine Frau auf seinen Gefühlszyklus reagiert, kann er erkennen, wie wichtig ihr seine Aufmerksamkeit ist. Er versteht sie und er sorgt sich um sie. Ein kluger Mann nimmt sich die Zeit, sich auf ein Gespräch einzulassen und seine Partnerin nach ihre Gefühlen zu fragen, wenn er nicht gerade das Bedürfnis hat, sich zurückzuziehen.

Er versteht seinen eigenen Zyklus besser und beruhigt sie, denn auch wenn er sich jetzt zurückzieht, wird er doch bald wieder zu ihr zurückkommen. Er kann zum Beispiel sagen: »Ich brauche ein bißchen Zeit für mich, aber dann machen wir etwas besonders Schönes zusammen und lassen uns durch nichts stören.« Falls er das Gefühl hat, sich zurückziehen zu müssen, wenn sie schon spricht, kann er sagen: »Ich brauche etwas Zeit, darüber nachzudenken, und dann können wir weiterreden.«

Wenn er zu ihrem Gespräch zurückkehrt, fragt sie ihn vielleicht, warum er sich entfernen mußte. Falls er sich, wie es meistens der Fall ist, nicht sicher ist, kann er einfach sagen: »Ich weiß es nicht genau. Ich habe einfach nur Zeit für mich selbst gebraucht. Aber jetzt laß uns weiter sprechen.«

Wenn eine Frau das Gespräch sucht und klug ist, verlangt sie vom Mann nicht, selbst zu reden, sondern nur, daß er ihr zuhört. Dadurch fühlt er sich nicht mehr unter Druck gesetzt. Und sie wiederum lernt, sich zu öffnen und ihre Gefühle mitzuteilen, ohne daß sie von ihm gleiches erwartet.

Sie vertraut darauf, daß er sich ihr allmählich stärker öffnet, wenn er sich akzeptiert fühlt und ihre Gefühle anhört. Weder bestraft sie ihn, noch verfolgt sie ihn. Sie hat Verständnis dafür, daß ihre persönlichen Gefühle bei ihm manchmal das Bedürfnis auslösen, sich zurückzuziehen, und daß er in anderen Momenten sehr wohl in der Lage ist, diesen Gefühlen zuzuhören. Diese kluge Frau gibt nicht auf. Geduldig und liebevoll geht sie ihren Weg, gestützt auf ein Wissen, das nur wenige Frauen haben.

NOVEMBER

Vertrauen, Glück, Verzeihung

Das Bedürfnis, Vertrauen zu erwecken, ist das Bedürfnis, daß der Partner anerkennt, daß man ein guter Mensch ist. Wenn kein Vertrauen vorhanden ist, werden ständig falsche, negative Schlüsse über die Absichten einer Person gezogen, während Vertrauen heißt, jede Anklage zunächst mit Zweifel zu betrachten. In einer Beziehung entwickelt sich Vertrauen, wenn jeder Partner erkennt, daß der andere nicht die Absicht hat, ihn zu verletzen, sondern nur versucht, ihn zu unterstützen.

Ein Mann fühlt sich durch das Vertrauen, das eine Frau ihm entgegenbringt, zu ihr hingezogen, und seine besten Seiten kommen zum Vorschein. Wenn sie ihn für vollkommen hält, kann das natürlich nicht funktionieren. Doch wenn sie einfach darauf vertraut, daß er helfen kann und will, signalisiert ihm dies, daß er ihr wertvoll ist und daß sein Bestes ihr genügt, um ihn zu akzeptieren und zu schätzen. Ihr Vertrauen in ihn beflügelt ihn, über sich hinauszuwachsen.

In einer Beziehung ohne Vertrauen oder die Fähigkeit zu verzeihen hat wahres Glück keinen Bestand, denn die wichtigste Kunst von allen ist es, verzeihen zu können, wenn wir einander unsere Herzen öffnen und ein ganzes Leben in Liebe miteinander verbringen wollen. Indem Sie Ihrem Partner die Fehler verzeihen, können Sie nicht nur zu Ihrer Liebe zurückfinden, sondern auch sich selbst verzeihen, daß Sie nicht vollkommen sind. Schließlich bedeutet Verzeihen, Schmerz zu vergessen.

Ein weiblicher Zug, den ein Mann nur schwer verstehen kann, ist ihr Bedürfnis nach Rückhalt beim Unglücklichsein. Ohne diesen Rückhalt kann sie nie wirklich glücklich sein. Um wahrhaft glücklich zu sein, muß sie manchmal in ihren Brunnen hinabtauchen, um ihre Emotionen loszulassen, zu heilen und zu reinigen. Das ist ein natürlicher und gesunder Prozeß.

Vertrauen Sie auf das Wunder dieses Prozesses und seien Sie dankbar für die vielen Gelegenheiten, in Liebe zusammenzuwachsen.

1. NOVEMBER

Sie braucht Sicherheit, er braucht Ermutigung

Indem ein Mann seiner Partnerin immer wieder zeigt, daß sie ihm viel bedeutet, daß er sie versteht, respektiert, sie schätzt und ihr ergeben ist, erfüllt er ihr Grundbedürfnis nach Sicherheit.

Ein liebevoller Umgang zeigt einer Frau,
daß sie immer geliebt wird.

Ein Mann begeht häufig den Fehler zu glauben, wenn er einmal alle Grundbedürfnisse einer Frau nach Liebe erfüllt hat und sie glücklich und zufrieden ist, daß sie dann auch in Zukunft weiß, daß sie geliebt wird. Das ist aber nicht der Fall. Um ihr Bedürfnis nach Liebe zu erfüllen, muß er daran denken, ihr seine Liebe immer wieder zu beteuern.

Gleichermaßen hat der Mann das Bedürfnis, von einer Frau ermutigt zu werden. Die ermutigende Haltung einer Frau, die Vertrauen in seine Fähigkeiten und seinen Charakter zum Ausdruck bringt, verleiht einem Mann Hoffnung und Kraft. Wenn die Haltung einer Frau Vertrauen, Wertschätzung, Bewunderung ausdrückt, spornt sie den Mann an, sein Bestes zu geben. Und dieses Gefühl der Ermutigung motiviert ihn, ihr seine Liebe zu beteuern und damit die Sicherheit zu geben, die sie braucht.

2. NOVEMBER

Die Vergeßlichkeit des Mannes

Um eine Arbeit zu erledigen, muß man sich darauf konzentrieren, aber man kann alles auch übertreiben. Wenn maskuline Energie nicht durch feminine Energie ausgeglichen wird, neigt ein Mann dazu, sich auf Kosten aller anderen Dinge zu sehr auf eine Sache zu konzentrieren. Dadurch kommt alles andere zu kurz. Vor allem in Beziehungen sorgt dieses Verhalten für Ärger.

Wie sehr ein Mann seine Frau auch liebt, wenn seine feminine und seine maskuline Seite aus dem Gleichgewicht geraten sind, vergißt er zum Beispiel nicht nur die wichtigen Termine wie den Hochzeitstag oder ihren Geburtstag, sondern versäumt auch, Einkäufe zu erledigen oder Telefonmitteilungen entgegenzunehmen. Nicht daß es ihm egal ist, aber sein Denken konzentriert sich auf andere Dinge.

Wenn eine Frau versteht, warum ein Mann Dinge vergißt,
fällt es ihr leichter, ihm zu vergeben
und ihn zu akzeptieren.

Es fällt Frauen schwer, die Vergeßlichkeit eines Mannes zu akzeptieren. Für eine Frau ist Vergeßlichkeit gleichbedeutend mit einem Mangel an Interesse. Es fällt ihr schwer, an die Liebe eines Mannes zu glauben, der Hochzeitstage und Geburtstagsfeiern nicht beachtet. Wenn sie jemanden liebt, würde sie stets daran denken. Männer setzen ihre Prioritäten so, daß sie ihre Ziele erreichen, während Frauen die Prioritäten je nach der Wichtigkeit ihrer Beziehungen setzen. Unter diesem Blickwinkel ist leicht zu erkennen, wie Männer unbeabsichtigt die Gefühle der Frauen verletzen.

3. NOVEMBER

Sie braucht Fürsorge, er braucht Vertrauen

Wenn ein Mann den Gefühlen einer Frau gegenüber Interesse aufbringt und sich voller Mitgefühl ihrem Seelenleben zuwendet, fühlt sie sich erhört und verstanden. Diese Art von Fürsorge zeigt ihr, daß jemand für sie da ist, um ihre Grundbedürfnisse zu befriedigen. Ganz natürlich beginnt sie, ihm stärker zu vertrauen. Wenn sie ihm vertraut, wird sie ihm gegenüber immer offener und empfänglicher.

Wenn eine Frau einem Mann gegenüber zeigt, daß sie für ihn offen ist und ihn anerkennt, fühlt er, daß sie ihm vertraut. Vertrauen auf einen Mann zu setzen bedeutet, daran zu glauben, daß er seinen eigenen Weg finden wird und daß er für seine Partnerin nur das Beste erreichen will. Wenn ihm die Reaktionen einer Frau zeigen, daß sie an seine Fähigkeiten und Absichten glaubt, wird sein Grundbedürfnis nach Liebe erfüllt. Automatisch wird er dann liebevoller und bringt ihren Bedürfnissen und Gefühlen mehr Aufmerksamkeit entgegen.

4. NOVEMBER

Wenn ein Mann einen Fehler macht

In Streßsituationen braucht ein Mann Zeit, um seine Gedanken und Gefühle zu überdenken, bis er verstehen kann, was er getan hat und wie er es anders hätte tun können. Erst dann kann er ohne Probleme darüber reden, was geschehen ist und warum es geschehen ist. Nun kann er für seine Fehler geradestehen. Er kann sich dann ändern, ohne sich dabei schwach oder nachgiebig zu fühlen.

Es ist, als könnte ein Mann nur dann einen Fehler zugeben, wenn er sich gleich vorstellen kann, wie er anders hätte handeln können, wenn er erkennt: »Hätte ich das damals gewußt, dann hätte ich alles anders gemacht.«

5. NOVEMBER

Partnerschaft und der Sinn des Lebens

Wir alle werden mit bestimmten Gaben geboren, und für jeden hat das Leben einen Sinn, der über unser persönliches Glück hinausreicht. Was wir tun, ist vielleicht nicht gerade weltbewegend, aber es hat eine Bedeutung. Damit eine Beziehung an Liebe und Leidenschaft wachsen kann, muß auch unsere gegenseitige Liebe auf höhere Ziele ausgerichtet sein.

Kinder zu bekommen und großzuziehen, ist eine solche Zielsetzung. Die Eltern bilden ein Team, das sich gegenseitig braucht, aber auch gibt, und als Team ihren Kindern noch mehr geben kann.

Wenn die Kinder erwachsen sind und das Haus verlassen, muß ein

Paar ein neues Ziel oder einen neuen Sinn finden. Wenn wir gemeinsam als Paar dem höchsten Gut der Familie, der Gemeinschaft oder der Welt dienen, kann unsere Liebe ins Grenzenlose wachsen.

6. NOVEMBER

Warum Männer so empfindlich sind

Vielleicht fragen Sie sich, warum Männer so empfindlich sind, wenn sie um Hilfe gebeten werden. Nicht etwa, weil sie faul sind, sondern weil sie ein so großes Bedürfnis nach Anerkennung haben. Jede Aufforderung, mehr zu sein oder mehr zu geben, kann auch die Botschaft enthalten, daß er so, wie er ist, nicht akzeptiert wird.

Wenn sie mehr möchte, signalisiert ihm dies, daß er nicht gut genug ist.

Ebenso wie eine Frau empfindlich darauf reagiert, wenn sie ihre Gefühle mitteilt und ihr der Mann nicht zuhört oder sie nicht versteht, ist ein Mann sensibel, wenn es darum geht, ihn so zu akzeptieren, wie er ist. Jeder Versuch, ihn zu verbessern, gibt ihm dabei das Gefühl, daß es etwas Verbesserungswürdiges gibt, er also nicht gut genug ist.

Auf dem Mars lautet ein Motto: »Repariere es erst, wenn es kaputt ist.« Wenn ein Mann das Gefühl hat, daß eine Frau mehr will und daß sie versucht, ihn zu ändern, sagt ihm das, daß sie ihn für kaputt hält. Dadurch fühlt er sich nicht so geliebt, wie er ist.

Frauen müssen lernen, nur in kleinen Schrittchen und auf positive, nicht fordernde Weise um mehr zu bitten, dann reagieren Männer viel bereitwilliger. Schließlich sind Männer dann am glücklichsten, wenn sie das Gefühl haben, daß sie den Menschen, die ihnen etwas bedeuten, Erfüllung schenken können. Wenn eine Frau lernt, in der richtigen Weise um Unterstützung zu bitten, gibt sie nicht nur dem Mann das Gefühl, geliebt zu werden, sondern sorgt auch dafür, daß sie die liebevolle Unterstützung erhält, die sie möchte, braucht und verdient.

7. NOVEMBER

Das Potential einer Beziehung erkennen

Viel zu oft lehnen wir uns gegenseitig ab, nicht weil wir meinen, daß der andere für uns der Falsche sei, sondern weil wir glauben, daß etwas mit diesem Menschen falsch sei. Wenn wir solche Beziehungen liebevoller und ohne Vorwürfe beenden, werden wir zukünftig zu Menschen hingezogen, die unserer Vorstellung näher kommen. Mit dieser Einstellung werden wir weniger wählerisch und dafür offener für das Potential einer Beziehung.

8. NOVEMBER

Das männliche Bedürfnis nach Anerkennung

Das Bedürfnis nach Anerkennung wird oft mit dem nach Respekt verwechselt. Zollt man einem Menschen Anerkennung, drückt man damit aus, daß sein Handeln oder seine Art, sich auszudrücken, für einen selbst von Wert und von Nutzen sind. Respekt dagegen läßt uns die Berechtigung unserer Gefühle, Werte und Rechte fühlen. Anerkennung ist ein Akt der Wertschätzung, während Respekt Bestätigung gibt.

Auch Frauen brauchen Anerkennung, ein Mann aber
blüht dann auf und fühlt sich am stärksten
zu den Frauen hingezogen, die sie ihm geben.

Anerkennung sagt aus, daß der Wert unserer Handlungen, Absichten und Entscheidungen – also Wert, Nutzen und Bedeutung unserer Person – von anderer Seite erkannt wird. Dieses Feedback sagt einem Mann, daß sein Verhalten sinnvoll war. Wenn er sich anerkannt fühlt, ist er auch eher bereit, zu untersuchen und zu verstehen, warum manche seiner Handlungen fehlgeschlagen sind.

Ohne Anerkennung stellt sich bei einem Menschen ein Gefühl der Unzulänglichkeit und Unfähigkeit ein, dem anderen Rückhalt geben zu können. Ohne Respekt fühlt sich ein Mensch schnell unwürdig, Rückhalt zu empfangen.

Anerkennung ermöglicht uns, unsere Absichten, Entscheidungen und Handlungen als wertvoll zu erfahren. Sie bestärkt uns in unserer Motivation, eine Handlungsweise zu wiederholen, die funktioniert, oder aber sie abzuändern, sobald sie nicht zum Erfolg führt. Aber auch wenn wir das gewünschte Ergebnis nicht erzielen, gibt es in uns selbst immer etwas, das Anerkennung verdient.

9. NOVEMBER

Einfach reden

Wenn eine Frau die Möglichkeit erhält, zweckfrei und einfach »frei Schnauze« (im reinsten Venusisch) zu reden, kann sie den Kontakt zu ihrer weiblichen Seite wieder aufnehmen und den Streß abbauen, den ihr der Alltag in einer von Männern geprägten Arbeitsumgebung bescherte.

Wenn ein Mann ihr dann im Gespräch seine Hilfe oder gar einen Lösungsvorschlag anbietet, stärkt er dadurch ihre männliche Seite, die Probleme lösen will. Wenn er ihr hingegen die Möglichkeit bietet, über ihre Sorgen zu sprechen, ohne sie unbedingt gleich lösen zu wollen, hilft er ihr, zu ihrem Venusisch zurückzufinden.

Um ihre weibliche Seite zu unterstützen, genügt es, wenn er einfühlsam und verständnisvoll ist, denn dadurch gibt er ihr Gelegenheit, sich von ihren Alltagssorgen zu befreien und den Gefühlen, die sie überwältigen, freien Lauf zu lassen. Nach und nach kann sie neue Kraft schöpfen, ihm von Herzen danken und ihn um so mehr lieben.

Wenn eine Frau sich auf diese Weise von ihren negativen Gefühlen befreien kann, anstatt sie in sich aufzustauen, hilft das auch dem Mann, sich mehr in die Beziehung einzubringen. Wenn er von sich aus ein Gespräch beginnt, ist das von großem Nutzen, denn die Frauen von heute sind oft so sehr in ihrer Männerrolle gefangen, daß es ihnen nicht einmal bewußt wird, wie groß ihr Bedürfnis nach einer

Aussprache ist, bevor sie darum gebeten werden. Wenn eine Frau sich schon einmal bei dem Versuch, über ihre Gefühle zu sprechen, die Finger verbrannt hat, fällt es ihr erst recht schwer, das Gespräch zu suchen. Wenn ein Mann ihr aber deutlich zu verstehen gibt, daß er mit ihr reden möchte, braucht sie nicht mehr zu befürchten, daß er sich nicht für das interessiert, was sie zu sagen hat.

10. NOVEMBER

Liebe kennt kein Wenn und Aber

Liebe erwartet von Ihnen keineswegs, über alle Äußerungen und Taten Ihres Partners glücklich zu sein. Eine Frau kann ihren Mann lieben und ihm Rückhalt geben und gleichzeitig Frustrationen, Enttäuschungen, Mitgefühl, Wut, Trauer oder Angst empfinden. An manchen Tagen ist sie glücklich, an anderen nicht. Ein Teil von ihr fühlt sich mit ihm glücklich, ein Teil von ihr ist wütend auf ihn. Wenn sie Kontakt zu ihren wahren Gefühlen und Bedürfnissen hat, ist sie glücklich und empfindet Anerkennung, und das sind echte Gefühle. Gefühle sind genauso veränderlich wie das Wetter. Erst der Regen zeigt uns, wie sehr wir die Sonne schätzen.

11. NOVEMBER

Alle Gefühle sind wichtig

Wenn eine Frau im Unglücklichsein keinen Rückhalt bekommt, kann sie nie wirklich glücklich sein. Um wahrhaft glücklich zu sein, muß sie manchmal in ihren Brunnen hinabtauchen, um ihre Emotionen loszulassen, zu heilen und zu reinigen. Das ist ein natürlicher und gesunder Prozeß.

Wenn es uns bestimmt ist, positive Gefühle wie Liebe, Glück, Vertrauen und Dankbarkeit zu empfinden, überfallen uns regelmäßig auch Ärger, Trauer, Angst und Kummer. Wenn sich eine Frau in ihren Brunnen stürzt, kann sie diese negativen Gefühle heilen. Aber auch Männer müssen ihre negativen Gefühle verarbeiten, damit sie ihre positiven Gefühle wieder erleben können. So zieht sich ein Mann in seine Höhle zurück, um seine negativen Gefühle zu fühlen und zu verarbeiten oder sich mit positiven Gefühlen von ihnen zu befreien.

Frauen sind wie Wellen. Wenn eine Frau sich in der Aufwärtsbewegung befindet, kann sie mit dem, was sie hat, Erfüllung finden, in der Abwärtsbewegung aber wird sie sich dessen bewußt, was sie nicht hat. Wenn sie sich gut fühlt, kann sie das Gute in ihrem Leben erkennen und erwidern. Wenn sie abstürzt, wird ihr liebevoller Blick trübe, und sie sieht vor allem das, was ihr in ihrem Leben fehlt.

So wie ein Glas Wasser als halb voll oder halb leer betrachtet werden kann, sieht eine Frau in ihrer Aufwärtsbewegung die Fülle ihres Lebens, in ihrer Abwärtsbewegung aber sieht sie die Leere.

Solange Männer das nicht verstehen, sind sie nicht in der Lage, ihren Frauen in dieser Wellenbewegung Rückhalt zu geben. Sie sind verwirrt, wenn die Dinge nach außen besser werden, innerhalb der Beziehung aber schlimmer. Indem sich ein Mann diesen Unterschied vor Augen führt, hält er den Schlüssel in der Hand, um seiner Partnerin, wenn sie es am dringendsten braucht, die Liebe zu schenken, die sie verdient.

12. NOVEMBER

Die Kraft des Verzeihens

Wenn wir unsere Herzen öffnen und ein Leben voller Liebe leben möchten, müssen wir vor allem lernen zu verzeihen. Denn wenn wir unserem Partner einen Fehler verzeihen, können wir uns auch selbst verzeihen, daß wir nicht perfekt sind.

Wenn wir in einer Beziehung nicht fähig sind, zu verzeihen, ist unsere Liebe auch in allen anderen Beziehungen mehr oder weniger eingeschränkt. Wir können zwar immer noch andere Menschen lieben, aber nur innerhalb gewisser Grenzen. Wenn das Herz gegenüber einem anderen Menschen blockiert ist, schlägt es auch für alle anderen schwächer. Vergebung bedeutet, den Schmerz loszulassen.

Wenn wir anderen vergeben, können wir wieder lieben und Liebe empfangen. Wenn wir uns aber selbst verschließen, können wir nur verlieren.

Je mehr wir jemanden lieben, um so stärker leiden wir, wenn wir nicht verzeihen können. Viele Menschen wurden sogar in den Selbstmord getrieben, weil sie einem geliebten Menschen nicht verzeihen konnten und den Schmerz darüber nicht ertragen konnten.

Die größte Qual unseres Lebens ist der Schmerz,
wenn wir einen Menschen, den wir lieben,
nicht lieben können.

Wir halten störrisch an unserer Verbitterung und unseren Ressentiments fest – nicht etwa, weil wir nicht lieben, sondern weil wir nicht verzeihen können. Würden wir nicht lieben, dann fühlten wir keinen Schmerz. Je mehr Liebe wir fühlen, desto schmerzvoller ist es, nicht zu verzeihen.

Die Kraft zu verzeihen ist in uns allen, aber wie in jeder anderen Kunst müssen wir uns darin üben. Zu Anfang fällt es uns schwer. Wir bemühen uns, unserem Partner zu verzeihen, und machen ihm am nächsten Tag erneut Vorwürfe. Es dauert eine geraume Zeit, bis man gelernt hat zu verzeihen, aber wenn man es immer wieder übt, geht es einem schließlich in Fleisch und Blut über.

Jedesmal wenn Sie einem anderen Menschen vergeben, frohlockt der Himmelschor. Wenn Sie sich für die Liebe entscheiden und Ihr Herz nicht verschließen, tragen Sie dazu bei, daß ein Funke des göttlichen Lichts die Düsternis unserer Welt erhellt. Und Sie nehmen auch anderen die Last von den Schultern und helfen ihnen, ebenfalls zu verzeihen.

13. NOVEMBER

Das Bedürfnis des Mannes nach Vertrauen

Vertrauen ist der feste Glaube in die Fähigkeiten, die Ehrlichkeit, Anständigkeit, Zuverlässigkeit und Ernsthaftigkeit eines anderen Menschen. Das Bedürfnis, Vertrauen zu erwecken, ist das Bedürfnis, daß der Partner anerkennt, daß man ein guter, ein aufrechter Mensch ist.

Wenn kein Vertrauen vorhanden ist, werden ständig falsche, negative Schlüsse über die Absichten einer Person gezogen, während Vertrauen heißt, jede Anklage zunächst mit Zweifel zu betrachten. Vertrauen weiß: »Es gibt sicher eine gute Begründung für das, was geschehen ist.«

In einer Beziehung wächst Vertrauen, wenn jeder Partner erkennt, daß der andere ihn nicht verletzen will, sondern nur versucht zu helfen.

Ein Mann fühlt sich durch das Vertrauen, das eine Frau ihm entgegenbringt, zu ihr hingezogen, und seine besten Seiten kommen zum Vorschein. Wenn sie ihn für vollkommen hält, kann das natürlich nicht funktionieren, aber wenn sie einfach darauf vertraut, daß er helfen kann und will, signalisiert ihm dies, daß er in ihren Augen wertvoll ist und daß sein Bestes ihr genügt, um ihn zu akzeptieren und wertzuschätzen. Ihr Vertrauen in ihn beflügelt ihn, über sich hinauszuwachsen. Das liebevolle Vertrauen einer Frau hilft dem Mann, seine Kräfte, Fähigkeiten, Künste und Talente zu entfalten.

14. NOVEMBER

Einander ergänzende Bedürfnisse

Seelengefährten haben im Prinzip immer etwas, was der Partner braucht. Wenn ein Mann etwas an sich hat, wonach es eine Frau verlangt, fühlt sie eine Reaktion ihrer Körperchemie. Bei Männern ist es ebenso. Wenn eine Frau das braucht, was ein Mann ihr bieten kann, fühlt er eine Reaktion seiner Körperchemie. Diese wechselseitige Abhängigkeit sorgt für eine gesunde Körperchemie auf emotionaler Ebene.

Diese Magie der Gefühle befreit uns von unrealistischen Vorstellungen, wie unser idealer Partner aussehen oder sein sollte. Wenn ein Mann fähig ist, das aufregende Gefühl zu empfinden, von einer Frau gebraucht zu werden, vergißt er schnell das Idealbild seiner Traumfrau. Er ist nicht mehr darauf fixiert, ihr Äußeres zu beurteilen, wenn er es erst einmal genießen kann, kleine romantische Gesten zu machen und zu fühlen, wie sie darauf anspricht.

Wenn eine Frau spürt, daß ein Mann sie als etwas Besonderes behandelt, befreit sie sich von ihrer fixen Vorstellung, wie ihr idealer Partner aussehen sollte. Wenn ihre Körperchemie auf das Werben eines Mannes anspricht, kann sie ihrem Herzen folgen und klammert sich nicht an unrealistische Erwartungen eines Idealbildes.

15. NOVEMBER

Veränderungen verstehen

Wenn unsere Partner sich verändern, mißverstehen wir oft sehr schnell ihre Motive und haben dann das Gefühl, sie würden uns nicht mehr so sehr lieben. Frauen haben oft das Gefühl zu geben, ohne etwas dafür zu empfangen. Mit mehr Einsicht wird ihr Herz aber durch das Bewußtsein wieder weich, daß ihr Mann sein Bestes geben will, aber nicht immer weiß, was sie tatsächlich braucht.

Ein besseres Verständnis dafür, wie die Veränderungen in einem Mann eine Beziehung beeinflussen können, hilft nicht nur ihm, die

Situation zu verbessern, sondern bestärkt auch sie darin, die Veränderungen herbeizuführen, die sie sich wünscht. Frauen müssen nicht nur lernen, seine Veränderungen richtig einzuschätzen, sondern sich auch dessen bewußt werden, wie sie selbst sich im Laufe einer Beziehung verändern. Nicht nur Männer hören irgendwann auf, kleine Dinge für eine Frau zu erledigen. Auch Frauen gehen oft davon aus, daß sein Rückhalt eine Selbstverständlichkeit ist.

16. NOVEMBER

Schmerz

Wenn wir nicht die Liebe bekommen, die wir brauchen, sondern weiterhin von unserem Partner verletzt werden können, spüren wir Schmerz. Viele Paare betäuben diesen Schmerz, indem sie sich vielleicht sagen: »Das macht nichts. Das ist mir egal.« Sie schotten sich ab und denken: »Da ich nicht auf ihn vertrauen kann, verlasse ich mich auch nicht mehr auf ihn.«

Das schlimmste Gefühl von Schmerz und Einsamkeit empfinden wir, wenn wir neben jemandem liegen, den wir nicht mit unserer Liebe erreichen und berühren können. In solchen Momenten neigt man dazu, sich in eine Sucht zu retten, um den Schmerz, nicht geliebt zu werden, zu betäuben. Solche Abhängigkeiten betäuben zwar den Schmerz, töten aber gleichzeitig auch alle Leidenschaft. Nur wenn es uns gelingt, uns dem anderen wieder in Liebe zuzuwenden, und wenn wir wissen, wie wir um das bitten müssen, was wir uns von ihm wünschen, können wir den Schmerz wirksam bekämpfen.

Wenn wir versuchen, unsere Gefühle »abzuschalten«, verlieren wir die Fühlung mit unserer inneren Leidenschaft. Wir wissen vielleicht nicht einmal mehr, was wir eigentlich so dringend benötigen, da wir aufgehört haben, etwas zu empfinden.

17. NOVEMBER

Das alltägliche Glück erkennen

Es ist nicht ungewöhnlich, daß eine Frau denkt, ihre Ehe sei glücklich, bis sie nach zehn Jahren eines Tages aufwacht und erkennt, wie unglücklich sie all diese Jahre eigentlich war. Dann weist sie ihren Partner zurück, weil er ihr keine Erfüllung geschenkt hat. So wirklich diese Gefühle in ihr vorhanden sind, sie bleiben doch unfair. Er ist schockiert, wenn er hört, daß sie unglücklich ist, und versichert ihr, daß er bereit ist, sich zu ändern, sie aber erklärt, sie sei es leid, dafür zu sorgen, daß die Beziehung funktioniert.

Ihr desolater Zustand ist das Ergebnis ihrer Versuche, eine Beziehung aufrechtzuerhalten, indem sie sich vorgaukelte, es sei alles in Ordnung. Sie hatte sich bemüht, liebevoll und freundlich zu sein, während sich tief in ihr Ressentiments aufbauten.

Eine Frau kann jahrelang glücklich und zufrieden wirken und plötzlich ablehnend oder deprimiert werden.

Manche Frauen verbringen ihr Leben in der Erwartung auf die Zukunft und verleugnen den Schmerz, den sie in jedem Augenblick empfinden; bei anderen laufen diese Zyklen schneller ab. Eine Frau kann in einer Woche von himmelhoch jauchzend bis zu Tode betrübt werden, bei einer anderen dauert das doppelt so lange oder sogar Jahrzehnte. Je länger sie ihren Schmerz verleugnet, um so größer wird ihre Depression, die zwangsläufig folgt.

Eine Frau, die feststellt, daß sie nicht das erhält, was sie braucht, fühlt sich zumeist als Opfer. Sie schiebt alle Schuld auf ihren Partner, anstatt Verantwortung dafür zu übernehmen, daß sie die ganze Zeit über mehrdeutige Signale ausgesandt hat. Es ist ihr natürliches Bedürfnis, sich eine Zeitlang in der Opferrolle zu sehen, sobald sie die Situation einmal erkannt hat. Danach kann sie daran arbeiten, Verantwortung zu übernehmen.

18. NOVEMBER

Ihre Empfänglichkeit läßt ihn aufleben

Wenn eine Frau einen Mann entgegenkommend empfängt, lebt er auf. Wenn sie sich auf sein Werben einläßt, fühlt er sich ihr mehr verbunden, und dann ist er automatisch stärker an ihr interessiert und möchte sie besser kennenlernen. Die empfängliche Haltung einer Frau bereitet den Boden, auf dem der Samen des männlichen Interesses keimen kann.

19. NOVEMBER

Streßsymptome

Bei Männern kommen vor allem drei Streßsymptome vor. Es ist wichtig, daß Frauen diese Symptome erkennen, da sie sonst dazu neigen, sie persönlich zu nehmen und alles für schlimmer halten, als es eigentlich ist. Diese drei Streßsymptome sind, wenn der Mann sich zurückzieht, murrt und sich verschließt. Wenn das geschieht, fühlt sich eine Frau meist ungeliebt und fürchtet, die Beziehung sei in Gefahr. Durch richtiges Deuten dieser Symptome jedoch kann eine Frau entspannen und ihren Partner besser dabei unterstützen, seinen Streß zu bewältigen und sein Gleichgewicht wiederzuerlangen.

Entsprechend gibt es auch bei Frauen drei eindeutige Anzeichen für Streß, die von Männern leicht fehlgedeutet und persönlich genommen werden. Ihre Streßsymptome sind Überreiztheit, Überreaktionen und Erschöpfung. Gerät eine Frau in Rage, ärgert sich ihr Partner meist, daß sie sich ärgert, anstatt ihr den nötigen Rückhalt zu geben. Auf diese Weise verschlimmert er die Situation nur noch mehr. Auch Männer können, wenn sie diese Streßreaktionen erkennen und richtig deuten lernen, Spannungen vermeiden und ihrer Partnerin mehr Rückhalt geben.

20. NOVEMBER

Den Partner finden

Einen Partner zu finden ist wie jede andere Lebenskunst; es erfordert Talent, Ausbildung und Übung. Je mehr Wissen, Ausbildung und Erfahrung wir erworben haben, desto größer sind unsere Chancen. Um eine Fähigkeit zu meistern, brauchen wir diese drei Dinge gleichermaßen.

In der Ehe ist es ebenso. Manche Paare haben einen guten Start; andere dagegen brauchen Zeit, um ihre Unterschiede zu überwinden und in Einklang zu bringen. Wieder andere erleben erst nach einer langen Zeit des Kampfes den Durchbruch und genießen dann die Freuden dauerhafter Leidenschaft.

21. NOVEMBER

Beschuldigungen

Frauen neigen dazu, zuerst sich selbst die Schuld zu geben, während Männer zuerst anderen die Schuld geben. Bei jedem Problem, Konflikt oder jeder negativen Erfahrung neigen Frauen dazu, sich zu sehr verantwortlich zu fühlen. Sie sehen zuerst die eigene Verantwortung, dann erst erkennen sie, welchen Anteil die anderen daran haben. Aber bevor sie ihr Augenmerk darauf richten, wie andere zu einem Problem beigetragen haben, gehen sie mit sich selbst besonders hart ins Gericht.

Männer hingegen neigen dazu, andere zu beschuldigen, bevor sie vor ihrer eigenen Tür kehren. Sie werden sich auch schneller der Nachteile für andere bewußt als der eigenen.

Für einen Mann sind Probleme Hindernisse auf dem Weg zum Ziel. Aus diesem sehr eingeschränkten Blickwinkel heraus wird jedes Hindernis zunächst vorwurfsvoll betrachtet.

Männer sind nicht weniger verantwortungsbewußt; bei Problemen blicken sie jedoch zuerst nach außen und erst dann auf sich selbst.

Eine Frau sieht die Probleme in größerem Zusammenhang – als Ergebnisse, die korrigiert werden müssen. Aus diesem Blickwinkel heraus entdeckt eine Frau schnell viele Möglichkeiten, wie sie etwas hätte anders tun können, um ein anderes Ergebnis zu erzielen. So fühlt sie sich sehr leicht verantwortlich und nimmt die Schuld auf sich.

Diese grundlegenden Unterschiede sorgen in Beziehungen für große Verwirrung. Wenn ein Mann mit Vorwürfen auf ein Problem reagiert, meint die Frau fälschlicherweise, er hätte seine Verantwortlichkeit bereits geprüft, wie eine Frau das tun würde, und seine Schlußfolgerung bestünde darin, daß sie schuld sei. Dadurch bekommt seine Beschuldigung viel mehr Gewicht, als sie eigentlich hat. Wenn es der Frau aber gelingt, nicht defensiv auf seine Beschuldigung zu reagieren, läßt sie ihm die Chance, sich wieder abzukühlen und über seine eigene Verantwortlichkeit nachzudenken.

22. NOVEMBER

Leichtigkeit und Lebensfreude

Ein Mann reagiert fast immer ärgerlich, wenn eine Frau an »der Beziehung arbeiten« möchte. Er möchte nicht daran arbeiten, er möchte sie einfach nur leben.

Ein Mann möchte in einer Beziehung hin und wieder das Gefühl haben, Urlaub zu machen und sozusagen nichts falsch machen zu können. Er möchte fühlen, daß er so bleiben soll, wie er eben ist, und daß niemand von ihm erwartet, er solle sich ändern. Wenn eine Frau sagt: »Das ist doch nicht so schlimm« oder »Das geht schon in Ordnung«, ist er erleichtert.

Wenn eine Frau ihre Probleme leichtnehmen kann, empfindet er so etwas wie Erfolg.

Wenn andererseits eine Frau Freundschaft für einen Mann empfindet, bedeutet das, daß er entspannt bleiben kann, wenn sie Ärger abläßt. Wenn er ihr nur ein wenig Mitgefühl entgegenbringt, ohne die Sache so persönlich zu nehmen, kann es auch passieren, daß sie einen Gefühlsumschwung erfährt und keine Szene macht.

Für eine Frau bedeutet Freundschaft, daß ihr Partner sich bemüht, ihr Rückhalt zu geben oder hin und wieder seine Hilfe anzubieten. Für einen Mann bedeutet Freundschaft, daß eine Frau versucht, nicht zuviel zu verlangen oder zu erwarten.

Seinem Partner ein guter Freund zu sein heißt aber auch, daß man nie versuchen sollte, die Laune seines Partners zu ändern oder es auf sich zu beziehen, wenn sich der Partner einmal nicht so fühlt, wie wir es gerne hätten. Wenn beide diese Lektion gelernt haben, kann sich eine Beziehung in absolut positiver Weise verändern.

23. NOVEMBER

Die Verantwortung einer Frau

Es liegt in der Verantwortung einer Frau, immer wieder das Vertrauen zum Mann in sich zu finden. Der Mann muß diese Verantwortung mit ihr teilen und immer wieder neu ihr Vertrauen verdienen. Wenn ein Mann eine Frau verletzt, ohne sich bei ihr zu entschuldigen, baut er unwissentlich Mauern auf. Oftmals erkennt ein Mann die Wichtigkeit ihres Mitgefühls oder einer Entschuldigung nicht. Eine kluge Frau wird einem Mann, der sich nicht entschuldigt, zu verstehen geben, was sie von ihm hören möchte.

24. NOVEMBER

Offen bleiben

Die Herausforderung, der sich Frauen in ihren Beziehungen stellen müssen, lautet, offen zu bleiben, auch wenn sie das Gefühl haben, enttäuscht oder nicht geliebt zu werden. Es ist von höchster Wichtigkeit, daß sie an sich arbeiten, um ihrem Partner mehr und mehr zu vertrauen und dabei empfänglich bleiben, sonst verlieren sie den Kontakt zu ihrer Verletzlichkeit und ihren Bedürfnissen.

Das Geheimnis wachsenden Vertrauens besteht darin, vom Partner keine Perfektion zu erwarten, aber zu glauben, daß er sie liebt. Wenn sie Verständnis dafür hat, wie anders Männer sind, kann sie auf seine Liebe vertrauen, auch wenn er nicht die gleichen Liebesbeweise erbringt wie sie. Mit der Zeit fängt sie an zu erkennen, auf welche Weise er sie liebt. Und vor allem kann sie ausgefeiltere Beziehungstechniken anwenden, um ihm dabei zu helfen, sie zu unterstützen.

Frauen müssen lernen zu vertrauen,
Männer hingegen müssen lernen, sich zu kümmern.

Um die Mauer rings um ihr Herz einzureißen, müssen Männer lernen, zu lieben und zu sorgen. Er muß sich klar darüber sein, daß es harte Arbeit bedeutet, wieder zur Leidenschaft zurückzufinden. Manchmal wird es ihm vorkommen wie das Hantieren mit schweren Gewichten.

Wenn sein Herz nicht hinter einer Mauer versteckt ist, fallen ihm die Dinge leicht. Sobald sein Engagement aber für selbstverständlich gehalten wird, wächst die Mauer aufs neue. Jedes Mal, wenn er meint, daß seine Bemühungen nicht gewürdigt werden, kommt ein Mauerstein hinzu.

Sobald er bewußt anfängt, kleine Dinge für sie zu tun, die sie schätzt, stoppt der Mauerbau wieder, und sei es auch nur für Augenblicke. Wenn seine Entschlossenheit erlahmt und die Mauer plötzlich wieder höher ist, fühlt er sich erschöpft von der Anstrengung und möchte sich am liebsten nur noch in seine Höhle zurückziehen.

Schließlich kann ein Mann die Bequemlichkeit, sich um nichts zu kümmern, überwinden und wieder hervorkommen, wenn er sich der nötigen Anstrengungen bewußt ist, um sein Herz wieder zu öffnen. Wenn er sich aber überwindet, wird er merken, daß seine Persönlichkeit an Stärke gewonnen hat. Mit dieser neuen Stärke wird ihm der Weg, der vor ihm liegt, nicht mehr so steinig erscheinen, und er fühlt sich motiviert wie nie zuvor, seiner Partnerin zu gefallen.

25. NOVEMBER

Mann und Frau reagieren unterschiedlich auf Streß

Das männliche Bewußtsein ist vor allem damit befaßt, was in der Außenwelt vor sich geht: Ein Mann versucht, Streß durch die Veränderung der Außenwelt zu reduzieren. Und er denkt darüber nach, was getan werden muß, um den Streß abzubauen.

Ein Mann, der mit seiner emotionalen, femininen Seite auf Streß reagiert, neigt dazu, seine positive Haltung aufzugeben. Seine negativen Gefühle lassen ihn zerstörerisch, launisch und selbstgerecht werden. Negative Emotionen sind nichts Schlechtes. Sie gehören zum Heilungsprozeß und zur Verarbeitung von Streß dazu. Wenn ein Mann sich aber seinen negativen Gefühlen überläßt, bevor er eine objektive Sicht gewonnen hat, entwickelt er grausame, bösartige und lieblose Gefühle.

Die weibliche Psyche hingegen ist stärker auf die Innenwelt ausgerichtet: Sie versucht, Streß zu vermindern, indem sie sich selbst verändert. Eine Frau reagiert auf Streß zunächst einmal mit Gefühlsaufruhr. Durch diese Gefühle kann sie ihr Gleichgewicht finden, ihre Einstellungen ergründen und sich selbst verändern, um so ihren Streß zu reduzieren. Regt sie sich zum Beispiel über etwas auf, kann sie ihren Streß vermindern, indem sie flexibler, toleranter, versöhnlicher, geduldiger und verständnisvoller wird. Indem sie ihre Haltung ändert, baut sie Streß ab und fühlt sich wieder besser.

Solange eine Frau mit ihren positiven Empfindungen und Haltungen in Fühlung ist, kann sie klar und flexibel denken. Solange die Gedanken und Haltungen eines Mannes positiv sind, wird er liebevolle und unterstützende Gefühle hegen.

26. NOVEMBER

Es ist normal, Fehler zu machen

Es ist normal, bei der Suche nach dem Richtigen für Sie Fehler zu machen. Auch wenn Sie eine Beziehung haben, ist es noch normal, Fehler zu machen. Der Unterschied zwischen Erfolg und Scheitern liegt in der Fähigkeit, aus seinen Fehlern zu lernen und einen besseren Blick für alles zu bekommen. Dabei sind natürlich auch Rückschläge nicht ausgeschlossen, aber zu Erfolg gehört eben auch Risiko.

Wenn Sie in Ihrer Beziehung mehr erreichen wollen als die älteren Generationen, müssen Sie neue Beziehungstechniken erlernen. Wenn Sie ein hohes Tempo vorlegen wollen, dann fallen Sie sicher auch einmal auf die Nase. Das Geheimnis des Erfolgs liegt aber darin, wieder auf die Beine zu kommen und weiterzumachen. Sie können das. Wenn es passiert, werden Sie später in der Rückschau feststellen, daß es für Sie zum richtigen Zeitpunkt geschah.

27. NOVEMBER

Mit Ärger umgehen

Wenn ein Mann sich ärgert, verliert er leicht die Kontrolle und wird gewalttätig, zerbricht Gegenstände oder sagt grausame Dinge. Da zeigt sich seine dunkle Seite. Es ist wichtig, daß Männer lernen, wie wichtig Beherrschung ist. Es ist nicht gut, wenn Männer ermuntert werden, ihre Gefühle frei auszudrücken, ohne zuerst darüber nachzudenken.

Wenn ein Mann schon Ärger zum Ausdruck bringen will, dann sollte er das vor jemandem tun, auf den er nicht ärgerlich ist. Wenn dann jemand seinen Ergüssen nicht zuhören will, sagt er meistens Dinge, die er später bereut. Einfach ausgedrückt: Männer haben weniger Selbstkontrolle als Frauen und neigen dazu, ihre Gefühle handgreiflich deutlich zu machen. Frauen hingegen neigen dazu, ihre Gefühle nur in Worte zu fassen, und können sich besser kontrollieren. Das soll aber keine Entschuldigung dafür sein, die Kontrolle zu verlieren. Ein Mann ist stets verantwortlich für sein Tun, wie wütend er auch ist.

Wenn ein Mann wütend wird, sollte er um eine Aus-Zeit bitten, um sich zu beruhigen.

Als Grundregel sollte sich ein Mann merken, daß er immer verliert, wenn er in Wut über etwas spricht oder Entscheidungen trifft. Mit dieser Einsicht können Frauen darauf achten, einem Mann viel Spielraum zu lassen, wenn er wütend ist. Es ist dann sicherlich nicht der richtige Zeitpunkt für ein Gespräch oder für Entscheidungen. Erst wenn er sich beruhigt hat, ist an so etwas zu denken.

28. NOVEMBER

Die Freiheit, nein zu sagen

Eine Beziehung ist dann gesund, wenn es beiden Partnern gestattet ist, um das zu bitten, was sie möchten und brauchen, und nein zu sagen, wenn ihnen danach ist. Wir können nur dann guten Gewissens um das bitten, was wir möchten, wenn wir wissen, daß unser Partner sich nicht scheut, nein zu sagen. Auf diese Weise lernen beide, sich auf den anderen zu verlassen und gleichzeitig darauf zu vertrauen, daß der Partner, auch wenn er einmal nein sagt, immer sein Bestes gibt.

29. NOVEMBER

Gesunde Abhängigkeit

In dem Maße, wie wir in Liebe und Vertrauen zusammenwachsen, öffnen wir uns und entwickeln ein besseres Gespür für unsere jeweiligen Bedürfnisse. Wir erleben Leidenschaft am stärksten, wenn wir jemanden brauchen und darauf vertrauen können, daß er für uns da ist. Wenn wir dabei aber eine zu große Abhängigkeit voneinander entwickeln, erstickt das die Leidenschaft.

Es ist unklug und naiv, vom Partner zu erwarten, daß er uns immer die Liebe gibt, die wir brauchen. Manchmal hat er uns nichts zu geben, und trotzdem wollen wir mehr. Das ist etwa so, als würden wir zu einem Menschen im Rollstuhl sagen: »Wenn du mich wirklich liebst, dann stehe auf und gehe.«

Manchmal kann ein Partner das, was wir von ihm erwarten, einfach nicht leisten. Wenn wir dann trotzdem darauf beharren, stoßen wir nicht nur ihn ab, sondern enttäuschen auch uns selbst. Wenn wir unseren Partner zu sehr brauchen, entziehen wir ihm dabei schließlich unser Vertrauen und unsere Liebe, so daß er nicht mehr anders kann als versagen.

Indem wir unsere Erwartungen der Realität anpassen, sorgen wir dafür, daß wir uns wirklich vertrauen und einander Erfüllung schenken können. Mit dieser Art von Vertrauen wissen wir, daß unser Partner sein Bestes gibt, auch wenn er uns einmal enttäuscht. Dann fällt es uns nicht mehr schwer, ihm zu verzeihen.

30. NOVEMBER

Ein gutes Ende sorgt für einen guten neuen Anfang

Die Art, wie wir eine Beziehung beenden und eine neue Bekanntschaft einschätzen, ist sehr wichtig dafür, unsere Fähigkeit zu verbessern, den Richtigen für uns anzuziehen. Das Geheimnis, wie man mit jeder Beziehung näher an seine Idealvorstellung heranrückt, liegt darin, eine Beziehung auf die richtige Art und Weise zu beenden.

Wie Sie eine Beziehung beenden, wirkt sich sehr auf die Qualität der nächsten aus.

Ein gutes Ende sorgt für einen guten neuen Anfang. Wenn Sie eine Beziehung beenden und dabei voller Abneigung oder Schuldgefühle sind, ist es viel schwerer, endlich jemanden zu finden, der für Sie der

Richtige ist. Wenn eine Beziehung zu Ende geht, sind wir aber oft wütend, weil unser Partner uns im Stich gelassen hat oder unsere Erwartungen nicht erfüllt hat.

Frauen haben meist das Gefühl, daß sie der Beziehung viel gegeben haben und nicht das dafür bekommen haben, was sie brauchten. Deswegen sind sie voller Vorwürfe. Männer neigen hingegen eher zu Schuldgefühlen. Sie fühlen sich sehr schlecht, weil die Beziehung nicht gutging, und schuldig, wenn ihre Partnerin sich unerfüllt fühlte.

So ist es normalerweise, manchmal ist es aber auch gerade umgekehrt. Im allgemeinen empfindet die Person, die sich zurückgewiesen oder verlassen fühlt, Abneigung; der andere fühlt sich schuldig. In beiden Fällen ist das Ergebnis das gleiche: Wir beenden eine Beziehung mit verschlossenen Herzen.

Ohne ein offenes Herz ist es viel schwieriger,
wieder Liebe zu finden.

Wenn unsere Herzen offen sind, können wir uns zu dem richtigen Menschen hingezogen fühlen und uns in ihn verlieben, oder zumindest dem Menschen näherkommen, der richtig für uns ist. Wenn unsere Herzen offen sind, können wir sicher sein, daß wir unserem Ziel näher kommen. Wenn unsere Herzen verschlossen sind, geschieht es oft, daß wir die gleichen Erfahrungen noch einmal machen.

In der Ehe gilt das gleiche. Wenn wir nicht in der Lage sind, schmerzliche Auseinandersetzungen zu bereinigen und uns von Abneigung und Schuld zu befreien, blockieren wir die Liebe, und dann beginnen wir, an unserem Partner zu zweifeln. Wenn wir das Beste in unserem Partner ans Licht bringen und in ihm die richtige Wahl sehen wollen, müssen wir uns darum kümmern, die von uns geschaffenen Blockierungen beiseite zu räumen. Indem wir uns von Abneigung und Schuld frei machen, finden wir wieder zu wahrer und dauerhafter Liebe zurück.

DEZEMBER

Geben, Helfen, Lieben

Ein weiteres Jahr geht dem Ende zu. Ich wünsche mir für Sie, daß dies ein Jahr war, in dem Sie Ihre Liebe tiefer empfunden haben, denn der Weg zu innigerem Verständnis ist die Straße des Lebens selbst.

Liebe ist das zentrale Bedürfnis, und der Weg zu größerer Liebe beginnt mit der Liebe zu sich selbst. Bevor wir frei und aus vollem Herzen Liebe schenken können, müssen wir lernen, von anderen und auch von uns selbst zu empfangen.

Und auch wenn wir uns selbst lieben können, sind Beziehungen nicht einfach. Der Mensch hat unzählige Bedürfnisse, und er muß nicht nur sein Bestes geben, sondern auch neue Einsichten und Fähigkeiten gewinnen, wenn er sein Leben mit dem eines anderen vereinen und die Romantik bewahren will.

Vergessen Sie nie, daß die Fähigkeit zu lieben die kostbarste Gabe ist, die Sie haben. Werfen Sie sie nicht weg. Nützen Sie jeden Augenblick Ihres Lebens, um Liebe zu geben und zu empfangen, und Sie werden bald feststellen, daß das Leben kein Kampf mehr ist. Wenn Ihr Herz voller Liebe ist, wird das Leben zum Fest.

Machen Sie es sich zum Anliegen, die Liebe in Ihrem Leben und in der Welt zu einer treibenden Kraft zu machen, dann wird Ihr Lohn unermeßlich sein. Wenn Sie Ihr Versprechen halten, Ihren Partner über alles zu lieben, werden Sie ein stets offenes Herz haben.

In geistlichem Sinne ist der Heiratswunsch die Erinnerung unserer Seele an das heilige Versprechen, um dessen Einhaltung willen wir hier sind. In diesem Wunsch fühlen wir den Willen Gottes, und wenn wir uns verpflichten, dieses Versprechen einzuhalten, sind wir eins mit Gottes Willen.

Wenn unsere Herzen offen sind, fügen sich auf einmal alle Teile unseres Lebens aneinander. Halten wir das Versprechen unserer Seele, dann gelingt es uns, die geistige in die materielle Welt zu bringen. Wenn wir in Liebe leben, ist das der Himmel auf Erden.

1. DEZEMBER

Liebe: das zentrale Bedürfnis

Der Mensch mit all seinen physischen, emotionalen, geistigen und seelischen Bedürfnissen ist ein unglaublich kompliziertes Wesen. Wenn wir auf einer oder mehrerer dieser Ebenen Frustrationen erleben, kann das unsere ganze Persönlichkeit erschüttern. Unter diesen Bedürfnissen gibt es eines, das so fundamental und lebenswichtig ist, daß, wenn es unerfüllt bleibt, der ganze Mensch darunter leidet. Es ist das Bedürfnis nach Liebe – der eigenen Liebe und der Liebe anderer.

Fehlt die Liebe, dann stürzen wir uns in
alle möglichen anderen Probleme.

Die wesentliche Ursache für Unzufriedenheit und Frustration des Menschen ist ein Mangel an Liebe. Dieses fundamentale menschliche Bedürfnis hat Vorrang vor allen anderen. Ohne Liebe können Sie nie echte Erfüllung empfinden. Sie ist das sichere Fundament, auf dem Sie ein erfolgreiches Leben aufbauen können. Was immer Sie auch besitzen, Sie können es erst dann voll und ganz genießen, wenn Sie Liebe für sich selbst empfinden und mit Menschen, die Ihnen etwas bedeuten, Ihr Leben teilen dürfen. Was immer Sie im Leben erreichen, es kann nie Ihr fundamentales Bedürfnis nach Liebe stillen.

2. DEZEMBER

Die Einheit von Seelengefährten

Unser Seelengefährte besitzt Eigenschaften und Qualitäten, die wir unbewußt in uns selbst finden möchten. Durch die Liebe zu diesem Menschen beginnen wir, diese in uns verborgenen Qualitäten zu akzeptieren und zu erwecken. Es ist eine Neuentdeckung des Ichs, die uns mehr Erfüllung bringt.

Wir streben nach Einheit mit unserem Seelengefährten, um innere Ganzheit zu erfahren. Beim Zusammenwachsen in diese Ganzheit spüren wir immer stärker, daß unsere Beziehung vorbestimmt war. Unser Partner ist zwar nicht vollkommen, aber in ihm haben wir den besonderen Menschen gefunden, mit dem wir das Leben teilen wollen. Es ist ein Wink des Himmels.

3. DEZEMBER

Emotionaler Hausputz

Wenn die Welle einer Frau hinabstürzt, ist die Zeit für einen emotionalen Hausputz gekommen. Ohne diesen Hausputz, also diese emotionale Katharsis, verlöre eine Frau allmählich ihre Fähigkeit zu lieben. Ein gezieltes Unterdrücken ihrer Gefühle würde ihre Wellennatur zerstören und sie selbst allmählich immer gefühlsärmer und leidenschaftsloser werden.

Auch eine starke, von sich selbst überzeugte und erfolgreiche Frau hat das Bedürfnis, zu ihrer Quelle zurückzukehren. Männer machen meist den Fehler zu glauben, ihre im Berufsleben erfolgreiche Partnerin würde diese Perioden des emotionalen Hausputzes nicht mehr durchmachen, doch das Gegenteil ist der Fall.

Wenn eine Frau nicht berufstätig ist, ist sie im allgemeinen Streß und emotionalem Schmutz ausgesetzt. Ihr Bedürfnis nach einem emotionalen Hausputz ist nur aufgeschoben. Sobald eine Frau in ihr Bürokostüm schlüpft, legt sie ihre emotionale Berg-und-Tal-Bahn beiseite, wenn sie aber nach Hause kommt, sehnt sie sich danach, daß ihr Partner ihr den zärtlichen und liebevollen Halt bietet, den jede Frau braucht und genießt.

Es ist wichtig festzustellen, daß diese Neigung, ihre Quelle aufzusuchen, nicht ihre Kompetenz am Arbeitsplatz beeinträchtigt, aber einen starken Einfluß darauf hat, wie sie mit den Menschen, die sie braucht und innig liebt, kommuniziert.

4. DEZEMBER

Sexualität in der Beziehung

Guter Sex erinnert Mann und Frau an die zärtliche und starke Liebe, die sie ursprünglich zusammenbrachte. Bei gutem Sex werden in Körper und Gehirn chemische Botenstoffe freigesetzt, die den Partner aufs höchste genießen lassen. Sex steigert unsere Anziehungskraft, aktiviert ungeahnte Energien und stärkt sogar die Gesundheit. Er schenkt uns nicht nur ein Feuerwerk jugendlicher Vitalität, sondern auch ein gesteigertes Bewußtsein für Schönheit, den Zauber der Situation und Zuneigung zueinander und zur ganzen Welt. Guter Sex ist Gottes spezielles Geschenk für diejenigen, die hart an sich arbeiten, um die Liebe in den Mittelpunkt ihres Lebens zu stellen.

5. DEZEMBER

Der Weg ist das Ziel

Wenn eine Frau von ihrem Arbeitstag erschöpft nach Hause kommt, ist es ihr fast unmöglich, sich so zu entspannen, daß sie einen sexuellen Höhepunkt erleben kann. In einem solchen Moment ist ihr vielmehr nach Ankuscheln, nach Zuneigung und liebevoller Umarmung. Wenn der Mann sie im Arm hält und auf zärtliche Weise und ohne sexuelle Absichten seine Liebe zu ihr ausdrückt, kann sie sich in dem Wissen entspannen, daß an sie keine Forderungen gestellt werden. Das ist für sie einfach himmlisch, ähnlich wie das, was der Mann nach einem Höhepunkt empfindet.

Es ist wichtig, Verständnis für dieses weibliche Bedürfnis zu haben, sonst nimmt sich der Mann nicht die Zeit, seiner Partnerin diese Art liebevollen Rückhalts zu schenken. Die nicht sexuelle körperliche Berührung, die keine weitere Absicht verfolgt, wird von Frauen in einer Weise erlebt, die sich kein Mann vorstellen kann. Für die Frau hat diese Berührung den gleichen Stellenwert wie für den Mann der Sex.

6. DEZEMBER

Gutes Geben und Nehmen

Durch bessere Kommunikation kann ein Mann lernen, wie er seine Partnerin besser unterstützen kann, ohne sich dabei zu überfordern. Bei jedem Schritt motiviert ihn ihre Anerkennung, weiter zu gehen. Das verlangt ihm weder ein größeres Opfer ab, noch fühlt er sich herumkommandiert.

Männer wollen Versorger sein. Sie möchten es sich selbst zuschreiben, daß ihre Frau glücklich ist, und sie sind selbst glücklich, wenn sie ihr etwas Besonderes bieten können. Sie haben das Bedürfnis, die Anerkennung einer Frau zu spüren; das ist die Liebe und der Rückhalt, den ein Mann sich von einer Frau am sehnlichsten wünscht.

Frauen und Männer ergänzen einander auf wunderbare Weise. Männer lieben es, wenn sie sich um ihre Partnerin kümmern dürfen, während Frauen das Gefühl lieben, von jemandem umsorgt zu werden. Natürlich kümmern sich Frauen auch liebend gern um ihren Partner, aber vor allem empfinden sie das Bedürfnis, sich umsorgt zu fühlen. Ich habe noch nie eine Frau sagen hören: »Mein Partner ignoriert mich total, aber ich liebe es trotzdem, ihm alles zu geben.«

7. DEZEMBER

Wie ein Mann Liebe empfindet

Ein Mann kann es fühlen, wenn er sein Ziel erreicht hat. Nachdem seine männliche Seite eine Aufgabe erfolgreich erledigt hat, kommt die weibliche Seite zur Geltung, und er empfindet Erfüllung. Wenn er seine eigenen Wünsche befriedigen und auch seiner Partnerin Erfüllung bringen kann, entspannt er sich und genießt ein Gefühl von Frieden, Liebe und Freude.

In gewisser Weise hat er seine Aufgabe erfüllt, wenn er und seine Partnerin einen Orgasmus erlebt haben, und er fühlt sich durch ihre Anerkennung und tiefe Liebe zu ihm reich belohnt.

Wenn er zuerst seine Partnerin zum Höhepunkt bringt, ist sie danach bereit, alles für seinen Orgasmus zu tun. Wenn sie ihren Orgasmus erlebt hat, kann sie ihm die Fülle ihrer Liebe und Zuwendung uneingeschränkt zum Ausdruck bringen. Im Augenblick seines Höhepunkts wird er eins mit ihr und empfängt ihre höchste Liebe. In diesem kostbaren Augenblick kann er sie uneingeschränkt in sich einströmen lassen.

Wenn er weiß, daß sie von ihm erfüllt ist und die allergrößte Wertschätzung für ihn empfindet, ist das für ihn das Höchste der Gefühle. Mehr denn je kann er ihre Liebe in sich einlassen, tief in seinem Herzen Liebe empfinden und seine tiefe Ergebenheit für sie zum Ausdruck bringen.

8. DEZEMBER

Liebe motiviert Marsianer

Wenn ein Mann verliebt ist, ist er motiviert, sein Bestes zu geben, um anderen zu helfen. Wenn sein Herz offen ist, hat er so viel Selbstvertrauen, daß er zu größeren Veränderungen fähig ist. Wenn er Gelegenheit hat, seine Fähigkeiten zu beweisen, zeigt er sich von der besten Seite. Nur wenn er glaubt, daß er es nicht schaffen kann, fällt er in seine alten selbstsüchtigen Angewohnheiten zurück.

Wenn ein Mann verliebt ist, bedeutet ihm ein anderer genausoviel wie er selbst. Plötzlich fühlt er sich von den Ketten des Nur-an-sich-Denkens befreit und kann auch anderen etwas geben, und das aus Zuneigung und nicht für den eigenen Nutzen. Er empfindet die Erfüllung seiner Partnerin, als wäre es die eigene. Er nimmt gern alle Mühsal auf sich, um sie glücklich zu machen, denn ihr Glück macht ihn glücklich. Seine Kämpfe werden leichter für ihn, denn ein höheres Ziel beflügelt ihn.

Als Jugendlicher kann er Zufriedenheit finden, indem er alles für sich selbst tut. Je reifer er wird, desto weniger kann er sich mit sich selbst zufriedengeben. Um Erfüllung zu finden, muß er beginnen, der Liebe als Antriebsfeder in seinem Leben einen Platz zu geben. Die Motivation, frei und selbstlos zu geben, macht ihn frei von der Trägheit der Selbstgenügsamkeit und bringt ihn dahin, an andere zu denken. Er hat zwar immer noch das Bedürfnis, Liebe zu erhalten, doch sein größtes Bedürfnis ist nun, Liebe zu geben.

9. DEZEMBER

Das Bedürfnis, umsorgt zu werden

Beziehungen sind ein ständiger Prozeß des Gebens, Empfangens und Miteinander-Teilens. Der Erfolg einer Beziehung beruht auf unserer Fähigkeit, aus uns heraus zu geben, und diese Fähigkeit hängt unmittelbar mit unserer Fähigkeit zu empfangen zusammen. Man kann nicht fortwährend geben, wenn man nicht auch Zuwendung empfängt.

Es ist von höchster Wichtigkeit, daß die Menschen, mit denen wir eine Beziehung haben, sich um unsere Bedürfnisse kümmern, so gut sie können. Eine solche fürsorgliche Haltung erlaubt es uns, uns zu öffnen und zu glauben, daß wir etwas Besonderes sind und Zuwendung verdienen.

10. DEZEMBER

Männer nehmen Liebe anders entgegen

Der Mann bringt sein Fühlen durch Handeln zum Ausdruck. Er fühlt sich dann am ehesten geliebt, wenn seine Handlungen anerkannt und geschätzt werden. Wenn er sich so akzeptiert sieht, spürt er, daß er geliebt wird, und wird daraufhin selbst liebevoller. Frauen verstehen das nicht instinktiv, denn ihre Gefühle sind direkt mit dem Sprachzentrum im Gehirn verbunden.

Die Frau fühlt sich dadurch geliebt, wie sie behandelt wird. Wenn sie das Gefühl hat, daß man ihr zuhört und sie versteht, fühlt sie sich geliebt. Wenn ihre Bedürfnisse anerkannt und erfüllt werden, fühlt sie sich geliebt.

Frauen geben irrtümlich die Art liebevoller Zuwendung, die sie selbst erwarten. Wenn der Mann unglücklich ist, glaubt die Frau, es sei liebevoll, mit ihm darüber sprechen zu wollen. Sie erkennt nicht, daß es das Beste für ihn wäre, ihn so hinzunehmen und ihm viel Freiraum zu lassen. Wenn er dann seine Höhle verlassen hat, sollte sie ihm auf eine warmherzige Weise begegnen, die ihn wissen läßt, wie froh sie ist, ihr Leben mit ihm zu teilen. Dieses neue Wissen darüber, wie ein Mann Liebe entgegennimmt, hilft der Frau, ihrem Gefährten ihre Unterstützung in einer Weise nahezubringen, wie sie ihm am liebsten ist.

11. DEZEMBER

Übung macht den Meister

So wie der Mann ihren Wünschen und Bitten zuhören und entgegenkommen sollte, so gut er kann, hält die Frau den Zauber der Beziehung am besten dadurch aufrecht, daß sie nichts von dem, was er für sie tut, für selbstverständlich hält. Gewiß wird es Zeiten geben, in denen sie nicht mit Anerkennung reagiert, wie es auch Zeiten geben wird, in denen er nicht unmittelbar auf ihre Bitten eingeht, aber da ihnen diese Grunddynamik bewußt ist, werden sie stets in die richtige Richtung gehen.

Mit der Zeit wird es für ein Paar immer leichter, den Zauber der Beziehung lebendig zu halten. Wenn ein Mann weiß, daß er mit seinem Tun Anerkennung erntet, geht er alles mit größerer Energie an. Wenn eine Frau weiß, daß er ihr zuhört und sich das Gesagte zu Herzen nimmt, fühlt sie sich viel sicherer und kann sein Tun besser würdigen. Und sie kann in Zeiten, in denen er Fehler macht und egozentrisch oder faul zu sein scheint, nachsichtiger mit ihm sein.

Wenn ein Mann weiß, daß er Anerkennung erntet,
geht er alles mit größerer Energie an.

Wenn eine Frau einen Mann stets wissen läßt, wie sehr sie ihn für die kleinen Dinge, die er tut, bewundert, wird er in seinem Tun fortfahren. Er zeigt sich dann von seiner besten Seite. Ohne diesen Rückhalt macht er eventuell einen Schritt zurück und konzentriert sich nur mehr auf die »großen« Dinge wie Geldverdienen und die Familie ernähren. Wenn er öfter kleine Dinge für sie tut, hilft ihr das, ihre Liebe zu ihm immer wieder aufs neue zu empfinden.

Romantische Rituale brauchen Zeit, um sich zu entwickeln, aber jedesmal wenn der Mann eine Gewohnheit entwickelt, die der Frau gefällt und für die sie ihm weiterhin ihre Anerkennung ausdrückt, anstatt sie für selbstverständlich zu nehmen, motiviert ihn das automatisch, sein Engagement noch zu steigern.

12. DEZEMBER

Mitgefühl

Bei unserem Versuch, das andersartige Denken und Fühlen unserer Partner zu verstehen, beginnen wir zu erkennen, wie schwierig es für sie sein muß, uns zu verstehen. Wann immer wir Enttäuschungen und Frustrationen erleben, können wir uns vorstellen, wie sich unser Partner fühlen mag. Es ist eine Herausforderung für beide Geschlechter zu lernen, wie man Intimität schaffen kann. Diese Einsicht hilft uns, uns in Mitgefühl zu üben.

Männer, wenn ihr bei dem Versuch, eurer Partnerin zuzuhören, Frustrationen erlebt, solltet ihr erkennen, daß eure Frustration genau das ist, was auch sie empfindet. Auch wenn ihr nicht ganz versteht, warum sie sich so fühlt, solltet ihr zumindest voller Mitgefühl zur Kenntnis nehmen, daß sie sich genauso fühlt wie ihr.

Niemand ist perfekt. Diese Prinzipien von Mars und Venus für das Funktionieren von Beziehungen sind zwar einfach, aber es ist schwer, daran zu denken und sie in die Praxis umzusetzen. Wirkliche Veränderung erfordert Zeit. Wenn Ihr Partner Sie enttäuscht, sollten Sie sich nicht in Ihrem Ärger verlieren, sondern sich eine Atempause gönnen, indem Sie Ihrem Partner eine Atempause gönnen. Haben Sie Mitgefühl mit sich selbst und mit Ihrem Partner. Mitgefühl ist ein verständnisvolles, warmes Gefühl für den anderen, das es uns möglich macht, die Schwächen und Fehler unseres Partners zu akzeptieren.

13. DEZEMBER

Warum Frauen das Gefühl haben, mehr zu geben

Heutzutage haben Frauen das Gefühl, daß sie mehr geben, und sie erwarten von den Männern dafür mehr zurück. Dies ist wahr, man kann die Sache aber noch anders sehen. Er mag zwar weniger geben als sie, aber er gibt nicht weniger, als Männer früher gaben. Er gibt, was Männer seit jeher gegeben haben. Wenn Mann und Frau dieses Problem ohne Vorwürfe von beiden Seiten aus betrachten, kann jeder von ihnen motiviert werden, das Problem von seiner Seite aus anzugehen.

Um dieses grundlegende Problem zu lösen, müssen wir uns darüber klar werden, daß es sich nicht darum handelt, wieviel mehr sie tatsächlich tut. Es geht vielmehr darum, was sie nicht bekommt, um Erfüllung zu empfinden. Wieviel eine Frau auch tut, eine Beziehung schenkt ihr mehr inneres Gleichgewicht, mehr Energie und Liebe, wenn die Kommunikation besser funktioniert. Es ist wichtiger, das Bedürfnis einer Frau nach einem aufmerksamen Zuhörer zu beachten als die Tatsache, was ein Mann tut oder nicht tut.

Wenn eine Frau sich verstanden weiß und guten Sex hat, ist es nicht so wichtig, wieviel ein Mann im Haushalt hilft.

Erst wenn Männer lernen, mit neuen Beziehungstechniken emotionalen Rückhalt zu geben, können Frauen mehr Wärme und Anerkennung empfinden, die ihr die Tür zu mehr Romantik und Sex öffnen. Mit einer funktionierenden Verständigung und gutem Sex ist es nicht mehr so wichtig, wieviel ein Mann im Haushalt hilft.

Paradoxerweise fühlt sich ein Mann, wenn die Frau innerlich im Gleichgewicht ist und Anerkennung für ihn äußert, von sich aus motiviert, etwas mehr im Haushalt zu helfen. Ein Mann kann und will zu Hause mehr geben, aber für diese Veränderung braucht er Zeit, genau wie ein Gewichtheber, der allmählich seine Gewichte schwerer macht. Zuerst muß die Kommunikation verbessert werden, dann wird regelmäßiger guter Sex möglich, und wenn das so ist, findet ein Mann auch die Energie und Motivation, um im Haushalt mehr zu helfen.

14. DEZEMBER

Die zwölf Arten von Liebe

Die meisten unserer emotionalen Bedürfnisse können als Bedürfnis nach Liebe zusammengefaßt werden. Mann und Frau haben sechs elementare Liebesbedürfnisse, die alle gleichermaßen wichtig sind. Männer brauchen vor allem Vertrauen, Akzeptanz, Anerkennung, Bewunderung, Zustimmung und Ermutigung. Frauen brauchen vor allem Behütetsein, Verständnis, Respekt, Hingabe, Anerkennung und Ermutigung. Die schwierige Aufgabe, herauszufinden, welche Bedürfnisse unser Partner im besonderen hat, wird sehr erleichtert, wenn man diese zwölf Arten der Liebe kennt.

Es fällt einer Frau leicht, das zu geben, was sie selbst braucht, und dabei zu vergessen, daß ihr Lieblingsmarsianer vielleicht etwas anderes benötigt. Desgleichen neigen auch Männer dazu, sich auf ihre Bedürfnisse zu konzentrieren und aus dem Blick zu verlieren, daß die Art Liebe, die sie brauchen, nicht immer die richtige ist für die Venusfrau ihres Herzens.

Dieses neue Verständnis der Liebe beinhaltet die durchschlagende Einsicht, daß diese verschiedenen Arten von Liebe wechselseitig aufeinander wirken. Wenn ein Marsianer zum Beispiel sein Sich-Kümmern und sein Verständnis zum Ausdruck bringt, reagiert die Venusfrau automatisch darauf, indem sie ihm das Vertrauen und die Anerkennung schenkt, die er braucht. Wenn umgekehrt eine Venusfrau ihr Vertrauen zum Ausdruck bringt, beginnt ein Marsianer von sich aus, sich auf eine Weise um sie zu kümmern, wie sie es braucht.

15. DEZEMBER

Die Logistik des Vorspiels

Mit ihrem für die Außenwelt so offenen Bewußtsein lassen Frauen sich oft von ihrer Umgebung ablenken oder beeinflussen, vor allem, wenn es ihre eigenen Bedürfnisse angeht. Wenn eine Frau »dran« ist, sich zu entspannen, fallen ihr plötzlich unbezahlte Rechnungen ein oder die Frage, ob die Haustür auch verschlossen ist.

Männer müssen erkennen, daß beim Liebesspiel für Frauen die Umgebung sehr wichtig ist. Ein schönes Ambiente bewirkt da viel. Eine brennende Kerze, gedämpftes Licht, leise Musik – all das macht einen riesigen Unterschied.

16. DEZEMBER

Symbole der Liebe

Eine Frau braucht Symbole der Liebe. Wenn ein Mann einer Frau zum Beispiel Blumen mitbringt, versteht sie das als Bestätigung ihrer eigenen Schönheit und Weiblichkeit. Frauen lieben es, von Zeit zu Zeit Blumensträuße zu bekommen; sie sehen in ihnen ein Symbol seiner Liebe. Es ist schade, wenn ein Mann glaubt, sie würde der Blumen überdrüssig oder müde und deshalb aufhört, durch die Blume zu ihr zu sprechen.

Große oder kleine Geschenke, alle haben eine sehr wichtige romantische Funktion, denn sie sagen einer Frau, daß sie etwas Besonderes ist. Geschenke zu machen ist ein Weg, das Bedürfnis der Frau nach Bestätigung zu würdigen.

Kleine Briefe sind ebenfalls gute Liebessymbole – kurze Botschaften, wenige Zeilen, die Zuneigung ausdrücken. Sie müssen nicht besonders originell oder kreativ sein, sagen Sie einfach immer wieder das, worauf es Ihnen ankommt. Solange die Zettelchen ausdrücken, was Sie fühlen, erfüllen sie ihren Zweck. Einige der wesentlichsten Merker sind: Ich liebe Dich. Ich vermisse Dich. Du bist mein Augenstern. Vergiß nie, daß Du mir viel bedeutest.

17. DEZEMBER

Ihr zu Gefallen

Eine Frau sollte stets daran denken, daß sie das Juwel ist und der Mann für die Fassung sorgt, damit es strahlen kann. Anstatt sich darauf zu konzentrieren, ihn zu erfreuen, weil er sie so glücklich macht, sollte sie ihn gewähren lassen und ihr Gefallen daran zum Ausdruck bringen. Anstatt ihr eigenes Leben für ihn zu stoppen, sollte sie ihn sein Interesse beweisen lassen, indem er seine Pläne nach ihr richtet.

Wenn eine Frau einem Mann erlaubt, ihr kleine Opfer zu bringen, vermittelt ihr das nicht nur das Gefühl, etwas Besonderes zu sein – auch er ist von ihrer Einzigartigkeit überzeugt. Denn wenn ein Mann seine Liebe in Taten umsetzt, empfindet er seine Liebe immer stärker. Die Frau wird für ihn attraktiver, wenn er nur etwas für sie tun darf.

Wenn ein Mann auf der Jagd nach einer Frau ist, muß sie gar nichts tun, um sein Interesse zu erwecken, denn er ist bereits interessiert. Je mehr er gibt und je mehr sie huldvoll empfängt, um so größer wird sein Interesse. Ohne dieses Wissen kann eine Frau einen Mann unwissentlich abschrecken, indem sie etwa zu stark reagiert, zu eifrig ist, ihm zu gefallen, zu enthusiastisch wirkt, sich zu entgegenkommend oder zu offensichtlich verfügbar zeigt. Wenn ein Mann das Gefühl hat, daß er eine Frau erobern muß, wird sie dadurch attraktiver.

18. DEZEMBER

Wenn eine Frau ihre maskuline Seite betont

Wenn eine Frau ihre maskuline Seite zu sehr betont, sind für sie Beziehungen hilfreich, in denen ihre feminine Seite aufblüht. Wenn sie aber im Arbeitsleben tagtäglich in eine Männerrolle schlüpfen muß, wird sie bewußte Anstrengungen unternehmen müssen, um ihren inneren Widerstand zu überwinden. Dabei fällt es Frauen leichter, maskuliner zu werden, als wieder zu ihrer femininen Seite zurückzufinden.

Wenn eine Frau »maskulin gestimmt« nach Hause kommt, will sie sich vielleicht sogar in ihre Höhle zurückziehen und ist auf keinen Fall in der Stimmung zu reden. Sie empfindet dann sogar ein größeres Bedürfnis nach Freiraum als ihr Mann. Sie muß Probleme anpacken und lösen und hat keine Zeit zu verlieren, indem sie darüber redet. In den meisten Fällen würde sie am liebsten alles selbst tun. Auf jeden Fall hat sie das Gefühl, daß ihr Mann ihr nicht die Anerkennung erweist, die sie als Mitverdiener verdient.

Da ihre maskuline Seite sich nach Anerkennung und Wertschätzung sehnt, nimmt sie es ihrem Partner womöglich übel, wenn er das gleiche Bedürfnis hegt. Ein Konkurrenzkampf um gegenseitige Anerkennung aber endet in einer Sackgasse. Es ist, als würde ein Mann mit einer Frau darum konkurrieren, Gehör zu finden. Und jede Frau weiß, wie trostlos es ist, wenn ein Mann ein Gespräch an sich reißt, weil er selbst gehört werden will.

Konkurrenz um gegenseitige Anerkennung endet in einer Sackgasse.

Oft deutet das Bedürfnis einer Frau nach Anerkennung darauf hin, daß sie ihre maskuline Seite zu sehr betont. Tief in ihrem Innersten benötigt sie dann dringend Hilfe. Sie braucht einen Partner, der ihr Rückhalt gibt und ihr hilft, wieder zu ihrer femininen Seite zurückzufinden; der beste Weg dazu ist ein gutes Gespräch.

Indem sie sich darauf konzentriert zu kommunizieren, kann sie von ihrem Bedürfnis, häusliche Probleme zu lösen, dazu übergehen, ihre Gefühle darüber mitzuteilen. Wenn sie sich öffnet, um sich mitzuteilen, wird ihre feminine Seite gestärkt, und sie findet ihr inneres Gleichgewicht wieder. Anstatt sich nach Anerkennung zu sehnen, wird sie nun ihrem Partner dafür danken, daß er für sie da ist.

Um den Kampf um die Anerkennung des Partners zu vermeiden, sollte sich die Frau idealerweise an den Mann ihres Lebens mit dem Wunsch nach Mitgefühl, Verständnis und Respekt wenden. Diese Aspekte der Liebe stärken ihre feminine Seite. In dem Maße, wie diese Bedürfnisse Erfüllung finden und ihre Anerkennung für ihren Partner wächst, kann sie erwarten, daß er in überfließender Liebe auch alles, was sie tut, anerkennt und schätzt. Um hingegen ihrer maskulinen Seite Rückhalt zu geben, muß sie ein wenig Zeit mit anderen Frauen verbringen, die ihr Bedürfnis nach Anerkennung stillen können.

19. DEZEMBER

Wie man seinen Partner unwissentlich abschreckt

Ohne Bewußtsein für das, was dem anderen Geschlecht wichtig ist, erkennen wir nicht, wie sehr wir unseren Partner manchmal verletzen. Am leichtesten werden die Gefühle von Mann und Frau verletzt, wenn sie nicht die Art von Liebe erhalten, die sie von ihrem Planeten kennen. Im allgemeinen sind sich Frauen dessen nicht bewußt, wie allein ihre Art zu kommunizieren Männer verletzen kann. Selbst wenn eine Frau versucht, darauf Rücksicht zu nehmen, kann es passieren, daß sie einen Mann unwissentlich abschreckt.

Wenn eine Frau die elementaren Liebesbedürfnisse eines Mannes versteht, kann sie die Gründe seiner Unzufriedenheit besser erkennen.

So wie Frauen leicht Irrtümer begehen, wenn sie die elementaren Bedürfnisse eines Mannes nicht verstehen, machen auch Männer Fehler. Männer erkennen im allgemeinen nicht, wie beleidigend und verletzend ihre Art zu kommunizieren auf Frauen wirken kann. Selbst wenn ein Mann weiß, daß sie mit ihm unglücklich ist, kann er daran nichts ändern, solange er nicht versteht, warum sie sich ungeliebt und unerfüllt fühlt. Wenn ein Mann aber Verständnis für die elementaren Bedürfnisse einer Frau hat, kann er sensibler und respektvoller mit ihnen umgehen.

20. DEZEMBER

In schlimmen Zeiten Rückhalt geben

Jede Beziehung kennt schlimme Zeiten. Dafür gibt es eine Menge verschiedener Gründe – Arbeitslosigkeit, Tod oder Krankheit in der Familie, Schulden, wachsender Streß, zuviel Arbeit oder einfach zuwenig Entspannung. In solchen Zeiten kommt es besonders darauf an, daß man versucht, auf liebevolle, bestätigende und anerkennende Weise miteinander zu kommunizieren.

Wir müssen akzeptieren und verstehen, daß weder wir noch unser Partner stets vollkommen sind. Lernen Sie, bei kleineren Verstimmungen in einer Beziehung miteinander gut zu reden – Sie werden merken, daß Sie dann auch mit größeren Herausforderungen leichter fertig werden.

Nehmen Sie sich mit Ihrem Partner ein wenig Zeit, wenn Sie gerade keinen Ärger haben, und finden Sie heraus, welche Wörter am besten als Signal für eine Aus-Zeit, eine Verschnaufpause wirken. Finden Sie heraus, was bei Ihrem Partner als eindeutiges Zeichen funktioniert und was bei Ihnen am besten wirkt. Wenn in einer gespannten Situation eine Aus-Zeit nötig ist, um das innere Gleichgewicht wiederzufinden und dann mit neuem Verständnis und neuer Anerkennung wieder aufeinander zugehen zu können, kann es äußerst hilfreich sein, dazu einige vorbereitete Feststellungen an der Hand zu haben.

21. DEZEMBER

Jede Beziehung ist ein Geschenk

Jede Beziehung ist ein Geschenk, das uns Gelegenheit gibt, uns darauf vorzubereiten, unseren Seelengefährten zu erkennen und zu finden. Jedesmal wenn Sie Ihr Bestes geben, einen Partner zu lieben, und sich dann die Zeit nehmen, die Beziehung mit Vergebung zu beenden, wächst Ihre Fähigkeit, die für Sie richtige Person zu erkennen. Ein gutes Ende sorgt für einen guten Neuanfang.

Mit jedem Mal werden Sie näher ans Ziel gelangen. Am Ende einer

Beziehung ist es gut, noch einige Zeit über sie nachzudenken und erst dann einen neuen Anfang zu machen. Wenn Sie Dankbarkeit empfinden, sind Sie bereit, auf Ihrem Weg voranzugehen.

Selbst eine Scheidung vermehrt unsere Erkenntnisse. Wenn wir uns Zeit nehmen, unserem Partner und uns selbst unsere Fehler zu vergeben, dann kann unsere nächste Beziehung uns dem Ziel näher bringen. Wenn wir in jeder Beziehung das Gute ausfindig machen, werden irgendwann alle unsere Träume wahr.

Das gilt für alle unsere Beziehungen. Wenn wir uns Zeit nehmen, um zu vergeben und zu vergessen, erreichen wir, daß die Liebe in allen unseren Beziehungen wächst.

22. DEZEMBER

Der Winter der Liebe

Während der kalten, unfruchtbaren Wintermonate zieht sich selbst die Natur in sich zurück. Es ist eine Zeit der Ruhe, des Nachdenkens und der Erneuerung. In unseren Beziehungen erleben wir in dieser Zeit unseren eigenen, unbewältigten Schmerz, die Schattenseite unseres Selbst. Der Schleier wird gelüftet, und unsere schmerzvollen Gefühle kommen hervor. Es ist eine Zeit, in der wir uns einsam, jeder für sich weiterentwickeln, in der wir Liebe und Erfüllung mehr bei uns selbst suchen müssen als bei unserem Partner. Es ist eine Zeit der Genesung. Es ist die Zeit, in der Männer in ihren Höhlen Winterschlaf halten und Frauen auf den Grund ihres Brunnens sinken.

Um heil durch den Winter der Liebe zu kommen, müssen wir vorbereitet sein, indem wir Freunde und die Familie um uns haben, die uns Rückhalt geben. Und wir »tanken« uns selbst auf, ohne von unserem Partner abhängig zu sein, bis wieder eine Veränderung vor sich geht. Der Winter der Liebe vergeht, und der Frühling kehrt zurück.

Nach der dunklen Winterzeit der Liebe, in der wir uns selbst heilten, kehrt unaufhaltsam der Frühling zurück. Wieder erleben wir den Segen der Hoffnung und der Liebe und sehen uns einer Fülle von Möglichkeiten gegenüber. Nach der heilsamen Winterreise ins Innere unserer Seele sind wir nun fähig, unsere Herzen zu öffnen und den Lenz der Liebe zu fühlen.

23. DEZEMBER

Gott hilft denen, die sich selbst helfen

Die meisten Menschen meinen, es sei Zufall, Glück, Magie, glückliches Zusammentreffen oder die Gnade Gottes, einen Seelengefährten zu finden, da sie nicht erkennen, wie dies tatsächlich passiert. Gewiß geschieht alles Großartige mit Gottes Hilfe, doch Gott hilft denen, die sich selbst helfen. Tagtäglich treffen Menschen die richtigen Entscheidungen, um ihren Seelengefährten zu finden, ohne sich dessen bewußt zu sein. Sie sind zur richtigen Zeit am richtigen Ort, und dann geschieht das Wunder.

Auch die reife Frucht will erst gefunden und gepflückt sein. Ebenso müssen wir auch am richtigen Ort sein, um unseren Seelengefährten finden zu können. Absichtlich oder unabsichtlich begeben sich Menschen in eine Umgebung, in der sie jemanden treffen, bei dem die Körperchemie sofort stimmt. Wenn Sie Ihre Chancen verbessern möchten, sollten Sie Ihre Gewohnheiten ändern und neue Wege einschlagen. Suchen Sie auch Orte auf, an denen Sie nicht erwarten, Liebe zu finden.

Das gleiche gilt auch für die Ehe. Wir lieben unsere Partner, schaffen aber keine Gelegenheiten, um sie diese Liebe fühlen zu lassen. Gewöhnung ist der Tod der Leidenschaft. Nehmen Sie sich Zeit, neue Dinge zu tun. Ändern Sie Ihre Gewohnheiten. Begeben Sie sich einmal an andere Orte, und unternehmen Sie etwas Neues, allein und auch gemeinsam.

24. DEZEMBER

Die Gabe der Liebe

Das Geheimnis der Liebe zu entdecken kann das größte Abenteuer unseres Lebens darstellen. Es bedeutet, jederzeit mit unseren Gefühlen im Einklang zu sein und jedem und sich selbst die ganze Wahrheit über sie einzugestehen. Lassen Sie diese Verpflichtung gegenüber der Wahrheit zu einem Angelpunkt in Ihrem Leben werden.

Je mehr Sie in Ihrem Leben die Wahrheit sagen, desto mehr lernen Sie, Ihren Gefühlen zu vertrauen und sie zu genießen. Mit etwas Übung werden Sie auf den Wellen der Gefühle reiten können, ohne gebremst zu werden oder Ihre Gefühle unterdrücken zu müssen.

Ihre Fähigkeit zu lieben ist die wertvollste Gabe, die Sie besitzen. Verschleudern Sie sie nicht. Betrachten Sie jeden Moment Ihres Lebens als eine Möglichkeit, Liebe zu geben und zu empfangen. Sehr bald werden Sie einsehen, daß das Leben nun nicht mehr Kämpfen bedeutet.

Liebe funktioniert, wenn Sie wissen, wie Sie dafür sorgen können, und das wissen Sie nun. Machen Sie es sich zum Anliegen, daß Liebe in Ihrem Leben und in der Welt eine treibende Kraft wird, dann wird Ihr Lohn unermeßlich sein.

25. DEZEMBER

Wie sich unsere Seele Gehör verschafft

In dem Verlangen, unser Leben mit jemandem zu teilen, drückt sich unsere Seele aus. Das heißt in der Praxis, daß unsere Seele sich an ihren höchsten Auftrag erinnert. Indem wir uns verpflichten, diesen Auftrag zu erfüllen, verbünden wir uns mit der Kraft in unserem Inneren – nicht nur, um eine erfolgreiche Ehe, sondern auch ein erfolgreiches Leben zu führen.

In geistlichem Sinne ist der Heiratswunsch die Erinnerung unserer Seele an das heilige Versprechen, dessen Einhaltung uns bestimmt ist. In diesem Wunsch fühlen wir den Willen Gottes, und wenn wir uns verpflichten, dieses Versprechen einzuhalten, sind wir eins mit Gottes Willen.

Wenn unsere Herzen offen sind, fügen sich auf einmal alle Teile unseres Lebens zusammen. Indem wir das Versprechen unserer Seele halten, sind wir in der Lage, die geistige in die materielle Welt zu bringen. Wenn wir in Liebe leben, ist das der Himmel auf Erden.

26. DEZEMBER

Wie man um Unterstützung bittet und sie bekommt

Wenn Sie in Ihrer Beziehung nicht die Unterstützung bekommen, die Sie brauchen, kann ein wesentlicher Grund dafür sein, daß Sie nicht genügend darum bitten oder daß Sie auf eine Weise darum bitten, die nicht funktioniert. Um Liebe und Unterstützung zu bitten ist der Inbegriff jeder erfolgreichen Beziehung. Wer *haben* will, muß *fragen.*

Es gibt fünf Geheimnisse, einen Marsianer erfolgreich um Hilfe zu bitten:

1. *Die Wahl des richtigen Zeitpunkts* – Bitten Sie ihn nie um etwas, was er augenscheinlich gerade zu tun vorhat. Will er etwa gerade den Mülleimer hinaustragen, sagen Sie niemals: »Kannst du den Mülleimer ausleeren?« Er wird empfinden, daß Sie ihm einen Befehl erteilen. Die Wahl des richtigen Zeitpunkts ist sehr wichtig. Doch auch wenn er gerade völlig mit etwas anderem beschäftigt ist, erwarten Sie besser nicht, daß er sofort reagiert.
2. *Eine anspruchsfreie Haltung* – Erinnern Sie sich daran, daß die Äußerung eines Wunschs kein Befehl ist. Wenn Sie eine vorwurfsvolle oder fordernde Haltung einnehmen, wird er, wie sorgfältig auch immer Sie Ihre Worte wählen, keine Anerkennung für das fühlen, was er bislang gegeben hat, und wahrscheinlich »nein« sagen.
3. *Kürze* – Vermeiden Sie, ihm aufzuzählen, warum er Ihnen helfen soll. Gehen Sie einfach davon aus, daß er nicht überzeugt werden muß. Je länger Sie selbst Erklärungen vortragen, um so mehr regt sich bei ihm der Widerstand. Lange Erklärungen geben ihm nur das Gefühl, daß Sie ihm nicht zutrauen, helfen zu können. Er wird sich manipuliert vorkommen, anstatt freiwillig seine Unterstützung anzubieten.
4. *Direktheit* – Frauen denken oft, sie hätten um Unterstützung gebeten, obwohl das nicht stimmt. Wenn eine Frau Hilfe braucht, erklärt sie eher das Problem, als daß sie direkt um die Hilfe des Mannes bittet. Sie erwartet, daß er seine Unterstützung anbietet, ohne direkt darum zu bitten. Mit anderen Worten: Sie deutet indirekt ihre Bitte an, äußert sie aber nicht. Diese indirekten Aufforderun-

gen führen dazu, daß ein Mann meint, er und sein Engagement würden für selbstverständlich gehalten und nicht anerkannt.

5. *Die sorgfältige Wortwahl* – Einer der häufigsten Fehler bei der Wortwahl bezüglich Bitten betrifft den Gebrauch der Wörter »könntest du« und »kannst du« anstelle von »würdest du« und »wirst du.« »Könntest du den Mülleimer ausleeren?« fragt nur nach der Befähigung. »Würdest du den Mülleimer ausleeren?« ist eine Bitte. Auf dem Mars bedeutete es eine Beleidigung, einen Mann zu fragen: »Kannst du den Mülleimer ausleeren?« Natürlich kann er das! Es geht nicht darum, ob er es kann, sondern ob er es will. Es kann passieren, daß er nein sagt, einfach weil er sich beleidigt fühlt.

Wenn Sie einen Mann um Unterstützung bitten und bei einer Weigerung nicht abweisend reagieren, wird er sich daran erinnern und das nächste Mal viel eher bereit sein, etwas für Sie zu tun. Wenn Sie andererseits Ihre Bedürfnisse schweigend aufgeben und ihn nicht um seine Hilfe bitten, kann er es auch nicht wissen, daß Sie ihn eigentlich brauchen. Wie denn auch?

27. DEZEMBER

Lieben und Bedürfen

Wenn wir uns selber etwas geben, erleben wir Erfüllung, wenn wir aber jemandem, den wir lieben, etwas geben, erleben wir vielfache Erfüllung. Wenn unsere Herzen offen sind, wird alles, was wir geben, zu uns zurückkommen. Die Freude unseres Partners wird unsere Freude. Mit einem offenen Herzen zu geben bedeutet für uns eine viel größere Freude.

Wenn Liebe keine Freude bereitet, sind wir verwirrt. Wenn Liebe schwierig wird oder belastet, verlangen wir zuviel von unserem Partner. Liebe wird oft mit Bedürfnis verwechselt, dabei verwechseln wir Ursache und Wirkung. Wir gehen davon aus, daß es ein Ausdruck unserer Liebe ist, wenn wir mehr von unserem Partner verlangen. Das stimmt so nicht.

Wahre Liebe stellt keine Forderungen, sie ist offen und großzügig, frei und voller Anerkennung.

Wenn wir von unserem Partner mehr brauchen und verlangen, müssen wir uns darüber klarwerden, daß wir zu lieben glauben, obwohl wir das nicht tun. Liebe stellt keine Ansprüche. Liebe geht über sich selbst hinaus, umarmt und vergibt. Auch wenn wir unseren Partner lieben, haben wir, sofern wir mehr brauchen, als er geben kann, unsere wahren Liebesgefühle aus den Augen verloren und uns in unseren Bedürfnissen verfangen.

Wenn wir erkennen, daß wir nicht Liebe zum Ausdruck bringen, können wir beginnen, zu unserer Liebe zurückzufinden. Wenn wir unserem Partner mit der Offenheit der Liebe begegnen, werden unsere Bitten um das, was wir in einer Beziehung brauchen und wollen, erfolgreicher sein. Unsere Liebe wiederzufinden ist einfacher, wenn wir feststellen können, wann wir zu lieben aufgehört haben. Unsere Bemühungen, wieder zur Liebe zurückzufinden, motivieren automatisch unseren Partner, mehr zu geben.

28. DEZEMBER

Der Keim der Größe

Der Keim der Größe ist unsere Fähigkeit zu wissen, zu sprechen und unser Wort zu halten. Eine unserer Kräfte liegt darin, unser Wort zu halten und unsere Versprechen einzulösen. Eine andere darin, daß wir diejenigen unterstützen, die uns am meisten bedeuten. Eine weitere Kraft läßt uns das aufrechterhalten, was uns gut und recht erscheint, und dementsprechend zu leben. Die größte Kraft ist die, die es uns ermöglicht, offenen Herzens zu handeln, zu denken und zu fühlen. Wenn unsere Herzen offen sind, können wir im Sinne unseres höchsten Ziels handeln, der Liebe.

Wenn wir in der Lage sind zu tun, was wir versprachen, verwirklichen wir nach und nach unsere Träume. Wenn wir in der Lage sind, unser Bestes zum Ausdruck zu bringen, ziehen wir das Glück an, das uns alle Möglichkeiten bietet. Wenn wir so handeln, fühlen und denken, wie es unsere Seele befiehlt, können wir Größe in unser Alltagsleben bringen.

Indem wir das Versprechen unserer Seele halten, geben wir unserem Leben Bedeutung, Würde und Sinn. Die Ehe ist die Anerkennung dieses Versprechens, und eine gute Ehe ist die Erfüllung eines der höchsten Ziele unserer Seele. Durch sie stärken wir unsere inneren Kräfte, um die Liebe ein Leben lang zu bewahren.

29. DEZEMBER

Wenn ein Mann zupackt

Eine Frau liebt es, wenn ein Mann zupackt und eine Sache bis zu ihrem Ende führt. Das ist ihr sehr wichtig, denn die meisten Frauen neigen dazu, sich allzu verantwortlich zu fühlen. Je komplizierter und streßbeladener ihr Alltag ist, um so überlasteter und erschöpfter fühlen sie sich.

Eine Frau meint schnell, für alles und jedes verantwortlich zu sein. Sie kann sich erst entspannen, wenn sie diese Gefühle mit jemandem teilt, den sie liebt. Wenn sie dazu Gelegenheit hat, geschieht etwas mit ihr, und sie fühlt die Last der Verantwortung nicht mehr so schwer. Es ist, als lägen alle Probleme dieser Welt auf ihren Schultern, wenn sie nicht jemandem davon erzählen kann.

Wenn sie jemanden hat, der ihr zuhört, kann sie sich entspannen; dann weiß sie, daß er sein Möglichstes tun wird, um ihr zu helfen. Vor allem aber kann sie darüber reden, und das ist für sie der wichtigste Teil seiner Unterstützung.

30. DEZEMBER

Empfangen lernen

»Bedürfnis« bedeutet, offen auf einen Mann zuzugehen und ihn vertrauensvoll auf eine Weise um Unterstützung zu bitten, die bereits voraussetzt, daß er sein Bestes geben wird. Dieses Verhalten bestärkt ihn. »Bedürftigkeit« bedeutet, verzweifelt Unterstützung zu suchen, obwohl Sie nicht sicher sind, ob Sie sie bekommen. Das stößt Männer ab, denn es gibt ihnen das Gefühl, nicht anerkannt und akzeptiert zu werden.

Für Frauen ist es verwirrend, wenn sie andere Menschen brauchen, besonders schmerzlich aber ist es, wenn sie enttäuscht oder allein gelassen werden. Andere Menschen zu brauchen macht sie verletzlich.

Ignoriert oder enttäuscht zu werden schmerzt mehr,
denn es bestärkt sie in dem Glauben,
der Liebe nicht wert zu sein.

Wenn eine Frau erkennt, daß sie es verdient, geliebt zu werden, öffnet sie eine Tür für den Mann, damit er ihr gibt. Wenn sie aber erst nach zehn Jahren Ehe, in denen sie immer zuviel gab, erkennt, daß sie mehr verdient hat, wird ihr nur noch danach sein, die Tür zu schließen und ihm diese Chance nicht mehr zu geben. Womöglich fühlt sie etwas wie: »Ich habe dir soviel gegeben, und du hast mich ignoriert. Du hast deine Chance gehabt. Ich verdiene Besseres. Ich kann dir nicht vertrauen, und ich bin müde. Ich habe nichts mehr zu geben. Ich werde nicht mehr zulassen, daß du mich verletzt.«

Wenn einer der Partner eine positive Veränderung erlebt, verändert sich häufig auch der andere. Wenn Ihr Partner eine positive Veränderung erlebt, sollten Sie darauf achten, sie offen mitzuerleben und Vertrauen zu schenken. Veränderungen sind zunächst nicht stabil, sie sollten ermutigt, nicht auf die Probe gestellt werden. Fallen Sie Ihrem Partner nicht mit alten Feindseligkeiten in den Rücken. Wenn Sie stets aufgeschlossen für eine mögliche Veränderung bleiben, ziehen

Sie wie ein Magnet genau das an, was Sie brauchen und sich wünschen.

Wenn der Schüler bereit ist, kommt der Lehrer. Diese vorhersehbare Fügung des Schicksals ist einer der magischen Momente im Leben. Sobald eine Frage gestellt ist, findet sich eine Antwort. Wenn die Venusierin bereit ist zu empfangen, ist der Marsianer bereit zu geben.

31. DEZEMBER

Wahre und dauerhafte Liebe

Wahre und dauerhafte Liebe gefunden zu haben, bedeutet nicht, daß wir sie jederzeit fühlen können. Alles in der Welt folgt bestimmten Zyklen. Die Nacht folgt auf den Tag, die Gezeiten bilden Ebbe und Flut, und nach dem Auf kommt wieder ein Ab. Genauso öffnet sich ein Herz und schließt sich wieder. Unser Eheversprechen hilft uns jedesmal wieder, unser Herz erneut zu öffnen, und jedesmal, wenn wir dieses Versprechen unserer Seele halten, öffnen wir wieder unser Herz und folgen unserer höchsten Bestimmung.

Danksagungen

Ich danke meiner Frau Bonnie und unseren drei Töchtern Shannon, Juliet und Lauren für ihre nie erlahmende Liebe und Unterstützung.

Ich danke Josie und Martin Brown für ihre Ermutigungen und exzellente redaktionelle Hilfe bei der Entstehung dieses Buches.

Ich danke Diane Reverand von HarperCollins für das äußerst qualifizierte und hilfreiche Feedback. Ebenso danke ich Laura Leonard, meinem Idealbild einer Publizistin, Carl Raymond und dem Rest der ganzen fantastischen Mannschaft bei HarperCollins.

Ich danke meiner Assistentin Helen Drake und meinem Team Michael Najarian, Donna Doiron, Bart und Merril Berens, Ian und Ellie Coren, Pollyanna Jacobs, Reggie Henkart und Sandra Weinstein für ihre stete Unterstützung und ihre harte Arbeit.

Ich möchte auch den Hunderten von Seminar-Leitern danken, die überall in der Welt Mars-Venus-Seminare leiten, und ich danke den Tausenden von Singles und Paaren, die in den letzten fünfzehn Jahren an diesen Seminaren teilgenommen haben. Ebenso danke ich den Mars-Venus-Beratern, die in ihren Beratungspraxen mit diesen Grundsätzen arbeiten.

Besonderer Dank gebührt meinem lieben Freund Kaleshwar.